The Death of Democracy

ドイツ人はなぜヒトラーを選んだのか

民主主義が死ぬ日

ベンジャミン・カーター・ヘット

寺西のぶ子 訳

亜紀書房

ドイツ人は
なぜヒトラーを
選んだのか
目次

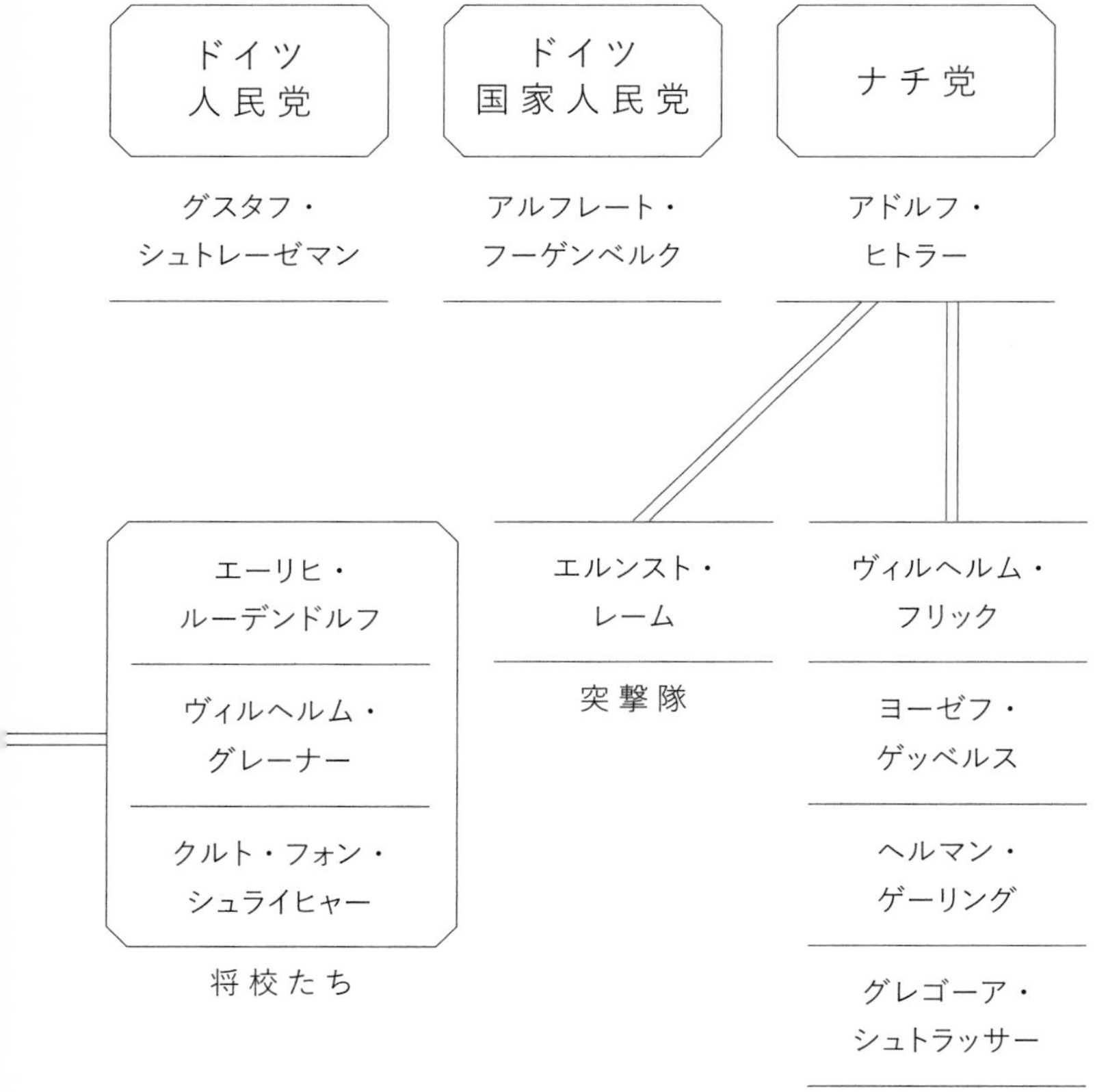
ドイツ人民党
ドイツ国家人民党
ナチ党
グスタフ・シュトレーゼマン
アルフレート・フーゲンベルク
アドルフ・ヒトラー
エーリヒ・ルーデンドルフ
ヴィルヘルム・グレーナー
クルト・フォン・シュライヒャー
将校たち
エルンスト・レーム
突撃隊
ヴィルヘルム・フリック
ヨーゼフ・ゲッベルス
ヘルマン・ゲーリング
グレゴーア・シュトラッサー

登場人物と政党の関係図

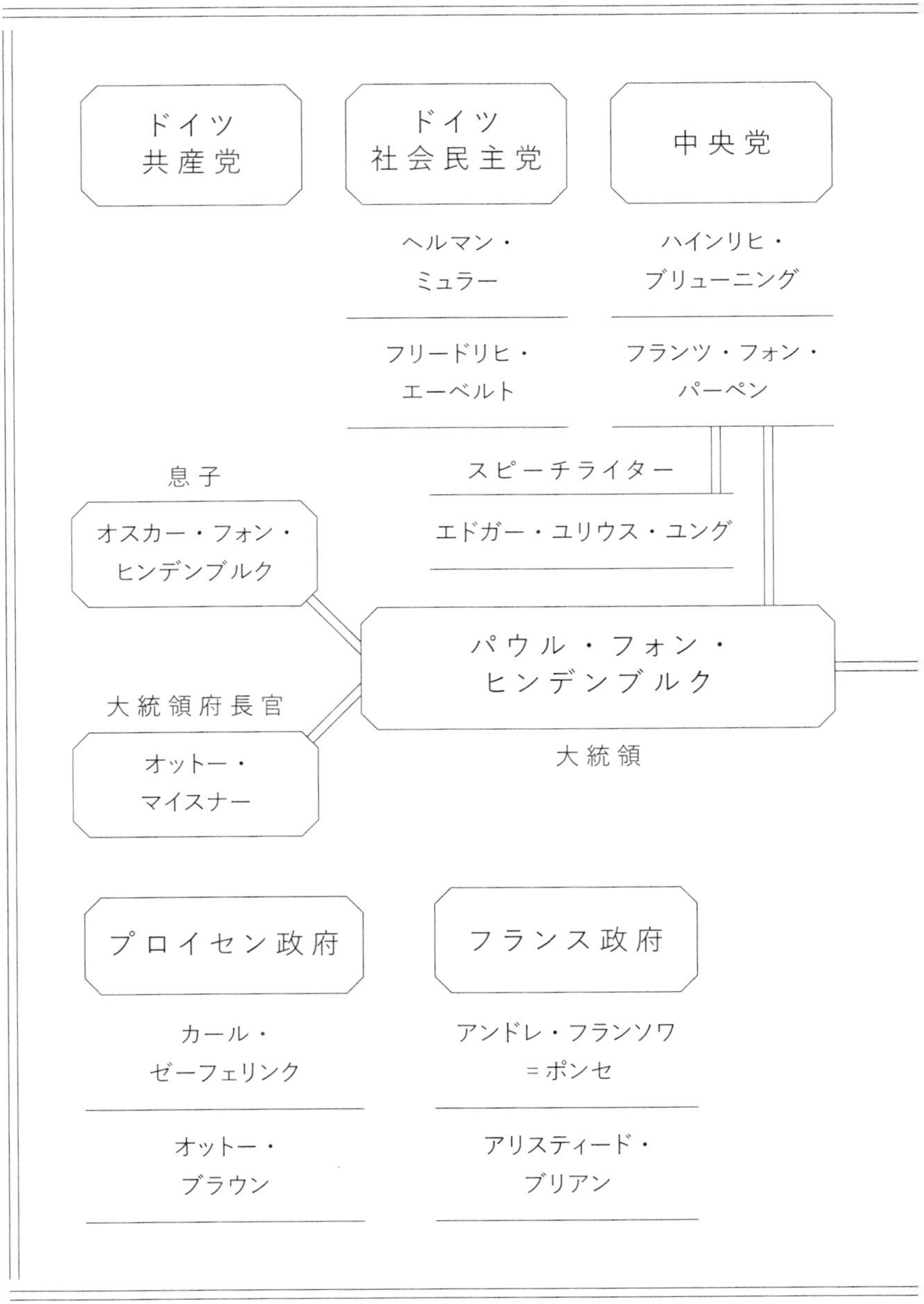
ドイツ共産党
ドイツ社会民主党
ヘルマン・ミュラー
フリードリヒ・エーベルト
中央党
ハインリヒ・ブリューニング
フランツ・フォン・パーペン
スピーチライター
エドガー・ユリウス・ユング
息子
オスカー・フォン・ヒンデンブルク
パウル・フォン・ヒンデンブルク
大統領
大統領府長官
オットー・マイスナー
プロイセン政府
カール・ゼーフェリンク
オットー・ブラウン
フランス政府
アンドレ・フランソワ＝ポンセ
アリスティード・ブリアン

主な登場人物

◆クルト・フォン・ハンマーシュタイン＝エクヴォルト（1878〜1943）
ドイツ軍上級大将。一九三〇年から三三年、ドイツ陸軍総司令官。反ナチの立場であったため、最終的には職を解かれ、退役する。

◆フリードリヒ・エーベルト（1871〜1925）
第一次世界大戦中、ドイツ社会民主党党首。一九一八年のドイツ革命（一一月革命）後、初の宰相となり、一九一九年から一九二五年までヴァイマル共和国初代大統領を務める。

◆オイゲン・オット（1889〜1977）
クルト・フォン・シュライヒャーの側近。一九三二年末、ナチ党と共産党の勢力拡大、及び他国の侵入によりドイツ軍は制圧される可能性があるという、重大な軍事報告書を作成する。

◆フランツ・ギュルトナー（1881〜1941）
バイエルン王国出身の政治家。ドイツ国家人民党党員。一九三二年から三三年、パーペン内閣、シュライヒャー内閣において法相を務め、続いてヒトラー内閣でも一九四一年まで法相。

◆ヨーゼフ・ゲッベルス（1897〜1945）
一九二六年から一九四五年、ナチ党ベルリン大管区指導者。一九二九年からナチ党全国宣伝指導者。一九三三年から国民啓蒙宣伝相。プロパガンダに非常に長け、ヒトラーの側近のなかでも特に教養が高く、刺激的な会話ができる相手だとヒトラーが認めた唯一の人物といわれている。

◆ヘルマン・ゲーリング（1893〜1946）
初期からのヒトラー信奉者で、ナチ党内の側近の一人。一九三二年国会議長に選任される。一九三三年国の無任所相となり、プロイセン州内相を兼務する。

◆ヴィルヘルム・グレーナー（1867〜1939）
第一次世界大戦における参謀将校。一九一八年、エーリヒ・ルーデンドルフの後任として参謀本部次長となる。一九二八年から一九三二年、国防相。一九三一年から三二年、内相を兼務。シュライヒャーを特別に引き立てる。

◆クルト・フォン・シュライヒャー（1882〜1934）
職業軍人。一九二九年から、他省庁や政党との交渉を行う大臣官房の官房長。ヒンデンブルク大統領に強い影響力を持つアドバイザー。一九三二年、国防相。一九三二年一二月から一九三三年一月、首相。

◆**グレゴーア・シュトラッサー**（1892～1934）
ナチ党全国指導者。政治戦略家。一九三二年一二月、ヒトラーと袂を分かつ。

◆**グスタフ・シュトレーゼマン**（1878～1929）
ドイツ人民党党首。一九二三年、首相。一九二三年から二九年、外相。ヴァイマル共和制時代の優れた政治家と広く認められ、アリスティード・ブリアンとともにドイツがヨーロッパ社会及び国際社会の一員に戻れるよう努めた。

◆**カール・ゼーフェリンク**（1875～1952）
ドイツ社会民主党の政治家。一九二〇年から二六年、及び一九三〇年から三二年、プロイセン州政府内相。一九二八年から一九三〇年、中央政府の内相。

◆**フランツ・フォン・パーペン**（1879～1969）
第一次世界大戦の戦前から戦中にかけて、陸軍将校。中央党の政治家。一九三二年首相。一九三三年から三四年ヒトラー政権下で副首相。一九三六年駐オーストリア大使。一九三九年駐トルコ大使。

◆**アドルフ・ヒトラー**（1889～1945）
一九二一年から一九四五年、国民社会主義ドイツ労働者党党首。一九二三年ミュンヘンのビアホールで一揆を起こす。『わが闘争』の著者。一九三三年首相に指名され、一九三四年から一九四五年「指導者兼首相」。

◆**ハインリヒ・ヒムラー**（1900～1945）
一九二九年、突撃隊（ＳＡ）のなかの小規模な護衛隊として発足した親衛隊（ＳＳ）の全国指導者となる。ＳＳをナチ・ドイツにおける最強組織に拡大し、最終的にすべての警察組織と保安組織、国防軍や経済機関の一部を掌握した。

◆**オスカー・フォン・ヒンデンブルク**（1883～1960）
陸軍将校。陸軍元帥でありヴァイマル共和国大統領であったヒンデンブルクの息子。シュライヒャーの友人であり、戦友。ヴァイマル共和国末期には、父の有力なアドバイザーの一人となる。教養と知性が劣っているせいで、内部関係者には「憲法では予想がつかなかった息子」と見られていた。

◆**パウル・フォン・ヒンデンブルク**（1847～1934）
職業軍人。一九一一年に退役するが、第一次世界大戦勃発を受け、要請されて復帰する。一九一四年タンネンベルクの戦いで、東プロイセンに侵入したロシア軍を撃退し決定的な勝利を挙げた功績が評価される。一九一六年から一九年、ドイツ陸軍参謀総長。一九二五年ヴァイマル共和国大統領となり、一九三二年に再選される。一九三三年一月、アドルフ・ヒトラーを首相に任命する。

◆**アルフレート・フーゲンベルク**（1865～1951）
実業家。有力紙、映画会社等を傘下に収める。一九二八年から右派のドイツ国家人民党党首。一九三三年の一時期、ヒトラー内閣に入閣。

◆オットー・ブラウン（1872～1955）
ドイツ社会民主党の政治家。一九二〇年から一九三二年にかけて大部分の期間、プロイセン州首相。その後は力が衰え、一九三三年二月に罷免される。

◆アリスティード・ブリアン（1862～1932）
フランスの政治家。何度も首相に就任し、一九二五年から一九三二年は外相に就任。シュトレーゼマンとともに、多国間の平和と独仏和解のために尽力した。

◆ヴィルヘルム・フリック（1877～1946）
初期のナチ党に入党し、活動する。一九三三年から一九四三年、ヒトラー内閣の内相を務める。

◆ハインリヒ・ブリューニング（1885～1970）
ヴァイマル期の中央党幹部の一人。ヴァイマル共和国の重要政治家の一人。一九三〇年三月から三二年五月、首相。

◆ヴォルフ＝ハインリヒ・フォン・ヘルドルフ（1896～1944）
ザクセン王国の貴族の家柄に生まれる。一九三一年、ベルリンの突撃隊（ＳＡ）指導者。一九三三年から三五年ポツダム警察長官、一九三五年から一九四四年ナチ政権下のベルリン警察長官。一九三八年にはレジスタンスの活動に惹かれるようになり、一九四四年「ヴァルキューレ作戦」の失敗により処刑される。

◆アンドレ・フランソワ＝ポンセ（1887～1978）
一九三一年から三八年、駐ドイツフランス大使。

◆オットー・マイスナー（1880～1953）
エーベルト大統領とヒンデンブルク大統領の時代に大統領府長官を務め、ヒトラー政権下でも要職に就く。

◆カール・マイアー（1883～1945）
参謀将校。一九一九年、アドルフ・ヒトラーの直属上官。ヒトラーをドイツ労働者党の集会に参加させる。

◆ヘルマン・ミュラー（1876～1931）
ドイツ社会民主党の政治家。一九二〇年、及び一九二八年から一九三〇年ヴァイマル共和国首相。第二次内閣では「大連立」を組み、それがヴァイマル共和国最後の正当な議会制内閣となった。

◆エドガー・ユリウス・ユング（1894～1934）
右派で「若手保守」の、知的政治活動家。『劣等者たちの支配』（一九二七年）の著者。一九三三年及び三四年、パーペンのスピーチライター。パーペン官房の反政府活動の中心人物。

◆エーリヒ・ルーデンドルフ（1865～1937）
陸軍上級将校。一九一六年から一八年、参謀本部次長。「背後からのひと突き」（匕首）伝説発案者の一人。「総力戦」、及び「全体主義国家」にとっての総力戦の意味に関して、最も影響力のある理論をとなえた。

◆エルンスト・レーム（1887～1934）
職業軍人、将校。早くからヒトラーを信奉した、ヒトラーの数少ない友人の一人。一九三一年から三四年、突撃隊幕僚長。

ヴァイマル共和国の主要政党

◆ドイツ共産党
既存の社会的、政治的、経済的秩序を一新するのに一役買う。総じて、失業者、技能のない人、低賃金工場労働者のための政党。ベルリン、ハンブルクなどの大都市で特に強く、コミンテルン、ひいてはソヴィエト社会主義共和国連邦のヨシフ・スターリン政権による厳しい管理を受けていた。

◆ドイツ独立社会民主党
第一次世界大戦中、戦争の遂行と資金調達を支持する社会民主党の方針に反対し、離反したメンバーが結成した政党で、急進的な労働者や左派の知識人を支持基盤とする。一九二二年以降、大多数のメンバーが社民党に戻ったり共産党に入党したりして、政党としての影響力をなくす。

◆ドイツ社会民主党
一八七五年に結成されて現在も活動する、ドイツで最も息の長い政党。一九一八年のドイツ革命で、社会民主党の幹部が国政を率いることになり、一九二一年以降は政権に参加する機会が減りはするが、民主主義のヴァイマル共和国に非常に大きく関与する政党となる。支持基盤は技能労働者や労働組合に加入している労働者で、一九一二年から一九三二年までは党員数においても国会議員数においてもドイツ最大の政党だった。

◆ドイツ民主党
第一次世界大戦前のリベラル左派から生まれた政党。民主主義と人権を重んじ、知識人、自由業者、小規模事業者を支持基盤とした。一九一九年、ヴァイマル共和制初の国民議会選挙で大躍進を遂げるが、以後は急速に支持を失う。一九三〇年以降は右傾し党名を「ドイツ国家党」に変更するが、ヴァイマル共和国最後の選挙の得票率は一パーセントに満たなかった。

◆中央党
ドイツの多くのカトリック教徒の利益を代弁するために創設された。イデオロギー的には中道で、ヴァイマル共和制下では一九三二年まですべての政権に関わって最も多く首相を輩出し、主導的役割を果たした。民主主義的立場を鮮明にしていたが、共和制の終盤で右傾化した。

◆バイエルン人民党

中央党のバイエルン支部が独立してできた政党で、同じくカトリック教徒が支持基盤。バイエルン州は常にドイツにおける大きな自治権を得ようとしてきた歴史があり、したがってバイエルン人民党は、もとの全国組織、中央党と比べると連邦制に興味があり、保守的傾向が強かった。一九二五年には、中央党の首相候補、ヴィルヘルム・マルクスに対抗して、パウル・フォン・ヒンデンブルクを支持した。

◆ドイツ人民党

リベラル右派の政党で、特に大企業を支持基盤とした。党首のグスタフ・シュトレーゼマンはヴァイマル共和国の主要政治家の一人で、一九二三年に首相、一九二三年から一九二九年には外相を務めた。

◆ドイツ国家人民党

第一次世界大戦前のドイツ保守党、自由保守党、その他いくつかの反ユダヤ主義政党が戦後の一九一八年に合併し、結成された。貴族階級の地主、軍の将校、上級官吏、大規模事業者などの利益を代弁する、上流層の右派政党。一九二〇年代には、共和制を現実として受け入れるか否かで党内対立があったが、一九二八年にアルフレート・フーゲンベルクが党首になってからは、強硬的な保守野党の立場へと回帰していった。

◆国民社会主義ドイツ労働者党（ナチ党）

前身は一九一九年結党のドイツ労働者党。しばらくは非主流の政党だったが、一九二〇年代後半には、地方のプロテスタント住民を中心に大きな支持を得るようになる。一九二〇年に「国民社会主義」を加えて改名しアドルフ・ヒトラーが党首になる。一九三二年七月以降、ドイツ最大の政党となり、一九三三年七月から第二次世界大戦の終戦までは唯一の合法的政党であった。

イントロ
ダクション

なにかが起こりつつあるという最初の兆しがあったのは、冬のベルリンの凍てつくような夜、九時を少し回った頃だ。神学生のハンス・フレーターは夜間の勉強を終えて、ウンター・デン・リンデン沿いにある州立図書館から家に向かって歩いていた。巨大な国会議事堂の前の広場を横切っていると、窓が割れる音がした。フレーターは、持ち場の議事堂前を巡回していた警察官、カール・ブヴェルトに通報する。市民の義務を果たした彼は、そのまま再び帰途についた。その頃、ナチ党の中央機関紙『フェルキッシャー・ベオバハター』の植字工、ヴェルナー・ターラーが、ブヴェルトがいるところへ通りかかった。議事堂の建物に近寄って一階の窓越しに屋内を見た二人は、なかにいる誰かが松明を手にしていると思った。ブヴェルトは光に向かってリボルバーを発砲したが、効果はほとんどなかった。

ただならぬ知らせは、他にも届いていた。流行の軍隊風長靴と黒い外套を身につけた若い男が、九時一五分にブランデンブルク門の警察署に現れ、国会議事堂が燃えていると知らせた。警官は時刻と通報の内容を克明に記したが、慌てたせいか、男の名前を書き留めるのを忘れた。男の正体は、今もわかっていない。それから数分後には、国会議事堂の本会議場を覆うガラスドームから吹き出す炎がはっきりと見えるようになった。九時二七分には、本会議場が爆発する。消防も警察も、議事堂の中心部が壊滅的な火災に見舞われていると覚悟した。

一方、その二分前、警察は燃える本会議場のそばの廊下に潜んでいた若い男を逮捕していた。調書によれば、名はマリヌス・ファン・デア・ルッベ。二四歳の熟練煉瓦工で、オランダのライデン出身だった。ファン・デア・ルッベは上半身裸で大量の汗をかき、自ら進んで、自分が放火したと告白した。その時点では、彼の単独犯だと思った者は誰もいなかった。

消防隊は議事堂周辺の消火栓はもちろんのこと、近くのシュプレー川からも水を引いて大急ぎで消火にあたり、ホースをあやつって、燃え盛る本会議場に四方八方から放水した。適切な放水を続けた結果、七五分後に炎は鎮まった。

政権の幹部は、まだ火が勢いを増している頃から現場に来ていた。最初に到着したのは、ナチ党員でプロイセン州内相のヘルマン・ゲーリング。その数分後に黒塗りのベンツのリムジンで現れたのが、首相になって間もないアドルフ・ヒトラーと宣伝相のヨーゼフ・ゲッベルス。名家出身で端正な副首相のフランツ・フォン・パーペンも、いつもながらの洗練された身なりで泰然と現場にいた。のちに秘密国家警察《ゲシュタポ》の長官代理となるハンサムな三二歳のルドルフ・ディールスは、ウンター・デン・リンデンにある優雅なカフェ・クランツラーでデートの真っ最中だった（「もっとも警官らしからぬランデブーだった」とのちに彼は述べている）。本人の話によれば、急ぎかけつけたとたんに、新首相は怒りをぶちまけたらしい。ヒトラーは早くも、誰が火を放ったか知っているようだった。燃え盛る本会議場を見渡すバルコニーに立ち、輝く炎に顔を照らされながら、「もはや同情の余地はない……（中略）……共産主義者は、一人残らず見つけ次第銃殺だ。共産党議員は全員、今夜中に吊るし首にしてやる！」と激怒した。

それから間もなく、ゲーリングはヒトラーの意向をくんだ公式の報道発表を行い、国会議事堂の甚大な被害について説明した後、この出火は「未曽有の共産主義的テロ行為」で、「蜂起と反乱ののろし」だと述べた。

ところが、速やかに拡散される公式発表と同時に、まったく別の説明が広がりをみせていた。まだ日付の変わらぬ頃、『ヴィーナー・アルゲマイネ・ツァイトゥング』紙のベルリン特派員、ヴィリ・フリシャウアーは、電信で記事を送った。「国会議事堂を破壊した火災は、ほぼ間違いなく、ヒトラー政権に雇われた人物たちの仕業である」。フリシャウアーは、その「雇われた人物たち」は国会議事堂と国会議長公邸を結ぶ地下道を通じて議事堂内に入ったのではないかと考えた。国会議長は、ヘルマン・ゲーリングだ。

記者たちがこの犯罪について報じる一方で、政府は逮捕に取りかかった。まだ消防士が本会議場の炎と格闘しているとき、すでに二つの逮捕の波がうねり始めていた。一つはプロイセン州警察による波で、周到に準備したリストに従い、共産主義者、平和主義者、聖職者、法律家、芸術家、文筆家など、ナチ党に敵対すると見なした者を片端から捕えていった。拘束された人たちは、アレクサンダー広場にある警察本部に連行され、逮捕された。なにからなにまで、適正で正式なやり方だった。もう一つ、ベルリンのナチ突撃隊[*1]による波は、独自の逮捕を進めた。突撃隊もリストを持ってはいたが、彼らは拘束者を正式に登録したりはしない。捕えた者たちを廃墟の地下室、倉庫、果ては給水塔などに収容し、ありとあらゆる方法で拷問し、殴り、大多数を殺害した。やがて、ベルリンの住民はそうした場所に名前をつけて、「私設監獄」と呼ぶようになる。

一九三三年二月二七日、月曜日。この日の夜を最後に、ヴァイマル共和国、ドイツ民主主義は終わりを迎えたといえる。

国会議事堂が炎に包まれたのは、アドルフ・ヒトラーがドイツ国首相になってちょうど四週間目のことだ。ヒトラーは憲法に従い、むしろ民主的な過程を踏んで首相の座についた。彼が率いる党はその前年に頭角を現し、二度の選挙を経て、下院にあたる「国会《ライヒスターク》」で第一党と

＊1【突撃隊】ナチ党の軍事組織だが、初期からエルンスト・レームが主導権を握り、必ずしも全面的に党の意向、命令に従っていたわけではない。次第に国防軍と親衛隊との対立が増し、やがてレームをはじめ大勢が粛清された。

なっていた。その年の一月三〇日、ドイツ国大統領で陸軍元帥として尊敬を集めた八五歳のパウル・フォン・ヒンデンブルクは、不本意ながらも、適切な手順でヒトラーを首相に指名し、組閣を求めた。けれども、ヒンデンブルクは、主要な国防と外務のポストについては自らの指名権を留保し、さらに、一九三二年に短命ながらも首相を務めたフランツ・フォン・パーペンを副首相として入閣させることも、条件の一つとした。パーペンはカトリック教徒で、厳格なルター派であるヒンデンブルクとは対極にあったが、この陸軍元帥から目をかけられていた。

一月三〇日、ヒトラーの新内閣は、前年のパーペンによる「男爵内閣」より少しばかり右寄りだったにせよ、それまでの民主的なヴァイマル共和国の内閣と同じような過程で誕生した。ヒトラーの政府もやはり寄せ集めで、上流層右派が支持するドイツ国家人民党や保守派の退役軍人組織である鉄兜団[*2]からの入閣者、その他、上流層無党派の面々がいた。ナチ党からの入閣はヒトラー以外に二人だけ――内相となった古参のナチ活動家、ヴィルヘルム・フリックと、無任所相（特定の担当部署を持たない大臣）となったヒトラーの右腕、ヘルマン・ゲーリングだ。その段階で、ある一つの重要な要素――ゲーリングが国土と人口の五分の三を占めるプロイセン州の内相を兼務していること――の意味を正しく理解している者はほとんどいなかった。プロイセン州の警察組織は五万人を擁し、規模はドイツ陸軍の半分におよんでいた。

一月三〇日の時点で、経験豊富な論客のほとんどが、ヒトラーの政治的立場は弱いと見ていた。だがそれは、計算された弱さだった。先の三人の首相と同じく、ヒトラーも、ヒンデンブルク大統領の息がかかる少数の実力者によって首相の座を得た。実力者たちはヒトラーの民衆扇動の才能と大衆の支持を利用して、自分たちの計画を進めようとした。看板となってくれるヒトラーのような人物がいなければ、彼ら自身も彼らの目標も、ほんのわずかな有権者の支持しか得られないとわかっていたのだ。実力者たちは、ヒトラーを確実にコントロールできると思い込んでいた。できない理由などあるだろうか？　なにしろその実力者たちとは、副首相フォン・パーペン、大統領フォン・ヒンデンブルク、国のリーダーとなるべく育った貴族、統制はお手のものの陸軍将校などだったのだから。片やヒトラーは、オーストリアの名もなき税関職員の息子で、正規の教育をほとんど受けておらず、母国語でさえ文法があやふやだ。西部戦線でほぼ四年にわたり従軍するも、上等兵から一度も昇進せず、その理由は、のちに上官が語ったところによれば、指導力に欠けるせいだった。社会階級でも軍の階級でもドイツ北部という出身地でも優越感を持つヒンデンブルクは、ヒトラーのことを「ボヘミアの上等兵」とばかにしていた。確かにヒトラーは、集会やビヤホールで下層階級の大衆の感情を高ぶらせることはできたが、特権階級の出身ではなかった。彼には国の統治はできまい。

これが、当時のドイツで政治的立場を超えてみごとに一致していた見解だった。「われわれ

＊2【鉄兜団】主に退役軍人で組織されたヴァイマル共和国の在郷軍人組織。正規の軍隊とは違い、私兵によって構成。保守政党であるドイツ国家人民党と共闘したが、他党の団員も含まれる。

は彼を雇ったんだ」、パーペンはヒトラーについて、自信たっぷりにそう記している。「ほんの数ヵ月で、彼は隅に押しやられてキーキー叫ぶだろうよ」。それから数年後、閣僚経験のある保守派の政治家、ゴットフリート・トレフィラヌスは、自分の知り合いはみな、ヒトラーが「ヒンデンブルク、軍、憲法にがんじがらめにされて疲れ果てる」はずだと思っていた、と記している。ドイツ社会民主党の機関紙『フォアヴェルツ』の編集長、フリードリヒ・シュタンプファーは、海外特派員の一人に「この吠えたてるゴリラに統治ができる」と本気で信じるかと尋ね、ヒトラー内閣は持ってもせいぜい三週間だとつけ加えた。また、若手の大工で家具職人のマックス・フュルストという男は、「ひどいとしても、パーペン政権より悪いということはないだろう」と思った。フュルストは、政治的にはかなり左寄りの考えで、かつて、舌鋒鋭い弁護士ハンス・リッテン――その二年前にベルリンの法廷でヒトラーを尋問して不評を買った人物――とルームメイトだった。

もちろん誰もが、ヒトラーの言葉遣いが乱暴なのはわかっていた。演説であれ、とりとめのない回顧録『わが闘争』であれ、「ユダヤ人」と「マルクス主義者」に対して激しい怒りをぶつけ、一九一八年の休戦協定後にドイツの新しい民主主義を立ち上げた者たちは「一一月犯罪者」[*3]にすぎず、彼らによる和平調停はドイツの国と勇敢な軍隊に対する裏切りだと述べた。「東方」に「生存圏」を獲得するために戦争をすべきだとも公言している。とりわけ政権につくまでの数年は、彼の政治活動によって敵対者に残忍な暴力が振るわれるようにもなり、もしも彼が権力を握ったらどうなるかと恐怖は高まっていた。「何人かの首が転がることもあるでしょう」と、一九三〇年に起きた三人の国防軍将校による暴力事件の裁判で、ヒトラーは宣誓のうえ、そう証言した。

だが、過激なリーダーも、権力を手にすれば分別をわきまえて行動するものではないのか？こと政治に関しては、それが世の常だともいえる。一九三三年、それまで一五年にわたって政治の責任を負ってきたドイツ社会民主党は、一九一四年以前の革命的な姿とは程遠い、おぼろげで弱々しい存在となっていた。有権者の人気は急落し、一九一九年には三九パーセント近くあった国政選挙の得票率が、一九三二年には二〇パーセントにまで落ち込んだ。ヒンデンブルク大統領の側近たちは、ナチ党を政府内に取り込めば、ヴァイマル共和国が社会民主党に与えたのとまったく同じ影響を、ヒトラーの政党も被ることになると計算した。そして、一九三三年の初めには、ドイツ国民の多くがそれと同じ考えに立っていた。広い人脈と視野を持つ評論家も、ヒトラーが首相就任後初の演説で節度を保っていたことに驚き、「ヒトラー首相は、かつての票の稼ぎ屋ヒトラーとは考えが違う」のではないかと訝った。

＊3【一一月犯罪者】一九一八年八月、ドイツが第一次世界大戦の敗戦を認めたのち、一一月にドイツ革命が起こり、ヴィルヘルム二世が退位して、ヴァイマル共和国が樹立した。しかし国内の保守勢力は、敗戦は共産主義者、社会主義者、そしてユダヤ人がドイツ軍を背後からヒ首で刺したせいだとして、彼らを「一一月犯罪者」と呼んだ。

ところがヒトラーは、首相の座に就いて一週間もたたないうちに、パーペン内閣時代に勝る数々の心配の種をもたらした。暴力行為が増え、特に、新政府が突撃隊から多くの人員を補強した警察による暴力は激しかった。政府に批判的な新聞社は閉鎖され、反政権の政治的行事は中止させられる。他の党派は、次第に運動もままならなくなっていった。とはいえ、すべてが大きく変化するのは、やはり国会議事堂の炎上がきっかけだ。

火事の後、ヒトラー内閣のメンバーは午前一一時に集まった。内相のフリックが「国民と国家を防衛するための共和国大統領緊急令」という題の文章を提示する。以後ずっと「議事堂炎上令」という通称で知られる大統領緊急令だ。そこには、国会議事堂の炎上は共産主義者の蜂起の合図だとするヒトラーの論理が示され、国を守るためには非常権限が必要だとされていた。この大統領緊急令によって、憲法で保障されていた国民の人権が停止され、政治的脅威であるとみなした者はすべて裁判を経ずに収監することが合法化され、表現の自由、結社および集会の自由、電信および電話、信書を含む通信の秘密の権利は事実上無効となり、令状のない家宅捜索や押収も認められた。さらに、この大統領緊急令は「公共の安全及び秩序の回復に必要な措置がとられない場合には」中央政府が州政府に介入する権利も認めた。内閣はこの大統領命令を承認し、ヒンデンブルク大統領もその日のうちに署名して、即日施行された。

著名な法学者エルンスト・フレンケルの言葉を借りれば、この大統領緊急令は「第三帝国」の憲法だった。あらゆる逮捕や国外追放、強制収容所、悪名高い秘密警察であるゲシュタポの法的根拠となり、ナチ党がドイツの連邦制を実質的に廃止して自分たちのルールをドイツ全土の各州に広げる根拠にもなった。一九三三年に生存していたドイツ人の多くにとって、国会議事堂炎上とこの大統領緊急令は決定的なターニングポイントとなった。ベルリンの熟練記者ヴァルター・キアウレーンは、第二次世界大戦終了後に著した生まれ故郷を悼む本の最後をこう締めくくった。「最初に国会議事堂が炎上し、次は本が焼かれ、やがてシナゴーグが焼かれた。そしてドイツは、イギリスに火を放ち、フランスにもロシアにも……」。

＊

どうしてそんなことになったのか？

人類史における大きな疑問の一つだ。私たちは、ヒトラーが首相の座に上りつめた結果なにが起きたかをあまりにもよく知っているだけに、疑問は大きい。世界がかつて目にしたことがないような破壊をきわめた戦争が起き、それに伴う大量殺人は驚くほど徹底していて前代未聞であったため、法学者ラファエル・レムキンが「ジェノサイド」という新語を造らねばならなかったほどだ。

どうしてそんなことになったのかという疑問を解くには、ヒトラーとナチズムを成長させた時代の背景、すなわちヴァイマル共和制のドイツについて見極める、苦渋の努力が必要となるだろう。ヴァイマル共和制のドイツには、最先端を行く人類の文化が間違いなく存在した。たとえば、一九一九年に制定されたヴァイマル憲法は、当時の最高水準の民主主義を採用し、厳密に割り当てられた比例代表制選挙、男女平等を含む個人の権利と自由の保障などが明文化されていた。社会運動家や政治運動家が戦って勝ち取ったのは、それだけではない。ドイツは世界でも特に、ゲイの権利運動が盛んな国だった。フェミニズム運動の本拠地でもあり、男女の普通選挙権が認められ、やがて中絶権獲得運動へも進展した。またドイツでは、死刑反対運動もたいそう効果を上げ、実際、ギロチンは一度も使用されなかった。さらに、ヴァイマル共和制が発足したての頃には、労働者は給与を保証された八時間労働制を勝ち取り、ポーランドやソヴィエト連邦のユダヤ人が、寛容で開放的なドイツに魅力を感じて移住したがった。

当時のドイツが世界に先駆けていたのは、政治や社会運動だけではない。たとえばパブロ・ピカソは、第一次世界大戦が勃発する一九一四年より前に、息子が生まれて画家になりたいと言ったら、パリではなくミュンヘンへ勉強に行かせると友人に語っていた。また、ドイツ「表現主義」や「新即物主義」の画家（エルンスト・ルートヴィヒ・キルヒナー、エミール・ノルデ、ジョージ・グロス、オットー・ディクス）は、当時としてはもっとも刺激的で前衛的だとされた。さらに、美術工芸学校バウハウスには、今日もなお建築やデザインに影響を与えている才能ある人々が集まってきた。音楽の世界に目を向ければ、ドイツは他国とは比べ物にならないほど卓越したオーケストラ、室内楽団、ソリストを抱え、クラシックの難曲を書いたリヒャルト・シュトラウス、パウル・ヒンデミットから、心躍る共同作業を成し遂げたベルトルト・ブレヒトとクルト・ヴァイルまで、戦後も活躍する芸術家を輩出した。映画はどうかというと、ベルリンは第二のハリウッドといえるほどで、フリッツ・ラング、G・W・パープスト、F・W・ムルナウといった映画監督は、むしろ本場のアメリカのハリウッドよりも芸術レベルの高い仕事をしていた。また、アルフレート・デーブリーン、フランツ・カフカ（晩年はドイツで暮らした）、ハインリヒ・マンとトーマス・マンの兄弟といった作家の存在は、ドイツが文学においても他の国に引けを取らないことを示していた。

科学をはじめとする学問でも、ドイツは比類のない評価を得ていた。一九二〇年当時、世界の物理学の雑誌の約三分の一がドイツで発行され、アルベルト・アインシュタインは言うまでもなくベルリン大学の教授の職にあり、アインシュタインの友人でノーベル賞を受賞した化学者フリッツ・ハーバーは、ダーレム郊外のカイザー・ヴィルヘルム物理化学・電気化学研究所長の任にあった。おそらく、科学と大学教育が優れていたおかげで、ドイツは化学業界、薬品業界において世界をけん引し、自動車産業においても数はともかく質に関してはアメリカの強敵だったのではなかろうか。

ドイツは長きにわたって「詩人と思想家の国」であることを誇ってきたが、それにしても、一九二〇年代には、それまで以上に力が発揮されていたように見える。それなのにどういうわけか、この開明的で創造性に富み、最先端を行く民主主義の世界から、人類史上もっとも有害な政権が生まれた。第三帝国はヴァイマル共和国の創造性を完全に、回復不能なまでに破壊してしまった。自分たちが失ったものについて、今も嘆くドイツ人は多い。「方向性を失ったドイツ人は、もはやヨーロッパ諸国から恐れられはせず、魅力的だと思われもしない」、ジャーナリストのヴォルフ・ヨプスト・ジードラーは、二〇〇〇年にそう述べている。私たちはいまだに、なぜあんなことが起きたのかと頭を悩ませる。高度な文明から蛮行が現れ得るということに、私たちの奥底にある信念や直観は混乱する。

ヒトラーの政権は、少なくともある一つの点において、人類史上どの政権と比べても異色だ——多くの歴史学者が口をそろえるように、救いようのない大惨事と非難する。これほど悪者扱いされる政権はかつてなく、ヨシフ・スターリン支配下のソヴィエト連邦でさえそこまではない。とはいえ、学者の意見が一致するのはそこまでだ。ヒトラーのドイツは、いわば歴史のロールシャッハ・テストで、私たちは、自分が想定しうる最悪の政治特質をそこに投影する。なにが最悪かは、人によって考えが違う。また、同じものを見ても、とらえ方は人それぞれに異なる。そうした違いが、ヒトラー政権誕生についての説明の違いにつながり、ヴァイマル共和制の崩壊に関しては歴史学者のなかでも相反する説が常に存在する。

一九三三年にドイツが抱えていたのは、民主主義が成熟していなかったという問題なのか、それとも民主主義が行き過ぎていたという問題なのか？　ナチズムが生まれたのは抑制のきかないエリートパワーのせいか、ドイツの大衆が責任ある市民として機能しなかったせいか？　ナチ党はもう過去に埋もれてしまったのか、現代においても危険な影響があるのか？　ナチズムはドイツ特有の問題か、広範な危機の現れか？　数人の「大物」が生み出した歴史の一事例なのか、複数の根深い構造的要因が働いてヒトラーが権力を得たのか？　キリスト教徒、特にドイツ福音主義キリスト教徒はナチ党の重要な支持者だったのか、伝統的なルター派、カルヴァン派、ドイツカトリック教会の価値観はヒトラー台頭に抵抗したのか？　ヒトラーの台頭は、イギリスの著名な歴史学者Ａ・Ｊ・Ｐ・テイラーが川が海に流れ込むごとく驚くほど自然と評したように、必然的だったのか、それとも、不確実で可能性は低く、ほとんどあり得ないことだったのか？

一九三三年以降、歴史学者、哲学者、法律家、心理学者、政治家、芸術家、作家、音楽家、社会風刺のコメディアン、その他さまざまな人が、ヒトラーの台頭を解明しようとしてきた。彼らの答えは山のようにあり、そのほぼすべてに意義がある。だとすれば、今改めてこの問題を考える理由はあるのか？　まだなにか知るべきことがあるのか？

その疑問については、いくつか答えがある。

第一に、歴史の知見は降り積もる雪のようなもので、常に新たな層が加わっていく。特に、二〇世紀のドイツ史においてはそれが顕著だ。膨大な重要資料、とりわけ旧東ドイツやソヴィエト連邦で保管されていた資料は長い間アクセス不可能だったが、冷戦の終結により、ナチ政権時代に関して私たちが知り得ることが飛躍的に増えた。現在も、歴史学者は新たに得られた資料と取り組み、理解し、咀嚼しようとしている。

そうした過程を経て得られた結果の一つは、私たちがナチ・ドイツについて知っていると思っていたことの多くは、実はナチ党のプロパガンダや、第二次世界大戦終了直後に行われたことでしかなかったという発見だ。第三帝国で重要な役割を果たした大勢の者は、一九四〇年代の終わりから五〇年代にかけて、戦争犯罪裁判や「非ナチ化」処分を生き延びるため、自分たちのストーリーを脚色したり改作したりする必要にかられた。多くの名高い歴史学者が、ヒトラーはある種「非人間的」で、集会で演説するとき以外は血が通っていない、「資質のない」男だったという考えに固執してきた。だがそうした考えは、ヒトラーは私生活のすべてを犠牲にして国民に尽くしているという、ナチ党のプロパガンダを無意識に受け入れているにすぎない。

また、世代交代も一つの答えとなる。世代が違えば自分自身を見る目も経た経験も異なり、過去を見る目が異なる。ある時代に注目される事象が、別の時代には注目されないこともある。だからこそ、歴史は常に書き改められているし、また書き改められなくてはならない。

たとえば一九九〇年代、私たちは冷戦の終結を経て、民主主義とリベラルな資本主義が最終的に勝利したかのような気分で、満足感に浸っていた。だが今日の世界は、そこから大きな変化を遂げた。「グローバリゼーション」や、右派のポピュリズムが得ている勢いについて懸念が増している。一九八九〜一九九一年に花咲いた革命のバラはしぼみ、冷戦後の秩序の不安定性がよりあからさまになっている。多くの国が難民問題に悩み、難民問題によって生じる多種多様な政治問題を深く認識している。また、新たなタイプのテロリズムが世界各地で起きていることにも注目が集まる。そうしたことを考え合わせると、今の時代はさまざまな意味で、一九九〇年代ではなく一九三〇年代に酷似しているのだ。

現在は一九三〇年代の再来

　だから、今こそヴァイマル共和制の崩壊とヒトラーの台頭について、新たな方法で語るべきだ。本書では、ドイツの国内情勢をドイツを取り巻く世界の状況に照らし、ドイツが受けた影響を検証する。ナチ党は、当時の権威主義でありながら大衆迎合主義《ポピュリズム》の他の政治活動と同じく、第一次世界大戦終結時に世界で圧倒的勝利を収めていたリベラル資本主義に対する反動から生まれた。英米中心の戦後体制のおかげで、緊縮財政の方針（賠償金と債務の支払い、金本位制への復帰がその象徴）と安定した民主主義は一体のものとみなされ、政治的な理屈で緊縮に反対する人はリベラル民主主義にも反対するようになっていった。またナチ党は、戦後世界の他のさまざまな混乱の影響も受けた。混乱のほとんどは、もとはといえば戦争が原因だ。どうすれば、民族の違いに合わせた国境線が引けるか？　国家はマイノリティーの権利をどう扱うべきか？　難民や移民はどうすべきか？

　ナチ党の活動の根本はグローバリゼーションやグローバリゼーションの結果への抵抗だった

とすると、ナチ党自体がヨーロッパ全般の、さらには世界のトレンドによって形成されたことになる。ナチ党はロシア、イタリア、トルコの影響を意図的に活用し、大英帝国、アメリカ合衆国の影響までも活用した。突撃隊の暴力やテロ行為さえも、広い意味では、そうした影響と無縁ではなかった。

ナチ党の出現は、第一次世界大戦抜きには考えられないだろう。理由の一つとして、ナチ党の幹部や活動家の多くが前線で戦った経験を持ち、暴力が習慣となっていて、落ち着いた市民生活を送れなかったことが挙げられる。だが、ヴァイマル共和国の政治に最大の影響を及ぼしたのはナチ党員の戦争体験ではない。重要だったのは、第一次世界大戦の始まりと終わりをドイツ人がどう記憶したかという問題だ。始まりと終わり、一九一四年八月と一九一八年一一月、鮮やかな夏と薄暗い秋、熱狂的な結束と殺伐とした分断、勝利の夢と大敗の現実――相対する観念がヴァイマル共和国で起きたほぼすべてのことを貫き、政治に対するドイツ人の基本的な考え方を作った。ヴァイマル共和国に対するあらゆる疑問の答えが、第一次世界大戦のどこかにあったと言っても過言ではない。

当時の世界情勢と戦争の後遺症は、ナチ党が幅広く一般の支持を獲得できた理由の説明材料にはなる。しかし、幅広い支持――一九三二年までは有権者の約三分の一――だけでヒトラーを権力の座に押し上げることはできない。権力を得るには、上流層の保守派を味方につけねばならない。とりわけ、パウル・フォン・ヒンデンブルク大統領および彼の側近たちと、権力掌握の鍵となる陸軍を納得させる必要がある。保守派は、ヒトラーを立ち往生させることもできた。だが、ナチ党と保守派の同盟は常にぎくしゃくしていたにもかかわらず、彼らはヒトラーを利用する道を選んだ。

ここで大事になってくるのは、一人ひとりの人柄だろう。一九三〇年以降、ドイツの政治は膠着状態をきわめていく。国会で安定多数を得るのは不可能で、法案を可決させることも、政権を支えることもできなくなっていった。一九三二年半ばには、民主制崩壊にもっとも関与した二つの政党、ナチ党と共産党がともに国会の多数派となった。けれども、両者はドイツの政治スペクトラムの対極にあり、協力し合うことは絶対にできない。その結果、ヒンデンブルク大統領も、彼が任命した首相も、国会を無視して、ヴァイマル憲法が定める非常権限を頼り、たびたび大統領緊急令を発動した。すなわち、ごく限られた首脳が異例の権力をふるい、個人の目的や思いつきに重きが置かれるようになったのだ。

そうした首脳の一人、一八四七年生まれのヒンデンブルク大統領は、異なる時代を生きてきた人物だった。プロイセン王国出身の貴族であり、ドイツでもっとも崇敬される軍人であり、敬虔なルター派教会信徒でカトリック教会に深い疑念を持ち、ドイツ社会民主党を嫌っていた。憲法によって首相の任命権、罷免権を与えられ、一九二五年の大統領選挙で当選して以来、ドイツの英雄で統合者という評価を保ちつつ共和国を右寄りに動かす方法を模索していた。

ヒンデンブルクの側近で影響力のあるアドバイザーの一人が、もう一人の軍人、クルト・

フォン・シュライヒャー将軍だ。シュライヒャーは国防省「大臣官房」の官房長となり、他の省との政治交渉を取り仕切る立場にあった。彼とどうつき合うべきかを、はっきりと把握している者はいなかった。皮肉屋でずる賢く、策略家でいつもなにかを企み、企みの中身は明かされないことが多い。現にシュライヒャーはヒンデンブルクと同じく、ヴァイマル民主制を終わらせてより権威主義的で軍事的な政権を作ろうとしていた。一九二九年から一九三二年の厳しい時期に、首相や政権を生み出しては破壊し、共和国が下降スパイラルに陥る決定的役割を果たしたのは、なんと言ってもシュライヒャーだ。

シュライヒャーと対照的なのが、ヴァイマル共和国首相をもっとも長く続けた、カトリック系労働組合の事務局長で財政通でもあった人物、ハインリヒ・ブリューニングだ。軽妙で軽薄で、腹のなかがわからないシュライヒャーに比べ、ブリューニングはきまじめで厳めしく、立ち向かわざるを得ない社界の非合理を理解しようと奮闘する冷静な合理主義者だった。一九三〇年から一九三二年、すなわち世界恐慌下の最悪の時期に首相の任に就いたのも、ブリューニングの運命だった。とはいえ、大恐慌から抜け出す方法を見つけるのがブリューニングの最終目的ではなかった。彼は、ドイツが完全な統治権を取り戻すことを望んでいた。それには、一九一九年調印のヴェルサイユ条約[*4]によって科せられた賠償金の支払いをなんとかしなければならない。そのためなら、ブリューニングは、ドイツの経済危機をさらに悪化させるのを厭わなかった。

ブリューニングの後を引き継いだ首相はフランツ・フォン・パーペンで、やはり軍人出身で名家の出だったが、公人としての経歴は、せいぜい中央党機関紙の大株主、プロイセン州議会の平議員という程度だった。槍騎兵連隊の経験があり、馬術においては人並外れた腕前があったらしく、「貴族騎手」として知られていた。服装は上品で話術に長け、フランス語を流暢に話し、仏独関係の改善を望んでいたものの、非常に近しい支持者でさえ、ブリューニングのようなきまじめさがパーペンにも備わっているとはけっして言わなかっただろう。それでもパーペンは、首相就任後数ヵ月もすると、手に入れた特権を楽しむようになった。最後には、自らの怒りによって権力を失い、ゆがんだ虚栄心によってヴァイマル民主主義を崩壊の最終幕に突入させることになった。

そして、言うまでもなく、その次に登場するのがアドルフ・ヒトラーだ。二〇世紀の最重要人物を選ぶとしたら、彼は有力候補となる。だが、彼については、誤解も多い。政界に入った一九一九年当時、彼には経験がなく、これといった才能もなさそうだった。その後の一四年間は常にばかにされ、過小評価され続けて、駅の食堂のウェイターみたい、美容師みたい、などと言われていた。経済の構造的要因や国際情勢がナチズムの出現に大きな役割を果たしたのは

*4【ヴェルサイユ条約】一九一九年六月に連合国側とドイツとの間で結ばれた講和条約。アメリカは調印したが、参加していない。

確かだが、だからといって、なぜよりによってこの男が頭角を現し、かつてない権力の座についたのか？

ヒトラーが、ずば抜けた才能をゲームで発揮したのは間違いない。彼は、自分の言葉で民衆の心を奪う、たぐいまれな才能を持っていた。同時代の対戦相手には、彼の鋭い直感、大衆がどう感じてなにを聞きたがるかを読み取る能力、大衆が次にどう行動するかを予測する能力がよくわかっていなかった。彼は、場面と聴衆に合わせて素振りを変えられる、手練れの役者だった。数名の側近たちと同じく、ナチ党が権力を手にするであろう道筋が――手にできない道筋も――見えていて、その道筋に沿った計画も理解している利口な政治戦略家だったのだ。

しかし、そうした才能を挙げるだけでは、ヒトラーの成功を充分には説明できない。多くのドイツ人が彼を支持した理由を理解する鍵は、ナチ党が事実に基づく合理性のある世界を否定した点にある。ヒトラーの伝記を著したヨアヒム・フェストの言葉を借りれば、彼は「徹頭徹尾想像もつかぬようなことを考えていた」し、「彼の言葉には常に現実の前にたじろがぬびくともしない要素がみられる」。一九一八年以降にドイツが直面した現実は、とても受け入れられるものではなかった――二〇〇万人の息子たちを犠牲にした敗戦、大いに不評だった革命、不公平に見える和平調停、社会および技術の大きな変化とともに生じる経済の混乱。その結果、非常に多くのドイツ人が「背後からのひと突き（匕首《あいくち》）」[*5]という陰謀説に逃避した。明らかな軍事的敗北で戦争が終わったのではなく、共産主義者と資本主義者とユダヤ人とフリーメイソンが共謀して裏切ったのが原因だとする説だ。当時のドイツの他の政治家にはできなかったが、ヒトラーはこの現実逃避をうまく利用した。

現実に対する敵意は政治の軽視に、というよりむしろ、政治的とは言えない政治への望みに転換された。あり得ないことだ。民主主義の細かな仕組み――必要な合意形成、依頼、妥協――はさほど魅力的なものではなく、ヴァイマル共和国もまさに例外ではない。多数の政党がそれぞれ特定の層の利益を代表して、権力や権力にともなう利権を求めて争い、可能ならば妥協して取り引きしたが、往々にして可能ではなく、結果として政権交代は頻繁となり、一四年間で二一回行われた。民主主義を機能させるには、すべての政党に最低限の共通の土台があること、妥協は可能であり必要であることを全政党が認識していなければならない。けれども、一九三〇年代に入る頃には、ドイツ社会はかつてないほど激しく分断され、そのような考え方はほとんど残っていなかった。共和制の擁護者たちは堕落した体制をただ守っているだけだと見られがちだったし、国の統一と再生という「反政治」を説く反民主主義の勢力が、より高いモラルで活動していると見られかねなかった。ヒトラーは、人種差別主義の評論家ヒューストン・ステュアート・チェンバレンに「政治家の反対」と評されて感動した。ナチ党がヴァイマ

＊5【背後からのひと突き（匕首）】＊2と同じく、第一次大戦敗因は、軍に責任があるのではなく、国を混乱に陥れた左派陣営などにあるとするもの。匕首伝説とも言われる。

ル共和国を指す隠語は「体制」だが、その「体制」を軽視しているだけの段階から、神が授けた指導者が無情な死の淵から国を脱出させるという信念を持つ段階まではごくわずかだった。ヒトラーは終始一貫して、そう信じさせるために訴えた。もちろん、万人に向かってではない——ドイツ社会の分断はけっしてなくならなかったからだ。だがそれでも、ヒトラーのメッセージは、本人が必要とした以上に多くのドイツ人を納得させた。

一九三三年以降にナチ党がやってのけたのは、権力を掌握しつつあるときからすでに予測されたことばかりだ。目の利く論者たちは、やがてやってくるものを見抜いていた。作家のフリードリヒ・フランツ・フォン・ウンルーは「独裁制、国会廃止、あらゆる知性の自由の抑圧、インフレーション、テロリズム、内戦」と、『フランクフルター・ツァイトゥング』紙の評価の高い連載記事で記している。ヒトラーは「新たな戦争を起こさねばならないという認識から始めた」と述べたのは、洞察力の高いリベラルな政治家、テオドーア・ホイスで、ホイスは、ナチ党が非合理性を積極的に認めていることについても、なに一つ見逃さなかった。とはいえ、ウンルーには一つだけ間違いがあった。彼は、ヒトラーの権力掌握に断固として反対する人は大勢いるだろうと考えたが、悲しいことに、ヴァイマル共和国における現実の軽視はあまりにも広がりすぎていた。

1

八月と
一一月

マックス・フォン・バーデン大公子は朝からずっと、皇帝ヴィルヘルム二世からの知らせを今か今かと待ちわびていた。

引き締まった体形のマックス大公子は、カメラのレンズを向けられると、険しい表情でレンズを見つめ返すタイプの人物だ。いかにも経験豊富で、たいていのことに驚かず、周囲の人についても冷静に判断する人間に見える。彼は、ドイツの大公子としては珍しくリベラルであると評価され、それが理由で、一〇月に五一歳でドイツ帝国の宰相〔首相〕に任命された。のちに彼は、応対せねばならなかったほぼすべての人――皇帝、将校たち、穏健派も急進派も含めた社会主義者――へのいら立ちを滲ませながら、辛口の文章で自分の体験を記録する。

マックス大公子にとっての問題は、一五世紀以降ベルリンを統治してきた一族の世襲の皇帝であるヴィルヘルム二世が、退位を決意しないことだった。ドイツはいよいよ革命に突き進んでいて、一刻を争う状況だ。マックスは、皇帝が滞在するベルギーのスパにある陸軍司令部に電話をかけ続けたが、どうにもならなかった。彼はできる限り旧体制を温存したいと望んでいたが、革命が成功しつつあるのもわかっていた。もはや「叩きのめす」のは不可能だとしても「押さえこむ」ことならできるかもしれない。だとすれば、穏健なドイツ社会民主党の党首、フリードリヒ・エーベルトを、王権によって宰相に指名するしかない。

いずれにせよエーベルトは間もなく宰相に就任する、とマックスは考えていた。皇帝が任命せずとも、革命勢力が宰相の座につかせるだろう。「民衆がエーベルトを国民の指導者として求めるのなら、共和国が成立する」、彼は自分にそう言いきかせた。だが、もっと悪い結果も起こり得る。民衆がエーベルトではなく、より急進的なドイツ独立社会民主党のカール・リープクネヒトを宰相にすれば、「ボリシェヴィズムの国だって成立する可能性がある」。しかし、ヴィルヘルム二世が最後の仕事としてエーベルトを指名すれば、「君主制を残すかすかな望みがつながるかもしれない。そうなれば、革命のエネルギーを選挙運動という合法的道筋に向かわせることもできるはずだ」。

けれども、マックス大公子は、皇帝がいる陸軍司令部で繰り広げられているドラマを知らなかった。スパにいる陸軍元帥、すなわちドイツ帝国陸軍最高司令官のパウル・フォン・ヒンデンブルクは、二つのことを明確に理解していた――皇帝は退位するしかないこと、皇帝に退位を承知させたと自分が責められてはならないこと、この二つだ。皇帝は、自らの軍をドイツに向かわせて各地の革命を封じ込めようと、漠然と考えていた。だが、そんなことをすれば悲惨な内戦につながると、ヒンデンブルクもわかっている。そんな事態の責任をとりたくはない。しかし一方で、ヒンデンブルクは君主主義者でもあり、皇帝の力にならなかったと他の君主制主義者たちから責められかねないこともわかっていた。彼は、ドイツが敗北した第一次世界大戦のなかでは数少ない、圧倒的に勝利した戦いの一つ、タンネンベルクの戦いの英雄だ。ここで名を汚すわけにはいかない。

ヒンデンブルクは、参謀本部次長のヴィルヘルム・グレーナーに、問題の解決に当たらせた。グレーナーは皇帝に向かって単刀直入に、軍は指揮官の下で平和的にドイツへ戻ることになる、「しかし、陛下が指揮をなさるのではありません。なぜなら、もう陛下をお支えする軍ではないからです」と伝えた。そしてヒンデンブルクは密かに、皇帝が身の安全を確保できる中立国、オランダへ亡命する手はずを整えた。

このようなやり方は、パターン化してその後も続く。それから一〇年以上が経過しても、ヒンデンブルクはまだ内戦勃発の可能性と格闘し続け、自分の名声を保ちつつ、軍を国内の紛争から遠ざける道を探り、ありがたくない仕事は部下に任せ続けていた。

スパからの連絡がないことにしびれを切らしたマックス大公子は、自ら対処することにした。ヴィルヘルム二世の退位を、本人に代わって宣言する気だった。マックスはエーベルトを呼び出して、「君主制を定める憲法」に従って国を治める覚悟はあるか、と尋ねた。エーベルトはドイツ社会民主党員としてはきわめて保守的で、君主制を選ぶかに思われたが、事態は遅きに失していた。「昨日であれば、無条件で引き受けたかもしれません」。彼はマックスにそう答えた。「本日であれば、まず友人に意見を聞かねばなりません」。次にマックスは、摂政について考えてみるのはどうかと訊いた。誰かが、若い世継ぎに代わって政治を執り行ってはどうか。「手遅れです」。エーベルトはそう答えた。マックスのうんざりとしたような記録によると、エーベルトの後ろにいた他の社会民主党員たちも「手遅れ、手遅れだ！」と声をそろえて繰り返した。

ちょうど同じ頃、エーベルトと同じく社会民主党の幹部であったフィリップ・シャイデマンは、国会議事堂のバルコニーに立って叫んでいた。「共和国万歳！」これが、ドイツが現実に民主的な共和国になったと示す宣言だったと受け止められているが、本人はのちに、ただ自分の「信念を吐露した」にすぎないと語っている。

国会議事堂から八〇〇メートルほど東にある宮殿では、急進派のカール・リープクネヒトが、ドイツは「社会主義共和国」だと宣言した。その頃には、ヴィルヘルム二世はドイツ帝国皇帝ではなくなっていた。

その日の午後遅く、マックス大公子はエーベルトと最後の話し合いをした。今度はエーベルトがマックスに、「行政長官」として政権に残ってもらえないかと頼んだ。摂政の役目を果たしてほしいという意味だ。マックスはきっぱりと返答した。「あなたが独立（より急進的な独立社会民主党）の人たちと組む決断をしようとしているのは知っているが、私は独立の連中とは仕事はできない」。去り際に彼は振り返り、最後の一言を告げた。

「エーベルトさん、ドイツ帝国をあなたに託します！」

エーベルトは重々しく答えた。

「私はこの帝国のために息子を二人亡くしました」

一九一八年一一月九日は、こうして終わった。

二日後、ドイツの政治家と連合国の将校たちの間で休戦協定が締結され、発効した。第一次世界大戦は終戦を迎えた。多くのドイツ人にとって、敗戦は突然衝撃的に訪れた。ベルリンから一二〇キロメートルほど北東へ行ったポンメルン地方の小さな町、パーゼヴァルクの病院で、毒ガス攻撃で被った傷から回復しつつあった兵士も、そうした一人だった。

「かくして、すべてはムダであった」、彼はそう記している。

「あらゆる犠牲も、あらゆる苦労もムダだった……（中略）……倒れた二〇〇万の死もムダだった……（後略）」。ドイツの兵士が戦ったのは、ただ「一群のあさましい犯罪者の手に祖国を渡さんとするためだったのか？」。

彼は、母親の葬儀の日以来泣いたことがなかったが、このときばかりはよろめきながら病室に戻り、「燃えるような頭をふとんと枕にうめた」。

彼の名はアドルフ・ヒトラー、上等兵だ。

詳しく検討すると、ヴァイマル共和国のほぼすべてが第一次世界大戦そのものだとわかる。

これほどまでに多数の犠牲者が、比較的短期間に集中して生まれた戦争はかつてなかった。ドイツが四年余りの間に失った兵の数、一七〇万人は、ロシアを除けばどの国よりも多い。女性を含む市民が、工場などでの軍事労働に動員されたのも、初めてのことだった。戦争を遂行し勝利を目指すため、国は国民に対していっそうの労働と犠牲を強いるほかなく、そのためには、国民の支持を維持することが極めて大切になった。新しいマスメディアは、国の宣伝機関の役割を果たし、戦争を「売り物」にしていった。多くの場合、戦争の意義や敵の人間性について、極端に感情的に、あるいは大きな虚偽を取り混ぜて訴えた。戦時のプロパガンダは、他の国と同様に、ドイツでも国民の心に深く刻まれた。

第一次世界大戦は一九一四年夏から一九一八年晩秋までだらだらと続いたが、大きな決断を下すべきタイミングは、半ばの一九一六年末頃にあった。まったく想定外の戦費と、混乱を深める国内情勢に動揺する交戦中の各国政府は、みな同じ決断を迫られた――圧倒的な勝利を目指すか、行き詰まりを認めて和平交渉をするか。勝利を目指すなら、さらに借金を増やし、犠牲者が増えるのを覚悟し、労働や奉仕にいっそうの努力をして「銃後の守り」を固めてもらわねばならない。主要国では、どの政府も勝利を目指すと決断し、毅然たるリーダーが政権に就いた。イギリスでは、一九一六年一二月に、活力あふれるデビッド・ロイド・ジョージが疲弊しきったハーバート・ヘンリー・アスキスに代わって首相となり、フランスでは、一九一七年一一月に、「虎」の異名をとる強硬なジョルジュ・クレマンソーが首相として実権を握り、「私が戦争を行う」と単純で断固とした公約を掲げた。

翻ってドイツでは、リーダーが現われるプロセスが明確ではなかった。一九一六年の後半になっても、陸軍の二人の実力者、パウル・フォン・ヒンデンブルクとエーリヒ・ルーデンドルフが、戦争の指揮のみならず銃後の守りにおいても強固に権力をふるっていた。二人はヴィルヘルム二世の親政を軽視し、自分たちの手で「静かな独裁」を行った。そこに、矛盾があった。ドイツの将来を暗示する矛盾だ。一九一六年の夏、ヒンデンブルクとルーデンドルフが皇帝の望みに反して参謀総長と参謀本部次長に任命されたのは、それを望む世論の圧力が大きかったからだ。つまり彼らによる独裁は、ある意味ポピュリズムの産物だった。

しかし、断固としたリーダーシップがあったとしても、近代の総力戦における基本は変わらない。総力戦は、すべての市民に労働力や戦闘力を要求する。その見返りに、国に対してかつてない交渉力を得た市民は、勝利とともに必ずやすばらしい世界が訪れるという途方もない約束を国に強いる。たとえばイギリス政府は、ドイツが神聖な条約〔ロンドン条約、一八三九年〕に違反したため、「勇敢で小さなベルギー」をドイツの猛攻から守ることだけを理由に参戦した。だが、神聖な条約のために何十万人もの若者に命を差し出せと言うのも、愛する者を失った人を嘆き悲しませるのも、無理がある。そこでロイド・ジョージは、一九一八年には、アメリカ大統領ウッドロウ・ウィルソンが提唱する国際連盟創設に賛成し、進行中の困難な戦いを

「戦争を終わらせるための戦争」と呼んだ（この言葉を最初に使ったのは、サイエンスフィクション作家で社会評論家のハーバート・ジョージ・ウェルズ）。ロイド・ジョージは社会改革をさらに推し進めると約束し、彼の内閣のある閣僚の言葉を借りれば、ドイツが「音を上げるまで」絞めあげて償わせると述べた。総力戦は新しいタイプのナショナリズムを醸成し、ポピュリストと平等主義者を増やし、上流層や伝統の象徴への敬意を失わせた。

一方、ドイツ政府は、民主改革を行わざるを得ないと感じていた。とりわけ、有産階級が圧倒的に有利なプロイセン議会の選挙制度改革は必須だった。当時、帝国議会議員で、のちにヴァイマル共和国外相の任に就き、共和国の重要な政治家の一人となるグスタフ・シュトレーゼマンは、一九一七年に、戦争によって国民と国家の関係は変わった、戦後の国家はさらに民主的になるだろう、と仲間の議員に語った。ヒンデンブルクとルーデンドルフが一九一六年に導入した「愛国的労働奉仕法」でさえ、軍需産業での労働を義務づけていたとはいえ、民主化の一つであったと見なせなくはない。この法案には、帝国議会の複数の民主政党が協力して草案を書き、労働者側の代表が経営にかかわる決定に参加するという条項が含まれていた。

戦時中の構想には、もっと不吉な未来を示すものもあった。ドイツ政府は、戦争に勝てば新たな形の偉大なる帝国がもたらされると、国民に約束していた。ドイツがヨーロッパの支配勢力となり、ベルギー、フランスのみならずロシアの西側にある国々も併合するというのだ。この構想は、一九一八年にロシアが戦線から離脱し、ドイツが直接にしろ間接にしろ現在のポーランド、バルト三国、ベラルーシ、ウクライナを支配したほんのしばらくの間だけ現実となった。一九一七年に結成された新政党、ドイツ祖国党は、国内の穏健派を叩きのめし、ドイツが圧倒的勝利を収めてヨーロッパのみならず「インド門に至るまで」完全に支配する力を持つように、戦争を継続することを望んだ。

ドイツ祖国党員の一人、アルフレート・フーゲンベルクは製鉄会社の重役で、メディア王でもあり、のちのヴァイマル共和制期に実業家や富裕層の利益を代表する右派政党、ドイツ国家人民党の党首となる人物だ。また、ミュンヘンの工具製作者で錠前師のアントン・ドレクスラーも祖国党の党員で、一九一九年には、祖国党の構想を存続させるためにドイツ労働者党を結成した。復員兵のアドルフ・ヒトラーが加わったドイツ労働者党は、結成から一年余りのちに、党名を国民社会主義ドイツ労働者党に変更した——それがナチ党だ。

戦争によって一部のドイツ人は極右に走ったが、同時に、極左に走った人々もいた。たとえば社会民主党は、戦争の影響で魅力を失った。戦前の社会民主党は、党員一〇〇万人を擁するドイツ最大の政党で、世界の社会主義政党のなかでも最大の政党だった。一九一二年、社会民主党は帝国議会選挙で最大の議席を獲得した。党の社会主義イデオロギーは平和に徹していたはずだが、戦争が始まると国の戦争遂行努力を支持し、同党の国会議員は必要とされる戦費予算案のすべてに賛成票を投じた。それが一因で、党員数は戦時中に激減し、一九一七年には二五万人にまで落ち込んだ。さらに同年には、追加の戦時公債発行議案に反対票を投じていた戦争反対派の議員が完全に分裂するに至り、離党してドイツ独立社会民主党を結成した。独立社会民主党は、一九一七年末には党員数一二万となり、主流の社会民主党員の約半数を擁するまでになる。さらに一九一八年、独立社会民主党左派は「ドイツ共産党（スパルタクス団《ブント》）」と名を改め、ドイツの労働運動は恒久的に分裂することになる。

だがそれでも、政治の中心はまだ持ちこたえていた。一九一七年七月、帝国議会の三大民主勢力（社会民主党、リベラル左派の諸政党〔一九一八年にドイツ民主党結成〕、中央党）は、およそ三分の二の議席を占め、領土の併合や賠償金支払いの強要を伴わない交渉による平和を求める決議[*1]を採択した。この決議はヒンデンブルクとルーデンドルフの絆を強めはしなかったかもしれないが、二人にとって脅威とはなったのだろう。なんといっても、帝国議会の多数の意見は、おそらく国民の多数の意見を表す。最高司令部の二人がドイツ祖国党結成に手を貸したのは、この決議採択の直後だった。二人は、不運な宰相、テオバルト・フォン・ベートマン＝ホルヴェークを、帝国議会のやっかいな民主派を制御できないと見なして失脚させた。

「平和決議」の本当の意義は、ドイツ政界の民主ブロックを明確に定義したことにある。この決議の後ろにいる三大民主勢力は、一九一八年以降、ヴァイマル民主制の中心的存在となり、

＊1【平和決議】第一次大戦中、アメリカが参戦したのを契機に、ドイツ議会で、社会民主党、中央党などが、ドイツがさらに劣勢になる前に戦争を終結するように求めた決議。「背後からのひと突き」の根拠にも使われた。

のちに「ヴァイマル連合」という連立政府となる。一九一七年から一九三三年まで、ドイツの政治はこの民主主義ブロックと、ナショナリズムブロック――戦争の遂行を積極的に推す立場の保守派とリベラル右派――のせめぎ合いに明け暮れる。

可視化されない敗戦

しかし、一九一八年の夏の終わりには、ドイツ陸軍はすでに疲弊していた。西部戦線における敗北が現実味を帯び、ヒンデンブルクとルーデンドルフもそのことをよく理解していたため――ルーデンドルフは、連合国がアミアンを攻撃した八月八日を「ドイツ陸軍の暗黒の日だった」と記した――九月末には、西部戦線停戦の道を探るときが来たと皇帝に進言した。そのうえで、いつも通り保身に走る最高司令官たちは、自ら停戦交渉に立つのを拒否し、帝国議会の民主勢力の指導者たちにその仕事を譲った。悪いことは重なり、ウッドロウ・ウィルソンも調子を合わせるように、ドイツの「軍国主義者」との交渉を拒否した。通常ならば、休戦の交渉は双方の軍司令官同士で行うが、このとき、ドイツ側の責任を負ったのは民主勢力の政治家だった。彼らはのちに、責めも負うことになる。

一九一八年の秋、ドイツ軍の部隊は他国のさまざまなところに進軍していて、ベルギーの大部分とフランス北部を引き続き占領し、東ヨーロッパの国々も支配していた。そして、ドイツの土地は〇・一平方メートルたりとも、敵軍に占領されてはいなかった。第二次世界大戦時とは違い、爆弾や航空機の技術がさほど進歩していなかったため、連合国側の空軍がドイツの町に大打撃を与えるという段階には達していない。戦時の新聞報道は厳しく検閲されており、勝利を伝えるニュースや、今後も勝利すると請け合う記事しか載らなかった。一般人は、人並外れた想像力の持ち主か、かなりの情報通でない限り、ドイツが敗戦の瀬戸際にあると理解するのはむずかしかっただろう。そのような状況で、国の指導者たちが、突然休戦を申し出た。ほとんどのドイツ人が敗戦を受け入れ難かったのも、無理はない。

そもそも、まだ休戦が成立しないうちに、ドイツは革命で揺さぶられていた。きっかけは、海軍水兵の反乱だった。司令官たちに命じられたイギリス艦隊への攻撃は無謀だと反旗を翻したのだ。戦争で疲弊し、消耗し、空腹を抱える国内で、革命は町から町へと広がり、フランスに駐屯する陸軍部隊にまで波及した。そして、一一月初めの数日で、バイエルンのヴィッテルスバッハ家、ザクセンのヴェッティン家など、ドイツの各邦国を支配してきた君主はもちろんのこと、ベルリンの皇帝ヴィルヘルム二世も、退位させられる事態となった。一一月九日には、社会民主党と独立社会民主党が首都ベルリンで実権を握った。独立社会民主党は、前年に社会民主党と袂を分かったばかりだったが、革命により一時的によりを戻す形となった。

新しく宰相となったエーベルトは、社会民主党員三名と独立社会民主党員三名からなる「人民代理委員評議会」の議長となった。それが当面の臨時革命政府だった。エーベルトが突きつけられた問題は、敗戦、数百万の兵士の復員、イギリス軍の海上封鎖の影響で飢える国民、勝った連合国側がどんな講和条件を押しつけてくるかわからないという不安など、頭の痛いものばかりだった。

エーベルトと社会民主党には、自分たちが取りたい方針について明確な考えがあった。国境の西側の諸国のように、ドイツを議会制民主主義の国にしたかったのだ。東のかなたのロシアで起こった革命は、悪くすれば自国でも起きうる恐ろしい前例で、内戦、飢饉、国家テロなどが始まらないとはいえない。エーベルトは社会革命（ロシアで起きたような革命。政治指導部が失脚するだけでなく財産所有権や階級制度も覆される）を忌み嫌い、「罪悪と同じだ」と表現した。エーベルトと社会民主党は、新しい憲法を起草するための国民議会選挙を、速やかに行おうとしていた。

けれども、皆がみな、ロシア革命を恐るべき先例と考えたわけではない。励みとして受け取めた者もいた。実際、一九一八年の終わり頃には、ドイツ国内のいくつかの地域でまだ革命が進行していた。また、ロシアの「評議会《ソヴィエト》」をモデルに「大ベルリン労働者・兵士評議会」も結成された。「大ベルリン労働者・兵士評議会」の執行評議会は、自分たちが「人民代理委員評議会」を支配すると主張し、ロシアのボリシェヴィキに倣った大転換をドイツにもたらそうとした。社会民主党よりも急進的な独立社会民主党内にも同様の望みを持つ者がおり、社会主義知識人のカール・リープクネヒトとローザ・ルクセンブルクが率いる別の左派グループ、スパルタクス団も同じ考えだった。

こうした状況のなか、エーベルトの臨時政府は長くは持たない運命にあった。問題は、陸軍との関係にあった。エーベルトは宰相となった初日に、ルーデンドルフの後任として参謀本部次長となっていたヴィルヘルム・グレーナーから、陸軍は大ベルリン労働者・兵士評議会ではなく、エーベルトの政府を支持すると同意を得た。その見返りとしてエーベルトも、軍部と将校は存続させることに同意した。一二月には、左派の革命軍「人民海兵師団」がベルリンの王宮を占拠し、社会民主党の政治家を人質にした。エーベルトはグレーナーとの合意を基に、陸軍に権限を与え反乱者を攻撃させた。すると軍隊の介入を認めたことに抗議して、臨時政府の独立社会民主党員はエーベルトと決別した。こうして、立憲派と労働運動に端を発した革命派との溝は広がっていた。

一方、革命派側も再編された。年の変わり目に、独立社会民主党の左派がスパルタクス団など、他の急進派グループと合流し、本家のロシアを見習ってドイツ共産党を結成した。一九一九年一月四日、カール・リープクネヒトが、エーベルトの政府に対して立ち上がる革命を宣言し、その蜂起と内戦の一週間は、のちに「スパルタクス週間」と呼ばれることになる。エーベルトは、このときもグレーナーをあてにした。彼は陸軍と、戦争の失敗に不満を持つ復員兵や学生などで構成される新しい民兵組織、義勇軍の力を借りて暴動を鎮圧した。義勇軍は、ローザ・ルクセンブルクとカール・リープクネヒトを捕らえて殺害した。この一連のできごと（左派の蜂起と血にまみれた義勇軍による平定）は、一九一九年の春にベルリンとミュンヘンで繰り返されることになる（春の戦いでは、約六〇〇人の左派が殺された）。

一月一九日、国民議会選挙が行われ、エーベルトの社会民主党が三九パーセント近い得票率で勝利した――この得票率はドイツの選挙の記録となり、ナチ党を含めどの政党もその記録を破ることはできなかった。ようやく新記録が達成されたのは一九五七年のことで、西ドイツの首相コンラート・アデナウアーがさらに高い得票率で圧勝し、第三次政権に就いた。一九一九年の国民議会選挙では、中央党、リベラル左派のドイツ民主党といった、新しい民主主義を掲げた他の党もそれぞれ一九・七パーセント、一八・六パーセントを獲得し、結果として、四分の三のドイツ人が進歩的な民主主義の政策に一票を投じたことになる。

極めて民主的に意図された憲法

一九一九年二月初旬から八月にかけて、混乱、政治暴動、講和条約の条件に関する激しい論争が異常なほど長引くなか、国民議会は近代民主主義をもたらす画期的に新しい憲法草案を審議した。このヴァイマル憲法の主な起草者は法学者のフーゴ・プロイスで、数年後、彼はアメリカの二つのインタビューで、とにかくアメリカの憲法を手本にせねばというプレッシャーを感じていた、と語った。

「パリ講和会議は、ウィルソン〔アメリカ大統領〕のキャリアの全盛期に始まった。ところが、間もなくウィルソンの力が弱まり（おそらくプロイスは、ウィルソンが講和条約に関する問題でアメリカ議会の支持を失っていったことを指している）、大統領と議会が膠着状態となった。つまり、アメリカのシステムに誤りがあるのは明らかで、われわれはそれを避けるように努力すべきだった」

彼はそう述べている。プロイスが大統領と議会の膠着状態を招かないように憲法を起草したとすれば、皮肉だ。一九三〇年には、まさにその新憲法によって膠着状態が生まれるのだから。とはいえ、プロイスには、自分が発案したシステムなら膠着状態は招かないと考える妥当な理由があった。

実際、新憲法にはアメリカの憲法の要素がいくらか取り入れられている——大統領の強力な指揮権と、基本的人権に関する数々の項目だ。そして同時に、イギリス型の議会政治についてもこと細かに規定している——イギリスは不成典憲法の国であることを考えれば、これも皮肉だ。また、新憲法にはドイツ史から引いた内容も含まれ、非常に革新的な内容も含まれた。

新憲法の核となるのは下院にあたる国会《ライヒスターク》だ。議員選挙は少なくとも四年に一回実施され、二〇歳以上のすべての国民に選挙権があり、男女の区別はなかった。この選挙制度の注目すべき斬新な部分は、比例代表制だ。有権者は、イギリス議会庶民院〔下院〕やアメリカ合衆国下院の選挙のように自分の選挙区の候補者個人に投票するのではなく、各党の候補者名を掲載した名簿を見て党に投票する。そして各政党は、得票数に応じて下院の議席を得る。

比例代表制は、現在のヨーロッパで広く採用されている。ドイツでも今なお行っているが、長所としては、有権者の選択を公正に反映する議員構成となる点が挙げられる。イギリスのような単純小選挙区制では、四〇パーセント近い得票を達成した政党や、地域の有力政党が決定的に有利になり、全国に分散する中程度の支持を得ている政党の候補者が当選しにくい。アメリカの下院議員選挙でも、基本的には二大政党間の戦いとなり、選挙結果は得てして投票者の意思を反映しない。一方、比例代表制の短所は、小規模政党を含め、数多くの政党が国会に議席を持つ傾向がある点だろう。その場合、安定した政権運営がむずかしくなる可能性がある。ヴァイマル共和国も、その病に大いに苦しむことになる。

病の原因は、憲法第五二条と第五四条の複合的な影響にあった。第五二条は「ドイツ国政府は、ドイツ国首相及びドイツ国大臣でこれを組織する」と規定し、第五四条は「ドイツ国首相及びドイツ国大臣は、その職務の遂行について、国会《ライヒターク》の信任を必要とする。ドイツ国議会の明示的な決議によってその信任を失ったときは、ドイツ国首相及びドイツ国大臣は辞職しなければならない」と規定する。つまり、政権は国会で常に過半数の支持を得なければならないことになる。逆に言えば、過半数の議員が反対票を投じたら、それは支持を失った合図であり、その内閣の首相と国務大臣は辞職を余儀なくされる。これは、議会政治の基本原則であり、論理的で合理的だと思える。民主主義による行政を、確実に行う意図がある。ところがヴァイマル共和国では、憲法によって果てしない危機を招き入れる扉が開かれ、共和国の末期には膠着状態と内戦の危機が訪れた。

ヴァイマル憲法でもう一つ重要視されるのは、いうまでもなく大統領だ。大統領は、国会選挙とは別に、同じく全国民による投票で選ばれる。大統領の任期は七年間とされた。大統領は国家元首であり、憲法には「力をドイツ国民の福祉」のために捧げ、国民の「障害を除き」、「ドイツ国の憲法と法律を遵守」すると、大統領の義務の要点が記されている。国際法において国を代表するのは大統領であり、諸外国との同盟及びその他の条約の締結は大統領の責任において行われ、大統領は「使節を信任し、及び接受する」。国内政治では、首相の任免は大統領の専権事項で（首相は議会の過半数の支持が要るという事実は前提）、首相の提言に従うという条件はあるものの、国務大臣の任免も大統領の仕事とされた。

そして、大統領の権限のなかでなによりも論争を呼ぶのが、ヴァイマル憲法が大統領に付与した非常権限だ。

第四八条は、ヴァイマル憲法でもっとも重要な――もっとも悪名高いとも言われる――条項となる。大統領は「公共の安寧及び秩序に著しい障害が生じ、またはその虞《おそ》れがあるときは」、「公共の安寧及び秩序を回復させるために必要な措置をとることができ、必要な場合には、武装兵力を用いて介入することができる」。また、ある州がドイツ国憲法又はドイツ国法律によって課せられた義務を履行しないときは、大統領はやはり「武装兵力を用いて」この義務を「履行させる」ことができる。一方で、このような権力の行使を抑止する機能もあった。第四八条に基づく大統領の行為は、国会議員の過半数の反対票があれば覆すことができた。

憲法が大統領に付与した任務は、やはり皮肉といえる。憲法の起草者たちが議論した問題の一つは、新しい政治システムは議会の力に重きを置くべきか、それとも大統領の力に重きを置くべきかという点だった。当初プロイスは議会至上主義を主張したが、国内の宗教（カトリック対プロテスタント）、社会階級、地域の分断を克服するには、対立が多い議会よりも、強くて求心力のある大統領に力を与える方がうまくいくという考えに変わった。さらに重要な要素もあった。プロイスは他の多くの起草者と同様にリベラルだったが、社会主義者ではなかった。一九一九年の新しい国会は、まるで社会主義者が永久に多数派でいるような様相だった。プロイスは、社会主義者が永久に議会で優位に立つと「逆に権威主義国家」が生まれるのではないかと恐れた。したがってこの点においても、強い大統領——必要とあらば政党を支配する非常権限を持つ——ならば、民主主義にとって不可欠な防波堤となってくれるだろうとプロイスは考えた。

一九二五年、プロイスはアメリカのインタビューで、大統領が権力を乱用するとは考えなかったのかと訊かれた。彼は「ノー」と答えている。プロイスが言うには、最終検討で議会が大統領よりも優位にあると確認された。なぜなら、大統領の命令はすべて、憲法第四八条による命令も含めて、首相または主務大臣の副署を必要とするから。そしていうまでもなく、首相や国務大臣は国会の信任を得ていなくてはならないからだ。プロイスも、ヴァイマル憲法の他の起草者も、民主主義に敵対する側から大統領が選ばれ、民主主義制度を転覆させようとするなどとは思ってもみなかった。ましてや、民主主義制度に敵意を持つ政党が議会の多数派となる日が来るなどとは、誰も想像しなかった。アメリカの法律家オリバー・ウェンデル・ホームズ・ジュニアは、法律の起草には用心のために善人ではなく「悪人」を念頭に置くべきだと指摘したが、まさにそうすべき例となった。

どんな法律も、成文法自体にはあまり意味がない。というよりも、法にはさまざまな意味があって結局意味がない。法には、法を運用することはできない。大切なのは文化的、政治的環境であり、ともすれば過ちを犯しがちな人間はその環境のなかで法を施行する。ヴァイマル憲法は、第一次世界大戦よりも前に形成されていた政治風土のもとで運用されるしかなかったのだ。

厳密にいえば、一九一四年以前のドイツを民主国家と呼ぶことはできないかもしれない。だが厳密には、非民主国家と呼ぶこともできない。一八七一年制定のドイツ帝国憲法では、国を支配するのは世襲の皇帝と定められ、帝国の最後の三〇年、一八八八年から一九一八年にかけて皇帝の位にあったのがヴィルヘルム二世だった。アメリカ合衆国の大統領と同じく、ドイツの皇帝は自らの政権の人事権をすべて握り、中央政府の長たる宰相から各省の大臣にいたるまで指名し、宰相や大臣は皇帝の意のままに働いた。だが、当時のドイツの下院、すなわち帝国議会の議員は、選挙で選ばれ、二五歳以上のすべての男性に投票権があった。イギリスを含む多くの国では納税額や所有財産に応じて投票権が与えられていた時代だけに、たいへん民主的な取り決めだったといえる。帝国議会の承認がなければ法案は可決されず、議会の影響力はドイツ帝国の四七年の歴史のなかで着実に強まっていった。

事実、一八七一年に新たなドイツ帝国が成立してから一九一四年に第一次世界大戦が勃発するまで、政治の気運はリベラル派や民主派の政党に有利な方向へと動いた。反対に、右派の政党は徐々に形勢不利となっていった。右派が利益を代表する社会集団（上流層の貴族、軍の高官、上級官僚、大企業の経営者などはもちろんのこと、地方の質素な農業従事者も）には、国家が自分たちから離れていくように感じられた。ドイツ社会で注目されるようになったのは新しい集団で、そこにはもともと最貧で一番弱い立場にあった人たち、すなわち、工場労働者やユダヤ人をはじめとするマイノリティーが含まれていた。結果として右派勢力は、以前よりも怒りと絶望と自暴自棄の論調を強めていく。一八七一年、ドイツ帝国が成立した時点では、君主と教会に対する忠誠は保守主義の証だった。保守系の有力紙『十字新聞』は、題字に「皇帝と祖国のため神とともに進まん」というモットーを掲げていた。しかし一九一四年になると、極右勢力の多くは、リベラル勢力や社会主義勢力の隆盛に不満を持ち、腹立たしく思い、かつての伝統に背を向けるようになった。すなわち、反体制派となり、革命に近い活動を行い、ときには怒りの矛先を皇帝にも向けるようになったのだ。

右派は文化闘争にも負けた。文化闘争とは、たとえば芸術や文学の最新の表現形式、つまり社会を批判する演劇、セックスをあからさまに表現する小説、印象主義の絵画などをめぐる闘争だ。あるいは、政治や外交ではなくスポーツ、犯罪、スキャンダルが紙面を埋める大量発行の新聞や映画など、新しい形式のメディアをめぐる戦争でもある。さらには、社会の変化をめぐる闘争でもあった。フェミニストやゲイの運動が盛んになり、ストレートの男性のアイデンティティーが脅かされそうになった。一九〇六年には、天才詐欺師のヴィルヘルム・フォークト――通称「ケーペニックの大尉」――が、古着屋で買った大尉の制服に身を包み、お人よしの陸軍部隊を率いて郊外の町の市庁舎を襲った。大胆なふるまいと軍規をみごとに破壊したことで、彼は一躍国民的ヒーローとなり、メディアのスーパースターとなった。だが一方で、バッハやカントやゲーテの国で一人の犯罪者がこれほど称賛を浴びるのはどうしたことかといぶかるドイツ人も大勢いた。こうした状況を顧みたある新聞が、一九〇八年にこう嘆いている。「わが国民のモラル回復には、国内であろうと国外であろうと、大惨事を徹底的に打ち砕くことが必要となるだろう」。

大惨事は、第一次世界大戦という形で訪れた。だが、それでもドイツの政治風土の基本は変化せず、むしろ強調される結果となった。ドイツ国民は、パターン通りに政府に忠誠をつくし、大衆として政治動員されるという、すでに慣れ親しんでいた政治風土のまま戦後を迎えた。そして右派は、政治はもちろんのこと文化においても、それまで以上に絶望的な戦いに追い込まれ、負ける瀬戸際にあると感じていた。

戦後賠償がナチ党を生んだという伝説

ドイツの国民は、戦局そのものよりも、終戦と戦争の後遺症によって甚大な影響を被った。保守派の思想家、エドガー・ユリウス・ユングはこう記している。「私に新しい世界観が生まれたのは、前線が突破された恐るべきとき、一一月革命、故郷の町が〔フランスに〕占領されたときだ」。

ドイツ人にとって、戦後体制の中心にあったのは、一九一九年六月二八日に調印されたヴェルサイユ条約だった。ポーランド、デンマーク、ベルギー、フランスへの領土割譲、陸軍と海軍の規模削減、空軍の保持禁止、オーストリアとの合併禁止といった条件が突きつけられた。また、新しい国際機関、国際連盟への参加は認められなかった。しかし、ドイツ国民がなによりも注目したのは第二三一条、開戦責任はドイツ一国にあるとしたいわゆる「戦争責任条項」、また、戦勝国に賠償金を支払うと定めた第二三二条だった。賠償金総額については決定されず、昔ながらの官僚方式によってパリ講和会議の重鎮たちは賠償委員会を設置し、のちの協議に任せた。その後の一三年間、支払額は繰り返し協議された。

ヴェルサイユ条約はドイツにとってあまりにも厳しく、その厳しさに対する怒りがナチ党の台頭を招いた、という説明は伝説のように語られる。だが実は、ヴェルサイユ条約は、第一次世界大戦後の講和条約のなかでもっとも緩やかな条約だった。ドイツ史および外交史の専門家は、ヴェルサイユ条約がヨーロッパにおける二つの大戦間の問題のすべてを引き起こしたわけではないという見方に、おおむね賛成している。確かに、大多数のドイツ人がこの条約は不当だと受け止めていたが、実際はそれほどでもなかった。問題は、条約にどう対処すべきかでドイツの国民が分断されたことだ――武力を含む抵抗によって打開するのか、それとも粘り強い交渉によって打開するのか？

また、戦後の分断を助長するうえで、少なくともヴェルサイユ条約と同じくらい大きな影響があったのが、戦争に関する二つの伝説だった。一つは、開戦に関する「一九一四年伝説」、そしてもう一つは、革命のさなかの終戦と敗戦に関する「背後からのひと突き」（匕首）伝説だ。この二つの伝説は、弁証法的関係にある。つまり両者には、団結と分断、愛国心と背信、右派と左派、八月と一一月という、対立的な要素があるのだ。

「戦争が夏のすばらしい晴天とともに起こり、革命が湿っぽく寒い一一月の霧とともに起こったということがすでに、革命にとっては重大なハンディキャップだった」

ドイツ人ジャーナリストで歴史作家のセバスチャン・ハフナーは、そう記している。終戦時、彼はまだ一一歳で、ベルリンの学校に通っていた。ハフナーによれば、民主派でさえも、この強い対立を感じていた。

「彼らは、一一月九日のことをあまりきちんと覚えていたいと思わず、この日を公式に祝いもしなかった。一九一八年一一月ではなく一九一四年八月に勝負を始めたナチスは、常にたやすいゲームをした」

一一月革命は、殺し合いが終わり「妻たちは夫たちを返してもらい、夫たちは生活を返してもらった」ことを意味していたかもしれないが、そこに祝祭の感情はなく、「不満と敗北、不安と無意味なめった打ち、混乱、そして悪天候だけ」があった。確かに、大戦は大惨事をもたらした。だが、「戦争の勃発は、ほぼすべての人びとにとって、忘れがたい数日間の、きわめて大きな意気の高まりと生活の高揚に結びついていた」。それに対して革命は、「ほぼすべてのドイツ人が暗い記憶」しか持っていない。

ハフナーの言葉が示唆するように、八月と一一月の対立は、ヴァイマル共和国の政治を根本的に方向づけた。どちらの伝説も実際にはさして根拠がなく、特に後者は前者より根拠が弱い。ヴァイマル共和国には致命的な不具合が数々あったが、何百万という国民が嘘だとわかる嘘を本気で信じたことも、そうした不具合の一つだったといえる。

一九一四年伝説に従えば、戦争の勃発により、ドイツの国民は突如として熱狂的に団結した。かつての、ともすれば無情な、社会階級、政党、宗教による分断は、熱烈な愛国心の高まりとともに消滅した。のちに活躍する劇作家カール・ツックマイヤーは、当時まだ一〇代の若者だったが、戦争が迫り来る頃、家族とともにオランダに滞在した。ドイツのマインツに戻る列車で、妻と別れを惜しむ騎兵隊将校を見ていたツックマイヤーは、若い将校の運命は「自分の運命でもあった」と数年後に記す。「もはやどんな分断も溝も、存在しない」、そうした感情が「宗教のような強さで」彼を征服した。

ツックマイヤーは、そのような気分にはなれずに涙を流す女性たちのことも書いてはいるが、彼の記述は一九一四年当時の楽観的な雰囲気をよく表している。事実、そうした感情は、ツックマイヤーのような上位中流階級の青年たちの間で特に広がっていた。だが、一気に高まる戦争熱がドイツ人全般に広く共有されたという考えは、どこからどう取っても神話だ。一九一四年には世論調査などなく、歴史学者が当時の国民感情を知るには集団デモの記録や新聞の社説を頼りにするしかない。デモに関して言えば、街頭に繰り出して開戦に抗議したベルリン市民は、少なく見積もっても、戦争に喝采した人と同じくらい大勢いた。七月二八日、一〇万にのぼる人々が、首都で行われた反戦の市民集会に参加している。新聞の社説はというと、大きな戦争にはなるまいという希望的観測か、戦争は残虐であるという一般的な批判に大別された。

これから起こることに心底熱狂している新聞は、ほぼ見当たらない。戦争の進展とともに、一方では独立社会民主党員、もう一方では祖国党員の数が増え、ドイツ国民はむしろ分断を深めていく。けれども、まさにそれが理由で、分断は消え失せ全国民が共通の闘いで一つになるときが訪れるという夢が、人々の心を強くとらえた。その夢は、多くのドイツ人がぜひとも戻りたかった理想、いわばナショナリストにとっての「失われたエデンの園」だった。ヴァイマル共和制時代には、右派から左派まであらゆる会派の政治家が一九一四年の夢を呼び覚まそうとしたが、実際にその夢に乗じたのはナチ党だったことがやがてわかる。

「背後からのひと突き」伝説が生まれた責任は、主として最高司令官のヒンデンブルクとルーデンドルフ、および彼らの側近の司令官たちにあった。一九一八年八月以降、この男たちは、ドイツは軍事的な原因で敗戦したこと、そして自分たちがすべき唯一の理にかなうことは、交渉によってできるだけうまく切り抜けることだと認識していた。そこで彼らは、一九一七年に可決した「平和決議」の主たる提案者であるマティアス・エルツベルガーを抜け目なく引き入れ、愛国者としての義務を感情的に訴えて、この厄介な仕事をさせた。エルツベルガーは感泣して要請に応じ、休戦交渉に臨んだ。だが彼に対する報いは、右派からの非難と中傷だった。一九二一年、彼は暗殺された。

一九一九年の春、マックス・バウアーという陸軍大佐が「われわれは戦争を回避したのか、戦争に勝ったのか、戦争を停止したのか？」と題する論説を発表した。バウアーは、ルーデンドルフの政策及び経済運営の上級顧問を務めていた。論説のタイトルにある疑問に対する、彼自身の答えは明確だ――ドイツは緒戦ではたやすく勝てていたはずだ。その後も見通しは上々だった。「敗戦は、本国において失敗したからに他ならない。特に革命が、ドイツが一番苦しい時期に運命を決定づけた」。

一九一九年一一月、ヒンデンブルクとルーデンドルフは、ドイツが敗戦に至った理由を明らかにする調査委員会の公開小委員会に、そろって出席した。二人とも平服姿だった。制服で出席すると、証言を聞きに集まった国会議員に対して必要以上に敬意を示すことになるから、と二人は公然と説明した。委員長のゲオルグ・ゴートハインが質問しようとすると、ヒンデンブルクはそれを無視して、ルーデンドルフが書いた陳述を読み上げた。ゴートハインが遮ろうとしてもヒンデンブルクは淡々と読み続けた。

「敵側では、生きている資材と死んでいる資材との点で優位にあったにもかかわらず……（中略）……我々の側では団結がはるかに重要であったにもかかわらず、党派的利害がのさばったのである。そしてこの状況が、ほどなく、勝利への意思の分裂と弛緩とにつながったのである」。崩壊がやってこざるを得ず、「革命が最後の仕上げをするのみであった」。ヒンデンブルクの陳述では、次に、なによりも記憶に残る一言が盛り込まれている。「ドイツ軍は背後から匕首で刺されたのだ」。

一九一四年伝説と匕首伝説には、重要な共通点がある。どちらも、戦争の勝敗を分けるのは意志力だという考えを土台としていて、ヒンデンブルクが述べたような人材と物資は重要視していない。そして、どちらの伝説も、保守派の、すなわち反民主主義の戦略を支え得る。右派の考えでは、一九一八年一一月のような破綻に対する答えは一九一四年八月の開戦時の団結だ。そして、この考えをとことん突き詰めれば、ナチ党の「民族共同体」という概念につながる。ナチ党は、自分たちが掲げる「民族共同体」によって一九一四年の熱情を再現すると明確に主張した。

つまり、敗戦の責任は民主主義者にある、ヴェルサイユ条約は戦争に対する民主主義者の陰謀だとする考え――背後からのひと突き伝説――は、最高司令官が戦争遂行の結果に対する口実として使った嘘から始まった。ナショナリストは、民主主義を非合法化するためにこの考えを利用した。歴史学者のジェフリー・ヴェルヘイによれば、民主派は「合理的な人があまりの非合理性を目の当たりにすると感じるはずの不信感」によって応じようとした。だが結局、何百万という国民が背後からのひと突き伝説を信じた。みんな、伝説の合理性など気にしなかった。伝説は、彼らの観念的なものの見方に合い、おそらく心理的要求にも合っていた。国民は背後からのひと突き伝説を信じたかったのだ。

ドイツで初めてとなる民主主義の根本的な問題は、なぜ戦争に負けたのか、戦後の調停にどう対応すべきなのか、について一般社会の合意形成がなかった点だ。戦争の結果を受け入れる人たちは、ドイツは資源、人材、海軍力に勝る国の連合に圧倒されたのだと認めていた。第一次世界大戦後の世界は、イギリスとアメリカの資本主義と覇権によって形成される。つまり英米の力は、グローバリゼーションという言葉が使われるずっと前から、その実態を生み出していた。第一次世界大戦後、世界の国力は驚くほど不均衡で、一九二二年締結のワシントン海軍軍縮条約にも、その現実がはっきりと表れている。一九二〇年代、建造費用と技術の面で先を行く各国の戦艦は、国力を明確に表す指標となった。そのなかで、ワシントン海軍軍縮条約は、戦勝国列強であるイギリス、アメリカ、日本、フランス、イタリアが保有する主力艦排水量を、およそ10：10：6：3：3の比率で制限すると定めた。他の国は割り当ての対象とならなかった。

そうした状況のもと、ドイツは英米によるグローバリゼーションを受け入れ、順応すべく努力し、最終的には自分たちに利益をもたらすようにすることもできた。あるいは、あらゆる困難や道理を排して、グローバリゼーションに抵抗することもできた。このような基本外交政策をどちらにするかという選択こそ、ヴァイマル共和国が終始直面し続けた問題だ。

民主主義とナショナリズム、戦争結果の受容派と拒否派の溝は、明確になる傾向にあった。新しい世界秩序の受容はドイツの民主派政治家の姿であり、抵抗は右派のナショナリストの取る道だった。

そののちに起こり得る事態を明快に説明したのは、他でもない、参謀本部次長のルーデンドルフだった。最初は国民議会の調査委員会で陳述し、次に戦争回顧録、さらには注目すべき著書『総力戦』で詳述した。この著書の原題は *Der Totale Krieg* だが、英語版では *The Nation at War* という的確な題がつけられた。そして、さらに的確で間違いがないのは、原本のなかの「totaler Krieg」に相当する英語の訳語だ。英語版の翻訳者は、この言葉を「total war〔総力戦〕」と直訳するのではなく、「totalitarian war〔全体主義の戦争〕」と訳した。ルーデンドルフの頭にあったのは、まさにこの全体主義の社会だ。ドイツが第一次世界大戦で敗れたのは銃後の守りの規律が破綻したせいだとするなら、国にとって一番重要なのは、そのような破綻を二度と起こさないように社会を効率的に統制することだ。反対意見は、容赦なく抑え込まねばならない。全国民を、産業であれ軍隊であれ、なんらかの形で戦争遂行のために動員する。思想統制と効果的なプロパガンダが極めて重要になる。そのすべてを実行できるのは独裁だけであり、戦後秩序の受け入れを拒否するナショナリストには、ドイツの民主主義は断じて選択肢とはならなかった。

ルーデンドルフの顧問を務めたマックス・バウアーは、にべもなくこう指摘した。

「治めるとは、支配することだ」

一九二〇年代の初め、ルーデンドルフは、パーゼヴァルクの病院をすでに退院した若い兵士、アドルフ・ヒトラー上等兵とともに活動し、自分の考えを伝えるようになった。

2

「信じてはいけない、彼が本当のことを言っていると」

警官たちは、彼の身の安全を気にかけていた。共産党の連中が彼を攻撃しに来るかもしれない、という警告もあった。群衆がベルリンのモアビット地区のトゥルム通りにある巨大な刑事裁判所の外に集まっている。ほとんどがナチ突撃隊の隊員だったが、そのなかに共産党員が紛れ込んでいないとも限らない。警官が大勢出て、気勢を上げる突撃隊員を少しずつ脇道の方へ押しやっていた。

裁判所は、一九〇六年以来トゥルム通りとラーテノフ通りの角にあり、ずっと「新」裁判所と呼ばれていた。同じブロックの反対側、ラーテノフ通りとアルト＝モアビット通りがぶつかる場所には一八七〇年建築の「旧」裁判所がある。両裁判所の間にあるのが拘置所で、秘密の通路でそれぞれの裁判所とつながっている。この日、彼もその通路を通り、表の群衆をうまく避けて法廷に連れてこられた。

その日彼は、制服ではなく標準的な平服の青いスーツを着ていた。ボタンホールに止まる卍のピンだけが、彼の政界での身分を示している。護衛たちはすばやい動きで、彼と副官のヴィルヘルム・ブリュックナーを三階にある六六四法廷に案内した。彼が入ってくると、被告のナチ突撃隊員四人がさっと立ち上がり、それぞれに右手を挙げて叫んだ。「ハイル、ヒトラー！」。その後、彼らは着席を拒む。「直立してひたむきに」と、ベルリンのナチ党の新聞である『デア・アングリフ』紙は満足げに報道した。

「彼らは指導者《フューラー》に、たとえ刑務所に入ろうと自分たちは貶められはしないと示した」。

一九三一年五月八日のことだ。召喚状によって法廷に出頭した国民社会主義ドイツ労働者党の党首、アドルフ・ヒトラーは、殺人容疑のかかった四人のナチ突撃隊の裁判で証言することになっていた。彼が直面する状況は厳しかった。数ヵ月前、この突撃隊員たちは、共産党のハイキングクラブがパーティーを開いていた、混み合うダンスホールで無差別に発砲した。そのとき負傷した三人の若者の代理人を務めるのが、二七歳の急進的社会主義者の弁護士、ハンス・リッテンだった。リッテンは、ヒトラー自身の証言によって、ナチ党の暴力行為は血がのぼった若造が衝動的にしでかしたことではなく、ヒトラーから直接命令された計画的、組織的な流れだということを明らかにしようとしていた。

リッテンの質問によって、ヒトラーはジレンマに追い込まれていく。事実、彼は普段から、暴力を振るうようにと突撃隊員に促していた。それこそが、彼らの主義だ。だが一方で、一九三〇年九月の選挙以来国民の支持が高まっているのは、中流階級への訴えかけが成功したおかげだ。ナチ党は支持を得るために、ヴァイマル憲法とドイツの法律を遵守すると断言してきた。中流階級の有権者は、おそらく乱暴な政治活動を好まない。暴力行為が行きすぎると、支持者は離れていくかもしれない。しかし、逆に憲法遵守が行きすぎると、暴力クーデターを夢見る、乱暴で革命的な突撃隊を怒らせる結果となる。どちらか片方の側に立って党の計画を説明すると、もう片方の支持を失う可能性があり、偽証罪で起訴されることもあり得た。

法廷に入ったヒトラーにとって、問題はそれだけではなかった。彼は、自分のコントロールが及ばず、自らが醸し出す全能のオーラに中身がないと露見しそうな状況が気に入らなかった。そのうえ、彼は自分の教育水準について大きな不安を抱えていた。対するハンス・リッテンは名家出身の秀才で、法科で苦もなく優秀な成績を収めていた。法廷のリッテンは年齢に似合わぬほど熟達した法的主張を行い、裁判官、証人、相手方弁護士と臆せず対峙し、たゆみなく証拠を追求した。彼には正確な記憶力があった。そしてなんといっても、ユダヤ人の血を引いていた。

審理は三時間におよんだ。リッテンの冷静で容赦のない質問に、ヒトラーはじわじわと消耗していく。その日、写真家のレオ・ローゼンタールはいつもと同じように、密かに法廷にカメラを持ち込んでいた。ローゼンタールは法廷の隠し撮りが専門だ。彼の鋭い目が向けられたヒトラーの姿勢は、内面を表していた――丸まった背中、緊張した肩、張り詰めた不安げな表情。そこにいるのは、全能の指導者《フューラー》ではなかった。

クライマックスは、ナチ党全国宣伝指導者のヨーゼフ・ゲッベルスが作ったパンフレットに関するやり取りだった。パンフレットは新入党員にナチ党のイデオロギーを簡単に説明するガイドで、そこでは、ナチ党が選挙で政権を獲得できなければ「われわれは革命を起こす！　議会を地獄へと追い詰め、ドイツの武力とドイツの知恵で国家を築く！」と約束している。ヒトラーの政党が合法ならば、なぜこのようなことを党の正式な宣伝担当者が書き、党公認の発行者が発行できるのか。リッテンは、それを知りたいと思った。午前の法廷では、ヒトラーは党承認のパンフレットという点を否定し、質問を切り抜けた。ところが昼休みに、リッテンは、そのパンフレットが現にゲッベルスの会合やあちこちの党の書店で販売されていると知る。ヒトラーはこれを説明できるのか？　ヒトラーにはできなかった。彼は怒りを抑えられずに、激昂して叫んだ。リッテンは静かに返答を迫った。

裁判官のクルト・オーネゾルゲが、ヒトラーに助け舟を出す。オーネゾルゲは上流階級の保守政党、ドイツ国家人民党の党員で、ヴァイマル共和制期の大勢の法律家の一人だ。乱暴者のナチ党を好いていたわけではなく、どちらかを選ばねばならないとしたら、社会主義や共産主義の政党よりもナチ党を選ぶというだけのことだった。「その質問は本件とは関係がありません」、オーネゾルゲはそう述べて、それ以上の質問を認めなかった。ヒトラーは動揺し、当惑した。だが、彼は救われた。

この状況についてもっとも的確な解説をしたのは、弁護士でありリベラル系新聞のコラムニストでもあるルドルフ・オルデンだ。翌日の『ベルリーナー・ターゲブラット』紙で、オルデンはこうため息を漏らした。「ヒトラーは自らの合法性を繰り返し誓う」。それでも「彼を信じる人はほとんどいない」。ヒトラーは、本当に自分を信頼してほしいと思っているのか？　オルデンによれば、答えはこうだ。ナチ党の中核となる支持者、とりわけ突撃隊の若者たちは、ヒトラーを信じたいなどと思っていない。彼らは、暴力革命の話がしたいのだ。革命活動に参加したつもりでいたナチ党員は、ヒトラーの憲法遵守に幻滅している。彼らは「失望してヒトラーに背を向ける」。

オルデンは、リッテンの巧妙な戦略を見抜いていた。真実を話すと宣誓したヒトラーが、自身の党の合法性を主張し、突撃隊員に態度や表情であおってきた暴力をやめさせざるを得なくなると、おそらく以後の支持は失うだろう。オルデンは、リッテンがドイツ国民に伝えたかったメッセージを要約している。「これ以上信じてはいけない、彼が本当のことを言っていると」。とはいえ、オルデンは同胞のドイツ国民にさほど期待してはいなかった。「みな、それほど飲み込みが早いわけではない」、彼はそう書いている。

まさにその通りだった。そしてハンス・リッテンは、この日の法廷の代償を払うことになる。それから七年足らずで、三四歳の彼は、長年にわたる暴力、拷問、重労働で衰弱し、聞きなれない場所――強制収容所と呼ばれる施設で死去する。

アドルフ・ヒトラーは、始終嘘をついていた。だが彼は、自分がしていること、しようと計画していることを明確に語ってもいた。そこがアドルフ・ヒトラーの本質的なパラドックスだ。

ヒトラーの側近たちの回顧録にも、職務中の彼のパラドックスが表れている。のちにヒトラーの弁護士となり、ナチ占領下ポーランドの総督となるハンス・フランクは、一九二〇年に初めてヒトラーの演説を聞いて「ここに、自分の本心だけを率直に語り、自分が完全に信じていないことは他人に納得させようと思わない一人の男がいる」と思ったと回想している。また、ミュンヘンで記者をしていた社会民主党員のジャーナリスト、コンラート・ハイデンは、最初にヒトラーの伝記を著した優れた作家でもあり、ヒトラーの演説を何度も目の当たりにした。

「演説のクライマックスになると」とハイデンは記している。

「彼は自分自身に酔い、話の内容がこの上なく純粋な真実であろうと真っ赤な嘘であろうと、その瞬間に彼が話すことは彼という存在の完璧な表現となり……（中略）……たとえ嘘から出ていても、本物としてのオーラが聴衆に押し寄せて飲み込む」

一方で、ヒトラー内閣の財務相を務めたルートヴィヒ・シュヴェリーン・フォン・クロージク伯爵は、こう述べている。「彼は側近中の側近に対してさえ正直ではなかった……（中略）……私見だが、なにもかもが虚偽なので、自分でも嘘と真実の区別がつかなくなっていたのではないか」。

ヒトラーは『わが闘争』で、自分に率直さが欠けていることを、すばらしく率直に記している。彼が言うには、政治メッセージは正直でないほどよい。政治家は、小さな取るに足りない嘘ばかり言うと失敗する。小さな嘘は簡単に見破られるので、政治家の信頼性が損なわれかねない。「大きな嘘」をつく方がはるかによい。なぜか？　「嘘が大きければ信じてもらえる一定の要素がつねに存在する」とヒトラーは説明する。

「なぜなら国民大衆の心は本質的に、意識して故意に悪人になるというよりも、むしろ他人から容易に堕落させられるものであり……（中略）……かれらの心情の単純な愚鈍さからして、小さな嘘よりも大きな嘘の犠牲となりやすい。というのは、かれら自身、もちろんしばしば小さな嘘をつくのだが、しかし大きな嘘をつくのはなにしろあまりにも気恥ずかしく感じてしまうからである」

そのような単純で愚鈍な国民大衆は「巨大な嘘」をでっち上げようとは考えないし、他人が考えるなどとは想像もしないだろう。事実かどうかは、まったく問題ではない。それどころか、「真実を教えられても」、かれらは「なお疑いつづけて揺れ動き、そして少なくとも少しくらい（の嘘）はやはり真実だと受け取るだろう。したがって、きわめてずうずうしい嘘からは、つねになにかが残る。この世のあらゆる大嘘つきや、大嘘つき団体だけが底の底まで知っている事実が残るのである」。

ヒトラーの主張は、ここで興味深い方向に進む。そこまでは、政治利益のためには大きな嘘をつくことを推奨していたのに、彼が最大の敵とみなす人々を本物の嘘つきだという理由で非難するのだ。彼はこう記している。「嘘と、中傷を活用する可能性について、もっとも熟練しているものは、どの時代でもユダヤ人であった」。ヒトラーによれば、偉大な哲学者アルトゥーア・ショーペンハウアーは、ユダヤ人を「嘘の大名人」と呼んだという。ショーペンハウアーの洞察の真理を認識しない者、あるいは「信じようとしないものは、この世で真理が勝利するように助力することは、けっしてできないであろう」。おそらく助力するには自分に嘘をつかなければならず、そうやって勝利する真理とはどんな真理なのかは、あいまいなままだ。

こうした記述から浮かび上がる衝撃的な事実は、他にもある。ヒトラーは、ドイツ国民をとにかく軽蔑している。それは意外だと、思われるかもしれない。誰もが知るように、ヒトラーは極端なナショナリストだ。彼はドイツを再び偉大な国にして、富と領土を拡大するのが夢で、ドイツの人材の優等性を土台に帝国を築こうとしていた。ドイツ人は優れた人種ではなかったのか？　しかし、ヒトラーの言葉を注意深く見てみれば、彼は政治家になって以来ずっと、ドイツ人は無知で無力でおろかだと考えていたのがわかる。

「大衆自身というものは無精なもので……（中略）……自分自身から好んでは何か書かれたものに手を出さない」。ヒトラーは『わが闘争』でそう述べている。教養豊かなメッセージで関税、税の水準、外交条約の詳細について国民に伝えようとすることに意味はない。そうするのは、学術的で退屈な講義と同じで、「ブルジョワ（中流リベラル）」の政治家が犯す過ちだ。一般国民はそのようなことを理解しないし、あえて理解しようともしない。庶民の心に浸透するには、メッセージはシンプルでなければならない。知性ではなく感情に――憎しみが有効――訴えかけなければならない。

確かに、ヒトラーは政治家になってから、ドイツ人の「質」に関する不満をいく度となく爆発させている。『わが闘争』には、ある労働者階級の家族が被った、都市の貧困の不健全な影響についても鮮やかに記されている。また、彼が一九二八年に口述し、第二次世界大戦後になって出版された、『わが闘争』の続編となる、いわゆる『第二の書』では、ドイツ人は「それ自体としては、たとえばイングランド人のような均質的な価値を持っていない」と文句を言い、「イングランド人は……（中略）……わが国民のような危険な水準まで落ち込むことはないであろう」。ただし「われわれのような高い優秀性にも到達しないだろう」と述べている。第二次世界大戦がヒトラーにとってよくない方向へ進み始めると、彼の典型的な見解がたびたび繰り返される。「ドイツ人がいつか弱体したら、より強力な国民によって抹殺されることこそがふさわしい。そのときは彼らに同情もできまい」。

アドルフ・ヒトラーのもう一つのパラドックスは、彼の不可解な政治的成功の中心部分にある。歴史学者が常に指摘するように、この人物は、他の人間と完全に隔絶していた。彼が愛したのは母親だけで、その他はただ利用するだけの人でしかなかった。親しい男性の友人は一人もおらず、たとえいたとしても最後には絶交するか、殺させた。女性と恋愛関係に至ったこともない（愛人のエーファ・ブラウンも、彼が利用した大勢のなかの一人にすぎない）。多くの時間をヒトラーとともにすごした人たちは、彼はいつも距離を保ち、人知では知り得ない存在だったと言う。

だがそれでも、この男は思考、希望、恐怖について、個人であれ集団であれ人が必要とするものについて、並外れた直観力を持っていた。ナチ党で長年にわたり海外新聞局長を務めたエルンスト・ハンフシュテングルは、ヒトラーのそうした資質を科学技術にたとえて説明している。「興味深い人と知り合いになるとすぐに――彼は誰に対してもいったんは興味を持つが――彼が内部機構を総動員するのが手に取るようにわかる」。ハンフシュテングルはさらに振り返る。「情報探知ソナーが発せられ、すぐさまその人の考え方、秘密にしている願望、感情などについて明確なイメージを得ていた」。そして、ヒトラーと話をした相手は、「ヒトラーには、計りしれないほど深い思いやりと理解がある」と想像し始める。ハンフシュテングルはこう結論づける。ヒトラーには「私がそれまでに会ったどの男よりも、どの女よりも、絶大な説得力があった」。

ハンフシュテングルが指摘したように、ヒトラーが集団を引き寄せることができたのは、秘策があったからではない。彼は、イギリス首相のデビッド・ロイド・ジョージ、ネヴィル・チェンバレンなど、世界の経験豊富な政治家たちから好印象を持たれていた。演説の能力に並ぶヒトラーのみごとな才能の一つ、演技力は、こうした政治家の影響も受けていた。ヒトラーは、必要とあらば、自分を穏やかで謙虚で理性的な人間に見せることができた。同様に、広く知られるような怒りの爆発、感激の涙もただのパフォーマンスである場合が多く、効果を狙って行っていた。支持者の目を長い間じっとのぞき込む手法も同じで、そうすれば、ほとんどの人に心に残る強い印象を与えられる。

ヒトラーは、個人向けでも大衆向けでも、自分が求める水準の演説効果が得られるまで、飽きずに練習を重ねた。専属写真家のハインリヒ・ホフマンが、ヒトラーが話す姿を何枚も撮影してくれたおかげで、彼は手のしぐさや顔の表情を細かく修正できた。ヒトラーの伝記を著したコンラート・ハイデンは、ナチ党の上層部からも情報を得て、ヒトラーが重要人物の訪問を受ける際に、腹心のルドルフ・ヘスを使ってどんな準備をしたかを記している。ヒトラーはまず、面会相手のところへヘスを差し向ける。戻ってきたヘスはその相手について詳細に報告し、次にヘスが相手役となって対面のリハーサルをする。訪問者は「生まれながらの権威」が備わっているに違いないと思っています、とヘスはヒトラーに言う。「長時間お話しになってもかまいません。あなたの信念は揺るぎませんから」。「では、断固とした口調で、声を張り上げずに話すべきか？」とヒトラーが尋ねる。「仰せの通りです」、ヘスが答える。ヒトラーが相手に近づく練習を始めるそばで、ヘスは「もっと穏やかに、情熱や威厳を見せずに」話すように促し、「向こうから得るものはなにもありません。定めのままに話せば……（後略）」やがてヒトラーは出会いの場面に満足し、さらに数分間続けてから中断し、ヘスに言う。「これでいいだろう」。

私たちがヒトラーについて知りたいと思うほとんどのことがらに、疑惑、謎、論争がいつまでもつきまとう。数々の伝記が出版されているというのに、それは変わらない。ヒトラー本人は『わが闘争』で、反ユダヤ主義になじんだのは青年時代、ウィーンにいた頃だと主張している。戦争は自分の人生における大きな経験で、勇気と名誉を抱いて入隊した。そして休戦という衝撃的な一報で、政治家になろう、ドイツの戦争遂行努力を裏切り、正当性のない政府を国に押しつけた「一一月犯罪者」に報復しようと決意した、と説明している。

近年の研究では、ヒトラーに関する数多くの言説が否定されている。では、私たちはどうやってこの男を理解すればよいのか?

オーストリアに生まれる

アドルフ・ヒトラーは、一八八九年四月二〇日、オーストリアのブラウナウ・アム・インで生まれた。父アロイス・ヒトラーはオーストリア＝ハンガリー帝国の税関官吏だった。貧しい農家の出身で高等教育を受けていなかったアロイスは、社会の階級をこつこつと登り続けた。母クララはペルツルという旧姓で、アロイスよりも二三歳若く、実はアロイスの従姪にあたる。アドルフはこの夫婦の四人目の子どもで、幼児期を生き延びた初めての子どもだった。

さて、ここでもうすでに重要な影響を及ぼす不確定要素がある。ヒトラーの父は私生児として生まれた。新たな研究でも、アロイスの父の素性は完全には明らかになっていない。アロイスの母はマリア・アンナ・シックルグルーバーで、アロイスは三九歳までシックルグルーバー姓を名乗っていた。アロイスの父親である可能性が高いのは、ヨハン・ゲオルグ・ヒードラーとヨハン・ネポムク・ヒードラーの兄弟のどちらかで、ヨハン・ゲオルグはアロイスが生まれた後でマリア・アンナと結婚したが、妻の子どもにヒードラー姓を与えなかった。それから何年もたったのち、ヨハン・ゲオルグが死去し、ようやく弟のヨハン・ネポムクが、アロイスはヨハン・ゲオルグの息子であると申し立て、法的な手続きをした。アロイスはついにヒードラーと姓を変えることになったが、手続きの際に「ヒトラー」とつづった。このようなスペルの違いは、当時のオーストリアの地方では珍しくなかった。

現代の研究は、ハンス・フランクなどが肯定した従来の一説に対しても、有意義な反論をしている。アロイスの父はグラーツのユダヤ人家庭の出身で、マリア・アンナはその家で召使として働いていたという説だ。フランクによれば、ヒトラーは、祖父がユダヤ人なのが真実であってほしくないと恐れていたらしく、それが彼の政治活動にも影響を与えた。彼が自身も含めて血統にこだわるのも、一九三五年制定のニュルンベルク法で「アーリア人」の女性がユダヤ人家庭で奉公人として働くのを禁止したのも、そのような背景があったからというわけだ。もっともよくわかるのは、アドルフの父の生地で祖母が埋葬されているオーストリアの村、デラースハイムの命運だ。一九三八年三月にドイツがオーストリアを併合した直後、ヒトラーはデラースハイムを軍の砲撃の的にした。軍は村人を立ち退かせて砲撃し、墓地もなにもかも全滅させた。

ヒトラーはのちに、アロイスがしてくれたことで姓の変更ほどよかったことはないと述べている。確かに、熱狂した群衆が「ハイル、シックルグルーバー！」と叫ぶ光景は想像し難い——チャーリー・チャップリンの映画『独裁者』のような風刺でない限り。

アロイスの転勤や身の回り全般の変化によって、ヒトラー家は引っ越しを繰り返した。ブラウナウ・アム・インから国境を越えたドイツの町パッサウへ（ヒトラーはここでバイエルン方言を身に着け、生涯その方言で話した）、続いてオーストリアのリンツへ。だが多くの伝承とは異なり、実は幼い頃のヒトラーはそれなりに幸せだったようだ。アロイスは厳格な父で、ときには暴力に及んだとされるが、当時はどこの父親も同じようなものだった。そして、アドルフの学校での成績はおおむねよかった。だが、後年『わが闘争』のなかで語っているが、父親との大きな対立はアドルフの職業に関することだった。自分は画家になりたいと夢見たが、アロイスは息子が官吏になることを望んでいたと、彼は記している。これもまた、ヒトラーが自分で書いた話だが事実だとは考えにくい。アロイスが本当に息子を官吏にしたかったのなら、古典教養を中心とする中等教育機関、ギムナジウムへ入学させたのではないだろうか。けれどもアロイスは、教養よりも実務教育に力を注ぐ実科学校（レアルシューレ）にアドルフを進学させた。そういういきさつもあって、アドルフは妥協点を見出し、建築家になってもよいと思うようになったのだろう。

しかし、いうまでもなく、ヒトラーの人生は違う展開をみせる。一九〇三年一月、ヒトラーが一三歳のときにアロイスが亡くなる。そして、ヒトラーにとってなによりもトラウマとなるできごと、母の死がその五年後に訪れる。クララは一九〇七年の初めに乳がんと診断され、一二月に亡くなった。彼女を治療した医師は、ヒトラーは実に献身的に母の看病をしていた、母の死であれほど深く悲しみに打ちひしがれた人間を見たことがなかった、と回想している。

やがてヒトラーは、美術学校入学を目指してウィーンへ移る。入学試験で二度不合格となり、それを境に七年間の放浪が始まる。貯えがいくらかあり、おばから多少の小遣いをもらっていたが、金は次第に尽きていった。何年かすると自分で生活費を稼がざるを得なくなり、市内の北の端にある低額宿泊所に滞在しながら、絵葉書の絵を描いたり、ウィーンの風景を描いたりして金を稼いだ。一九一三年にはミュンヘンに移るが、今度は入隊したくもないオーストリア軍の兵役検査を受けねばならないというトラブルに見舞われた。

すでに伝わっている、この時期の彼の人生に起きたあらゆるできごとは、さまざまな意味で信憑性が低い。宿泊所で一緒だったという男や、ヒトラーの絵を売ったという男たちの回想もそうだ。ヒトラー自身も、『わが闘争』では自分を新進気鋭の天才にしたて、自らを模範例として政治メッセージを強調する傾向がある。アウグスティヌスからマルコム・エックスまで、自伝を書く際の常套手段だ。とはいえ、もしも第一次世界大戦がなければ、おそらくヒトラーは無名の絵葉書描きとしてウィーンかドイツ南部のどこかの町でかろうじて生計を立て、生涯放浪を続けて死んだだろう。

ヒトラーの第一次世界大戦

だが、第一次世界大戦は現実に起こった。一九一四年八月、ドイツが宣戦布告したときのことを、ヒトラーはこう回想している。「わたしは……（中略）…くずおれて、神がこのような時代に生きることを許してくださったことに、心からあふれんばかりに感謝した」。

ヒトラーは、オーストリア＝ハンガリー帝国の宗教や人種の多様性をとにかく蔑視し、過去にはオーストリア軍への入隊を拒もうとした。だが、一九一四年八月の開戦時には、直ちに志願してバイエルン陸軍に入隊した（バイエルン王国陸軍はザクセン王国陸軍と同様に、プロイセン王国－ドイツ帝国陸軍からの独立を保っていた）。ヒトラーは依然としてオーストリア国籍保有者だったので、バイエルン軍は本来なら彼の入隊を拒否すべきだった。しかし彼は、大戦勃発の混乱に乗じて滑り込み、第一六バイエルン予備歩兵連隊に配属された。連隊長の名をとって、内輪では「リスト」連隊と呼ばれた部隊だった。一〇月二九日、ヒトラーの大隊はベルギーのイーペル付近で戦闘に入った。四日間の戦闘で、三六〇〇人の兵士のうち六一一人しか生き残らなかった、とのちに彼は記している。連隊長のユリウス・リスト大佐も戦死した。

この厳しい試練に関する彼の記述は、意外なほど暗い。「ロマンティックな闘志にかわって戦慄がやってきた。熱意は次第に冷め、熱烈な歓喜は死の不安で窒息させられた」。すべての兵士が「自己保存の衝動と義務の遂行との間で格闘」しなければならなかった。死が「追いかけてくると、何か漠然としたものが反逆を試み、弱い肉体に」これが本物の「理性」だと納得させようとするが、それは「実は臆病にすぎなかった」。

自分自身の危機の解決に関する記述は、さほど意外ではない。彼はこう書いている。ついに、「長い内心の争いののちに、義務の意識が勝利を得る。すでに一九一五年から一六年にかけての冬に、わたしの内心の争いは決着していた。ついに意志が完全に勝ったのだ」。世界の物理的な現実に対する意志の勝利——物理的な現実の認識への徹底拒否ともいえる——は、ヒトラーの人生と政治経歴における不朽のテーマとなる。彼にとっては、「理性」の反対は「臆病」であるのがわかる。

ヒトラーは、連隊で特別な任務を負っていた。伝令の任務だ。すなわち、連隊の司令官から、分散する大隊の隊長にメッセージを届ける役目だ。一九一六年の秋、ヒトラーは負傷し、ドイツ国内の病院に送られた。また、一九一八年の秋には毒ガス攻撃を受けてパーゼヴァルクの病院に送られ、そこで、一一月一一日に休戦協定締結の知らせを受ける。このように、ほんのわずかに短期間部隊を離れた以外、彼はずっと西部戦線にとどまっていた。部隊が最初の戦闘を終えた直後、彼は上等兵に昇進したが、その後は一度も昇進しなかった。だが、勇敢な兵士に送られる勲章は二度授かっている——二級鉄十字章を受けたのち、特別に名誉な一級鉄十字章を受けた。彼の階級としては位の高い勲章だった。

　だが、以上の記録についてもいくつかの議論がある。近年、歴史学者のトマス・ウェーバーは、ヒトラーの軍隊での任務は、本人が言うほど勇敢でも危険でもなかったと論じている。伝令は前線ではなく司令本部で待機するので、前線のライフル銃兵よりも安全で快適な仕事だったというのだ。また、司令本部の将校は、勇敢かどうかにかかわらず、なじみのある兵士に勲章を与えたので、ヒトラーの受勲も説明がつくとしている。だが、伝令は間違いなくかなり危険な任務だ。ヒトラーは前線の塹壕まで行くこともあったし、たとえ後方にいても砲兵射撃を受ける心配があった。これがヒトラーでなければ、ライフル銃兵よりも少しだけ致命的でないなどという批判は、取るに足りないことだろう。伝記作家のフォルカー・ウルリヒは、バランスの取れた結論を導いている。「われわれは、あらゆる資料を比較評価した結果、ヒトラーは特に勇敢な兵士として目立っていたわけでもなく、危険な場所を確実に避けていた『怠け者』でもない、と結論づけた」。

　ヒトラー上等兵が、一九一四年を最後に昇進しなかったという点にも謎が残る。第一次世界大戦では、一九一四年に前線で戦い、さらに一九一八年にも存命で前線にいた兵士はほとんどいない。もしもいたとすれば、少なくとも下士官には昇進しただろう。一九一六年から一七年にかけてリスト連隊の連隊長副官を務めたフリッツ・ヴィーデマンは、第二次世界大戦後に、連隊の将校たちはヒトラーには軍曹になるだけの「指導力」が欠けていたと判断した、と証言した。ヴィーデマンの陳述はことさら愉快だ。なぜなら、彼はドイツ語で、ヒトラーには「指導者《フューラー》」〔ヒトラーは総統（フューラー）と呼ばれていた〕の素質が欠けていたと述べたからだ。ニュルンベルク国際軍事裁判[*1]の法廷に笑いが起こった。けれども、ヒトラーと同じ連隊の軍曹で、のちにナチ党の出版全国指導者となるマックス・アマンは、ヒトラーが自ら下士官への昇進を辞退したと示唆した。戦争では、将校の犠牲者の方が下級兵士の犠牲者よりも相対的に多いとヒトラーが認識していた可能性はある。だとすれば、危険性の高いポストは避けたかったのかもしれない。

本書では、ヒトラーの兵役に関して重要な点を二つ指摘したい。一つは、彼がどの程度献身的で勇敢だったかは別にして、前線で戦った四年間を自己宣伝に利用して成功したという点だ。第一次世界大戦で戦ったしがない一兵卒という地位を引き合いに出さずに、戦後の政界で頭角を現わせたとは考えにくい。

もう一つ重要なのは、戦争がきっかけで政治に目覚めたと彼が主張している点だ。ヒトラーはそのことを、『わが闘争』で明確に述べている。自分自身は、献身的で勇敢な兵士であったという印象を醸し出し、仲間の兵士たちと同じく四年間前線で傷つき血を流したのは、降伏と革命をもたらした「一一月犯罪者」によって祖国が裏切られるためだったのか、と問うている。ヒトラーの著書のこの章は、極右の政治宣言で締めくくられる。戦争の犠牲は「あさましい犯罪者」に権力を与えるためにあったのではない、と彼は言い、その「犯罪者」とは社会主義者とユダヤ人を指すのだと、次のように述べている。「ユダヤ人とは理解し合うものではなく、厳格な二者択一があるだけだ」。そして文章は、シンプルな宣言で終わる。「そこでわたしは、政治家になろうと決意した」。

左から右へ

ヒトラーが政治家を目指した背景には、複雑な現実がさらにある。戦後のヒトラーは当初、革命と社会民主党の敵ではなく、支持者となった。一九一九年春、ヒトラーは二度、革命組織の一つである兵士評議会《レーテ》の評議員に選ばれている。信頼できる選挙データによれば、一九一九年一月の国民議会選挙では、ヒトラーが属する評議会の四分の三のメンバーが主流の社会民主党に票を入れている。ヒトラーが自分たちと考えを同じくしていると思わなければ、そのようなメンバーが彼を評議員に選びはしないだろう。一九一九年の春、ミュンヘンで社会主義者たちが、一時的ながら「レーテ〔評議会〕共和国」〔バイエルン・レーテ共和国〕を樹立し、ヒトラーは軍隊仲間から代表としてレーテの評議員に選ばれたのだ。短命だったレーテ共和国における彼の

＊1【ニュルンベルク国際軍事裁判】第二次世界大戦後、連合国がドイツの戦争指導者の責任を追求するために行った裁判。

仕事は、宣伝活動部門の連絡係だった。その二ヵ月前に行われた、独立社会民主党員でバイエルン・レーテ政府の首班であったクルト・アイスナーの葬儀の行列をとらえた録画映像と静止写真には、黒い喪章と社会主義政府を支持する印の赤い腕章をつけて行進するヒトラーの姿が映っている。

このような彼の姿とのちの時代の事実を、どう一致させればよいのか？　彼は初期の段階においては、右派か左派かにこだわらず、集産主義〔社会全体の福祉のために、包括的、中央集権的な統制が必要であるとする考え方〕の政府を受け入れたのかもしれない。あるいは、ただの日和見主義だった可能性も大いにある。ヒトラー上等兵は、昔の貧困と孤独の生活には戻りたくなかった。軍隊が彼の雇用者であり、家でもあったので、そこにとどまることは過激な社会主義政府のためにはたらくことを意味した。そんなところだろう。

ヒトラーのユダヤ人に対する態度についても、同じことがいえる。彼は『わが闘争』で、自身の反ユダヤ主義が強まったのは、第一次世界大戦前にウィーンにいたときだと述べ、その転換点として、ウィーンの中心部で「長いカフタンを着た、黒髪の人を見かけた」話を持ち出している。彼には「今のはユダヤ人だろうか？」という疑問が最初に思い浮かんだ。そして「こっそりと慎重に」観察した。「だがその見慣れぬ顔を長く見つめれば見つめるほど、特徴という特徴を細かく調べるほど、最初に浮かんだ疑問は頭のなかで形を変えていった。これがドイツ人なのだろうか？」」。この経験から、彼は「ユダヤ人問題」を調べ始め、政治、社会生活、ジャーナリズム、芸術にユダヤ人の「破壊的」作用が及んでいるのを見た、という。「わたしは次第にかれらを憎み始めた」と彼は書いている。

一九一九年以降にヒトラーが使用した、ユダヤ人への憎しみを示す毒のある表現は、もとをたどれば、一九一三年以前にヒトラーがウィーンで読んでいたある種の新聞、パンフレット、書物に多く見られる。確かに彼は、当時のウィーン市民の典型的な反ユダヤ的思考を吸収していた。けれども、彼が実際に初めからそうした考えを持っていたという証拠はなく、反対に、ウィーンでも戦時中の軍隊でもユダヤ人の友人が何人もいたこと、ユダヤ文化全般を尊重していたことを示す証拠はかなりある。憎しみは潜在していたのかもしれない。現像前の写真のように。

一九一九年五月、ベルリンの社会民主党政府が送り込んだ軍隊が、レーテ共和国を容赦なく壊滅させ、右派陣営がバイエルン州の政治を担うことになった。そしてある委員会が、レーテを支えていた軍の役割について調査を始めた。ヒトラーはなお、ひたすら軍にとどまることを望んでいたが、それには彼がレーテを支持していたという直近の記録が障害となる。彼は、左派を支持した仲間の兵士の情報を調査委員会に教えて、貢献した。マックス・アマンが第二次世界大戦後に行った証言によれば、アマンは除隊前に、レーテでどんな仕事をしたかについてヒトラーから質問攻めに遭ったという。ヒトラーが自発的に情報を流したのか、調査委員会側が彼の記録を使って共犯証言者になるように圧力をかけたのかはわからない。いずれにしても、ヒトラーが共産主義に心を移したことを覆い隠すには、一足飛びにもっとも右の政治志向となるのが最良の策だった。だがそれでも、一九一九年九月、彼がまた調査委員会の役に立っていた時点では、上官のために書いた覚書に「人類に高みを目指して努力させる」ための理想として挙げたなかに「社会主義」や「民主主義」が含まれていた。

その頃すでにヒトラーは、ミュンヘンにある軍の反革命宣伝活動組織のカール・マイアー大尉のもとで働いていた。同九月、マイアー大尉はユダヤ人の「脅威」について情報を求める手紙に返事を書くようにヒトラーに指示した。彼はその返事に、その後も固執するさまざまな考えをさらけ出している。「ユダヤ人」は、金銭のみに興味を持ち思考には興味を持たない「ヒル」である。ユダヤ人は人種であって、宗教的団体ではない。ドイツの目的は、「ユダヤ人の権利」の排除であらねばならず、究極的には「ユダヤ人の完全な除去」であるべきだ。いずれの場合も「国民の力を結集した政府にしか成し遂げられない」。

革命派の社会主義から極右の反ユダヤ主義へのシフトは、彼に関する理解だけでなく、一九一九年にドイツで起きていたことを理解するうえでも重要だ。この年の前半、ドイツ国民は、神学者のエルンスト・トレルチが「反ユダヤ主義の夢の国」と表現した社会で暮らし、戦後世界の見通しについて楽観的幻想を持ち続けていた。憲法制定会議に向けた国民議会選挙で、投票者の四分の三が民主主義政党に投票したのもこの時期だ。しかし、その後ドイツ人は、中央同盟国[*2]が交渉の余地なく受け入れなければならないヴェルサイユ条約の条項を知った。やがてヒンデンブルクとルーデンドルフが「背後からのひと突き」伝説を語り始め、中央政府は数々の義勇軍の援助を受けて、ベルリンとミュンヘンを震撼させた極左の反乱を暴力で制圧した。突如訪れた暗黒の世の中は、戦争そのものではなく、戦争の余波によって生まれた。

もちろん、このようなことを経験したからといって、すべてのドイツ人が右に振れたわけではない。また、そのせいでドイツの民主主義に初めから暗雲が垂れ込めたわけでもない。けれども、民主主義と戦後秩序への幻滅は広がりの始めた。一九二〇年の国会《ライヒスターク》議員選挙の結果が、その現実を物語っている――社会民主党の得票率が三九パーセントから二一パーセントに半減した。社会民主党が失った支持者の大部分は独立社会民主党と共産党に流れ、リベラルなドイツ民主党の票はもっと右寄りのドイツ人民党、あるいははるかに右寄りのドイツ国家人民党へ流れた。

ドイツ国民にとっての戦争は、ヒトラーがウィーンで得た経験と似ていたかもしれない。数々の経験の意味が揺れ動いて定まらず、のちに起きるできごとによってようやく定義される。一九一九年には革命と講和条約の条項が、戦争により暗く、より分裂を深める意味合いを与えるようになった。

＊2【中央同盟国】第一次世界大戦で、連合国と戦った、ドイツ帝国、オーストリア＝ハンガリー帝国、オスマン帝国、ブルガリア王国のこと。

天才アジテーターとして

ヒトラー上等兵は、生活のうえでも大きな変化を迎えた。

マイアー大尉のもとで働くうちに、ヒトラーはある連隊で「平和条約と復興」「移住」「社会と政治経済のスローガン」などのテーマで講演を行うようになった。彼の回想によれば「わたしは強い熱意と愛情をもって始めた。というのも、突然、大勢の聴衆の前で話す機会が与えられたからだ。しかも、前々からなんとはなしに感じていたことが、いまや裏づけられた。わたしは『話す』ことができたのだ」。

偶然にではあるが、ヒトラーは自分が本当に得意なものを見つけた。それは、猛烈な怒りを表して聴衆を熱狂させる弁舌だった。すでにこの段階で、ヒトラーの「講演」は怒り、特にユダヤ人への怒りに満ちていた。当時の講演の原本は残っていないが、わかる範囲のテーマと、彼自身及び他人が書き残した記述から考えるに、彼は敗戦、そしてヴェルサイユ条約がドイツに押しつけた条件の厳しさを、「ユダヤ人」と結びつけ始めていたようだ。実際、彼の上官は、彼の講演が単なる反ユダヤ主義のアジテーションと受け取られかねないという心配から、反ユダヤ主義についてトーンダウンするように指示したほどだ。

マイアー大尉は、この男に並々ならぬ敬意を払うようになり——ヒトラー宛てになにか書くときは、「かくも尊敬すべきヒトラー殿」と、大尉から一上等兵宛てとしては尋常でない言葉を文頭に記した――ミュンヘンでいくつも誕生していた小さな政治団体の会合に出て情報を提供するように命じた。一九一九年九月、ヒトラーはドイツ労働者党という名の政治団体の会合に出席した。彼の任務に、討論への参加は含まれていなかった。だが、ある人物がバイエルン州をドイツから分離することを擁護する立場で話し始めると、それは背信行為だと怒りを募らせたヒトラーは自分の任務を忘れ、思わず立ち上がってその不運な人物を激しく攻撃し、「濡れたプードル」のようになるまでやり込めた。「あいつは口が達者だ」。一部始終を見ていた党の設立者、アントン・ドレクスラーはそう言った。「あの男は使えるぞ」。

ヒトラーは軍隊に籍をおいたままドイツ労働者党に入党し、ミュンヘン各地にあるビヤホールで開かれる会合で定期的に演説するようになった。評判は着実に高まり、会合に出席している党員や聴衆から注目されるようになる。一九二〇年二月二四日、ドイツ労働者党はミュンヘン中心部のホーフブロイハウスで、大規模な公開集会を開き、約二〇〇〇人が集まった（おそらく五分の一程度は左派の反対派だった）。ヒトラーとドレクスラーは、この日のために二五カ条の公式綱領[*3]を書き、この大集会ののち、ヒトラーの求めもあって、党名を国民社会主義ドイツ労働者党と変えた。以後この党は、社会民主党が「ゾチ党」とも呼ばれたように、短く「ナチ党」と呼ばれるようになる。

二月二四日の夜、ヒトラーは演説の一番手ではなかったが、人々の印象に残る演説をした。

ミュンヘン警察の報告書を見ると、彼が言うべきことを的確に話したのがわかる。ヒトラーは、困窮し、みじめに暮らし、飢えている国民がいたるところにいる、と語った。

「この状態がいつまで続くのかと、みんなが思っている。当局はなにかしてくれたのか？　なにもしていない！　なぜなら、政府は臆病なあまり国民に真実を告げることができないのだ」

政府は国民に繰り返すだけだ——一生懸命働けと。「しかし、政府は言い忘れている。どんなに働いてもわれわれには利益がなく、われわれの敵に利益がもたらされるということを」。それは、「この講和条約によって、かつてないほど巨大な痛みが生じているからだ」。ヒトラーは本命のターゲットに矛先を向ける。休戦条約に署名し、ヴェルサイユ条約の受諾を推した政治家、マティアス・エルツベルガーだ。ヒトラーはこう言った。かつてドイツ政府は誠実な政府であると評判だった。だが、どうすればエルツベルガーのような裏切り者がいる政府に誠実を期待できるのか？　ヒトラーは、エルツベルガーはカトリック教徒であるにもかかわらず、多くのドイツ人にとってエルツベルガーという姓はユダヤ人の姓のように聞こえる、という事実をわざと持ち出して利用した。警察の報告書には、ヒトラーの発言に「嵐のような拍手」が起きたと記録されている。ヒトラーは続けた。「この紳士がいまだに刑務所に入っていないとは、理解に苦しむ」。彼の怒りの爆発に続いて、またも「熱烈な拍手」が起こった。

労働者たちは、ドイツからロシアへ移住すればいいといつも言われてきた、とヒトラーは続ける。「東方〔当時のドイツの東側の国々〕に仕事がたくさんあるというのなら、東方のユダヤ人は東方にとどまるのが現実的ではないか？」」。旧ロシア帝国からドイツにやって来るユダヤ人移民という、第一次世界大戦後のドイツで盛んに論じられた問題を取り上げているのだ。彼の言葉は、またしても「熱烈な拍手」を受けた。「彼らが移住してくるとしたら、彼らの仕事とはどんな仕事か想像していただきたい！」。彼は皮肉たっぷりにつけ加えた（拍手と「ユダヤの新聞をやっつけろ！　やつらを追い出せ！」という叫び声）。

「詐欺師と高利貸しの犯罪者に罰金を科しても意味はない！」

ヒトラーがそう言うと、聴衆が叫ぶ。

「やつらをぶちのめせ！　縛り首だ！」

そしてヒトラーが二五ヵ条の綱領を読み上げると、またしても拍手が起きたが、反対派からの妨害もあり、その場にいた警察官はいつ乱闘が起きてもおかしくないと思った。「われわれのモットーは、闘争あるのみ。われわれは目標に向かって、揺るぎなくわが道をいくのです」、ヒトラーはそう締めくくった。

コンラート・ハイデンは、ヒトラーの重要性を当初から認識していた数少ない人間の一人

＊3【二五ヵ条の公式綱領】一九二〇年に制定されたナチ党の綱領。大ドイツ国家建設のための領土の要求、中央権力と国民軍の創設、ユダヤ人排斥のほか、トラストの国有化、母子の保護、老齢手当の拡充、地代廃止なども含まれ、さまざまな立場の人の欲求の寄せあつめとされている。

で、若手ジャーナリストだった時代に、ミュンヘンのビヤホールでたびたびヒトラーの演説を聞いた。ハイデンは社会民主党員だったが、ヒトラーは批判者に対してもプロパガンダの価値があることを知っていて、聴衆のなかにハイデンがいるのを確認しないと演説を始めないという噂もあった。ハイデンは、ヒトラーの言葉が人の心をうまくつかむ理由の一つを理解していた——それは、堂々たる彼の声だ。あの声がなければただの平凡な男にしか見えない。「やや引き寄せた両肩の間に発音器官があり、そこから発せられる音の調子は、まさに力、固い信念、統治、意志そのものだった」。ハイデンは、そう記している。「普通に話すときでさえ声は雷のように太く、興奮するとサイレンのような唸り声となり、容赦のない危機が迫る合図」となるが、そうかと思えば「柔軟で人間味のある小声で親しみを表したり、憤慨や軽蔑を表したりする」。

次第にふくれ上がる自負心と自己宣伝により、ヒトラーは自分を英雄視し、天才的政治家、わが道を行く生まれながらの指導者として初期のナチ党について語るようになった。だが、当時の社会環境——国民の間に広がる屈辱感と恐怖（いつの時代も政治にとってはもっとも危険な感情）とそれに伴う経済的苦境——がなければ、彼は平凡な人間で終わったかもしれない。敗戦、屈辱的な講和条約、革命の暴力と不安要素、およびその後遺症（特にバイエルン州）によって一種独特の世相が生まれ、ヒトラーだけがそれをみごとにつかまえた。彼は数千人の聴衆に、救済の道筋を示せるのは自分であり、他にはいないと納得させた。それは、論理的な説得力があったからではなく強烈な信念があったからで、彼はその信念をもとに、混迷する問題に対する単純な答えを提示した。一九一八年の「裏切り」に対する解決策は、「一一月犯罪者」を追い出すこと、すなわち、社会主義者とユダヤ人を追い出すことだ。ドイツはもう一度立ち上がり、かつてのような強大な地位を取り戻さねばならない。そうなってこそ、戦後秩序の条項を覆せる。彼は、一九一四年八月と一九一八年一一月の対比を毎回持ち出した。結束する強いドイツの偉大なる象徴と、敗北と内なる敵による裏切りの対比を提示したのだ。

政治家になりたての頃のヒトラーの性格の特性は明らかになっていて、その性格によって彼のようなタイプの指導者が形作られ、彼が進めたような社会運動が生まれた。もっとも顕著な特性は、不安感とその裏返しとして伴ういくつかの性質――批判に対する不耐性、自分だけが支配権を持つという大言壮語――の混在だ。不安感は、若い頃から彼の性格の特徴として表れていた。青年時代の友人、アウグスト・クビッェクは、ウィーンの美術学校の試験に不合格となった後、ヒトラーは「些細なことときっかけですぐに怒りの発作を起こす」ようになったと回想している。ヒトラーは「美大は本物の芸術性をわかっていないとして、時代遅れで硬直したお役所的体質を罵りました。それに、ずる賢く仕組まれた美大の制度上の罠についても語りました……(中略)……美大の唯一の目的は、彼の出世を阻むことだそうです。美大に行かなくても自分は進歩することを、無能で老いぼれた美大に示そうとしました」。クビッェクはウィーンで音楽を学んだ。彼を教える教師が彼に個人教授の生徒を紹介すると、ヒトラーは友人の成功をねたんで、ますます腹を立てた。「彼は、自分に対する大きな陰謀がある、と言うようになり」、総合的に見れば「アドルフは生活のバランスを失っている印象を受けました」。

ヒトラーは、自身の教育と知識の水準が低いことにも神経をとがらせた。「ほとんど教養のない人のように、なにも学ぶ必要がないことにコンプレックスを感じていた」とエルンスト・ハンフシュテングルは振り返る。またクビッェクは、本だけで勉強を完成させるつもりかとヒトラーに尋ねたことがある。すると、「彼は驚いたように私を見つめ、こう言い放ちました。『もちろん、きみには教師が必要なようだね。僕には教師は余計なだけだ』」。彼は、知識人や専門家を日常的にばかにするようになった。「自分に学識があると思っている人間の」大多数は、見かけ倒しの怪しげな連中で、うぬぼれて思い上がった役立たずで、自分が笑止千万の素人だと気づいてもいない」。彼は、自分の専門知識はどんな場合にも充分役に立つと考えたがった。本当に意義のある本があるとすれば、それは自分が「引退」してから執筆する本だと公言したこともある。だが一方で、彼は専門家に評価されることを強く望んだ。ボン大学の心理学教授が『わが闘争』の概念をもとに講義を行うと感激してうれしがり、それは「大変な喜びようだった」と記している。

一九二三年は、ヒトラーにとって不幸な年となってもおかしくなかったが、結局は奇妙な勝利を得て終わった。この年の初め、連合国側はドイツの賠償金支払いが滞っていると非難し、その制裁としてフランスがドイツ最大の工業地帯であるルール地方の占領を開始し、ドイツは戦後最悪の連続危機に見舞われた。ルール地方とドイツ中部では極左の蜂起が起こり、ザクセン州とテューリンゲン州では急進的な政府が政権を握り、ラインラント県では分離独立運動が活発になった。さらにインフレがハイパーインフレとなり、国の通貨防衛策は破綻する。一月は一米ドル一万七〇〇〇マルクで、すでに通貨価値は相当低かったが、それが八月には四六〇〇万マルク、九月には九八九〇万マルク、一一月には四兆二〇〇〇億マルクにまで暴落した。

このような状況下で、前年のムッソリーニの「ローマへの進軍」にも触発されたヒトラーは、ベルリンの政府に対して一揆を起こすときが来たと決意する。一一月八日、ミュンヘンのビュルガーブロイケラーというビヤホールで大集会が開かれた。この日のために、ナチ党は他の右派集団と結集し、第一次世界大戦の司令官エーリヒ・ルーデンドルフも味方につけていた。だが翌日、警官隊はヒトラーと同志に発砲し、何人かが死亡し、負傷して、蜂起は完全に失敗した。一一月一〇日、ヒトラーは逮捕された。翌年の春、彼とルーデンドルフ、民兵組織のリーダーとなっていたエルンスト・レーム、及び大勢の保守派リーダーたちは、ミュンヘンの特別法廷で裁判にかけられる。

敗北が勝利に変わったのはこのときだった。ヒトラーは反逆罪で有罪になることが明白で、「ビヤホールプッチ」*4〔ミュンヘン一揆〕と呼ばれる一揆を起こしたかどで、重い判決が出るはずだった。しかも、ドイツ人ではなかった彼は、国外退去を命じられてもおかしくなかった。ところが裁判官たちは明らかに、主たる被告に感服していた。

「なんとすごい奴だろう、このヒトラーという男は！」

裁判官の一人は、ヒトラーの最初の証言を聞いてそう言ったとされる。鉄十字章をつけた彼は、ありったけの演説の才能を披露した。裁判は国内各地の報道で派手に取り上げられ、ヒトラーは一躍有名人となった。禁固五年という妥当な判決を受けたものの、早期に釈放されることはわかっていた。ドイツで兵役に就いたことを考慮して、法廷は彼の国外退去を明確に否定した。

実は刑務所は、彼にとってちょっとした養生の場となった。独房はむしろ居心地のよいアパートに近く、支持者が敬意を表しに訪れ、チョコレートやケーキなどのごちそうが次々と舞い込み、ヒトラーはかなり体重を増やした。ヒトラーは獄中で『わが闘争』を口述し、彼の熱烈な信奉者ルドルフ・ヘスが筆記したという伝説がある。実際には、ヒトラーは大まかな考えを手書きで書き、次に原稿を自己流の打ち方で時間をかけてタイプした。だがいずれにしても、彼が刑務所にいる間にでき上がった作品には違いない。

一九二四年一二月、釈放されたヒトラーが目にしたドイツは、一年前のドイツとはまったく違っていた。もう一九二〇年代初めの危機に苦しむドイツではなく、彼にとってははるかに活動しにくい環境となっていた。その変化の大部分は、ヒトラーとは正反対の立場にある重要人物にかかわりがあった。一九二〇年代後半のドイツ政界の最有力人物、グスタフ・シュトレーゼマンだ。

独シュトレーゼマンと仏ブリアン

一九二三年のほんの一時期首相を務め、一九二三年から二九年まで外相を務めた(自身の内閣を含め連続九代の内閣の外相)シュトレーゼマンは、ヴァイマル共和国に最大の足跡を残した。だが、彼の業績をあらゆる人が肯定していたわけではない。当時、彼については賛否両論があり、その論争は一時的なものではなかった。彼は祖国に民主主義を維持しつつ、平和と他国との和解を求める「善きドイツ人」なのか?　それとも、彼もまたただの積極的なナショナリストで、拡大主義政策を平和主義的な言葉で飾る、羊の皮をかぶった狼なのか?　どちらの見方にも真実の要素はあった。しかしシュトレーゼマンから見れば——自分と向き合う立場のフランス外相アリスティード・ブリアンと同じく——ドイツの国益として「必要」なのが平和であり、フランスとの和解であり、世界経済への統合だった。

＊4【ビヤホールプッチ】一九二三年一一月にナチ党がミュンヘンで起こしたヴァイマル共和国打倒を目的とするクーデター。軍部の支持を得られずに失敗した。

シュトレーゼマンの人としての評価にも、大きな幅がある。イギリス人ジャーナリスト、クラウド・コックバーンは、シュトレーゼマンについてこう記した。「表面的には愉快な人間だ」。彼は「みごとな役者で、太っているのは事実だが、そのうえいい男ででビールを飲むと早々に眠たくなると見せかけている。本当は、頭の回転が速くて鋭く、電動丸鋸のような男だ」。やはりヴァイマル共和国のリベラル派政治家で、のちにドイツ連邦共和国（西ドイツ）の初代大統領となるテオドーア・ホイスは、「シュトレーゼマンには我慢ならない」と述べた。一方、小説家のトーマス・マンは、「高い理解力があり、それが同時に充分な活力を生み、病によってさらに洗練された、たぐいまれな人物」と評した。そして、一九二〇年代初めに駐独イギリス大使を務めたダバノン子爵は、多少異なる角度から見解を述べている。シュトレーゼマンの「敵意をかき立てる能力は並外れている」。おそらくそれは、「頭の回転が速すぎて信頼感を与えられないからだ――彼の発声はあまりにも朗々として言葉遣いはあまりにもすばらしく、話の内容を振り返ったり評価したりできなくなるのだ」。彼は自身の才能のせいで「欠陥があると評判を立てられるが、本人はまったく気にせず、勝手気ままにふるまっている」。

シュトレーゼマンは、一八七八年にベルリンで生まれた。父親はビール醸造業を営み、彼の生い立ちは当時のヨーロッパの外相の標準からすれば質素だ。とはいえ、シュトレーゼマンは七人きょうだいの末っ子だったが、家庭には彼が大学に進学できるだけの経済的余裕があった。ベルリンとライプツィヒの大学で政治経済学を学び、なんと、ベルリンの瓶ビール産業に関する論文で博士号を授与された。彼は優秀な学生で、おそらく研究の道に進みたかったのだろうが、生活費を稼ぐ必要もあり、修了後はザクセン州の工業化組合設立にかかわり、国民自由党に入党して政治活動を始めた。

政治家になった頃、彼は結婚したいと思った若い女性から、将来の見通しがあやふやだからと断られた。その女性の判断は誤りだった。頭脳と大志と懸命な努力によって、彼は実業家としても政治家としてもたちまち頭角を現す。一九〇七年の帝国議会議員選挙では、ザクセン州の貧しい地域の代表を長年続けた社会民主党候補を破る番狂わせで、二八歳で当選した。シュトレーゼマンは、その年に当選した議員のなかで最年少だった。

シュトレーゼマンの考え方は、生涯を通じて、自身のなかで引っ張り合うリベラリズムとナショナリズムの狭間にあった。第一次世界大戦中、彼は領土拡張政策と無制限潜水艦作戦を支持するようになったが、民主改革も支持し、次第に帝国議会の二大ブロック――改革せずに勝利を目指すナショナリズムの右派、和平と民主化を目指す左派――の板挟みとなっていった。しかし終戦によって、彼の考えは変化したようだ。帝政と参謀本部を猛烈に非難するようになり、マックス・フォン・バーデン、社会民主党、フリードリヒ・エーベルトに対する称賛を示した。戦前のリベラル左派と国民自由党の合同に力を注いだものの失敗し、最終的には国民自由党を改組したドイツ人民党の党首となる。

ヴァイマル共和国成立後の初めの二年間、シュトレーゼマンと彼の政党は野党の右派ナショナリズム勢力として、ヴェルサイユ条約とヴァイマル憲法に断固反対した。だがシュトレーゼマンは、戦時のナショナリストから平時の和解支持者へと進化し、短期間の首相と長期間の外相の仕事を通じて、国にも彼自身と同様の過程をたどらせた。彼が歴代内閣で成し遂げた業績はあまりにも大きい。その一つが、ハイパーインフレを終息させて一九二四年にはドイツ経済を安定させたことだ。彼は二四年に、アメリカの銀行家チャールズ・ドーズを委員長とする専門家委員会が策定した、ドイツの賠償金支払い額を減額するドーズ案[*5]を受け入れ、ドイツの中央銀行であるライヒスバンクの一部を連合国側の管理下においた。その代わり、フランスはルール地方から撤退した。さらに二五年には、スイスのロカルノで、ドイツ、フランス、ベルギー、イギリス、イタリアの五ヵ国が、パリ講和会議で定めたドイツの西側国境の現状維持を確認し、ドイツ、フランス、ベルギーの三ヵ国は相互不可侵に合意した。複雑な枠組みのおかげで、ドイツは東側のポーランドやチェコスロヴァキアとは国境の現状維持を確認する条約を特に結ぶ必要がなくなった。そして、このロカルノ条約[*6]によって、一九二六年、ドイツの国際連盟加入が決まった。ドイツは加盟と同時に常任理事国（現在の国際連合安全保障理事会の常任理事国にあたるもの）となり、二年後には、アリスティード・ブリアンとアメリカの国務長官フランク・ケロッグの主導によるケロッグ＝ブリアン条約に、フランス、アメリカ、ドイツ、および他の主要国が署名し、国策の手段としての戦争を放棄した。一九二九年には賠償金支払い額の再交渉が行われ、ヤング案によってさらにドイツの年間支払額が減額されたが、期間は一九八〇年代まで延びた。ブリアンは国際連盟で演説し、ヨーロッパ統合のための提案をいくつか行った。フランス軍によるラインラント占領の終了は合意を得られ、国際連盟が管理するザール地方をドイツに返還する話も出た。結果として、ドイツはのけ者の立場を脱し、ヨーロッパで、そして世界で尊敬される大国に返り咲いた。

このような進展は、シュトレーゼマン一人の力で果たせたわけではない。内政、外交、経済政策の複雑な要素が大きく影響した。有能な官僚と外交官がシュトレーゼマンの仕事を支え、民主派政党の議員たちも彼のために働いた。ロカルノ条約の締結にしても、財政問題が主な動機で、理想主義からではなかった。ロカルノ条約によって西ヨーロッパの政治が安定しない限り、アメリカの銀行は、フランスにもドイツにも資金を調達してくれそうになかったからだ。

シュトレーゼマンとブリアンとの結びつきも大きかった。フランス外相のブリアンは、やはり質素な家庭の生まれで、かつては領土拡大政策を支持していた。シュトレーゼマンと同じく、

＊5【ドーズ案とヤング案】一九二四年に採択されたドイツの賠償問題に関する再建計画。アメリカ人、ドーズ原案。賠償の総額と期限を決めず、向こう五年間の支払い期限を決めるというもの。二九年には総額と支払い期限が決められたヤング案に修正されたが、後にナチ党によって破棄。

＊6【ロカルノ条約】一九二五年、スイス・ロカルノで締結された中部ヨーロッパの安全保障に関する条約。イギリス・フランス・イタリア・ベルギー・ポーランド・チェコスロヴァキア・ドイツの間で結ばれた。

第一次世界大戦後になって、ヨーロッパの永続的な和平調停はフランスとドイツの和解がなければ達成できないと理解するようになった。鋭いユーモアのセンスも二人の共通点だった。あるとき、ドイツの首相ハンス・ルターがドイツが抱える問題の大きさについて演説していると、ブリアンが遮ってこう言った。

「このまま続けるというなら、私たちはみんなで悲鳴を上げますよ」

ルターはいら立ったようすだったが、大げさに怯えた表情をするブリアンを見て、シュトレーゼマンが笑い声を上げた。イギリス外相のオースティン・チェンバレンは、のちに、「偉大なドイツ人と偉大なフランス人が、過去の血塗られた廃墟に新たな平和の神殿を建立しようとしていた」と同僚たちを評した。

シュトレーゼマンは、自分とブリアンに類似点があるのを認め、それぞれが共通の政治課題——国内の強硬なナショナリストたちにも受け入れられる和解——を抱えているのも認識していた。一九二六年のある会合の後、シュトレーゼマンは息子に手紙を書いた。

「ブリアンはわれわれの会話について、フランス人だけがなじんでいる表現で表した。われわれの魂は白い山《モンブラン》の雪のように白いとね」

彼とブリアンは五時間にわたって語り合い、ワインを四本空けたが、シュトレーゼマンはこうつけ加えている。「われわれはどちらも、氷河を渡り切らねばならない」、パリとベルリンで。ブリアンにとって氷河とは、保守ナショナリストのライバルで、ブリアンが外相を務めた時期の大半に首相だった人物、レイモン・ポアンカレだった。シュトレーゼマンにとって氷河とは、なんといってもアルフレート・フーゲンベルクだった。

フーゲンベルクの暗躍

シュトレーゼマンと同じく、フーゲンベルクもつつましい家庭に育ち、政治経済の博士号を取得して、実業界で成功してから政界に入った。だが、類似しているのはここまでだ。フーゲンベルクは一八六一年にハノーファーに生まれた。公務員だった父は若くして亡くなり、残された家族は生活に窮した。成長したフーゲンベルクは過激なナショナリストとなり、一九世紀末から二〇世紀初頭にかけて広く論じられた社会進化論に深く傾倒した。一八九一年、彼は汎ドイツ連盟を共同設立する。ヒトラーの時代を迎える前にドイツ政界に悪影響を及ぼす、ナショナリズムのロビー団体だ。同じ年、フーゲンベルクは、農業経営者への国家援助と、政治生命を終えるまで信念とするドイツの領土拡大の必要性をテーマとする論文で博士号を取得した。官界に入ったのち銀行の支配人となり、一九〇九年には一足飛びに鉄鋼および軍事の巨大企業、クルップ社の取締役会長に就任する。彼の在任中、一九〇八年には八パーセントだった配当金が、一九一三年には一四パーセントにまで上がった。

一九一六年、フーゲンベルクはアウグスト・シェールが経営するドイツの大手メディアの一つを買収した。シェール社はさまざまな新聞社や雑誌社を所有していたが、なかでも最重要だったのがおよそ二五万部発行の日刊紙『ベルリナー・ロカール・アンツァイガー』だった。ベルリンを本拠地とする他の二つの大手新聞社、モッセ社とウルシュタイン社はユダヤ人一族が経営し、リベラルな政治を支持していた。だが、アウグスト・シェールはユダヤ人ではなく、彼が発行していた新聞は保守系だった。一九二〇年代、フーゲンベルクはニュース通信社のテレグラフ・ウニオンも自身の傘下に収め、映画会社のUFA（ウニヴェアズム・フィルム・アクティエンゲゼルシャフト）も買収して、ドイツ一のメディア王となった。彼はこうした会社を利用して、過激な右派、ナショナリズム、反民主主義の政治活動を進めていった。

ドイツ国家人民党に入党した彼は、一九二〇年代初めには党の有力者となっていた。当時、国家人民党は唯一の右派主要政党として浮揚するかに思われていた。フーゲンベルク自身は特別に反ユダヤ主義ではなく、帝政復古を切望していたわけでもなかった。だがそれでも、一九二〇年代の彼は、ヴァイマル共和国政府およびシュトレーゼマンによる戦後の合意に対するもっとも強力で急進的な反対勢力だった。

一九二〇年代の半ばになると、ドイツ国家人民党も新しい民主主義と折り合いをつけようとし始める。一九二五年のハンス・ルター内閣と一九二六年から二八年にかけてのヴィルヘルム・マルクス内閣で政権に参加し、シュトレーゼマン主導のロカルノ条約と国際連盟加盟を承認した。だが、フーゲンベルクは承認したわけではなかった。彼は、党はあくまでも過激な路線を追求すべきだと考えていた。一九二八年の選挙で、ドイツ国家人民党の得票率は二〇・五パーセントから一四・三パーセントに下落した。その結果、党内の穏健派の力が弱まり、フーゲンベルクはリーダーシップを取り戻すことができた。彼にとって、得票率や党員数の減少は問題ではなかった。彼が恐れるのは、党が社会民主党に対する危惧だけで団結して味のない「かゆ」になることだった。したがって彼の望みは、「共通の世界観によって固く結束し、軟弱で流動的な」要素を固めた「ブロック」を作ることだ。本人が言うには、彼以外の党員は身を引くか、彼の考えに従うか、二つに一つだった。

グスタフ・シュトレーゼマンは、ドイツの新しい民主主義のためには、外交と内政を切り離して扱うわけにはいかないと理解していた。外交で求める目標によって国内の民主主義体制は安定し、逆にまた戦争が始まれば、ドイツの分断はさらに悪化して民主主義は立ち行かなくなる。彼は一九二六年にこう述べている。「新たなドイツとドイツの復興は、平和の上にしか成り立たず」、平和はフランスとの和解の上にしか成り立たない。彼はヨーロッパの緊密な経済統合を実現させたかったが、世界的な観点から見て、イギリスやアメリカとの通商や金融取引という代償を伴うのであれば、そのような経済統合は望まなかった。

シュトレーゼマンの格段の成功は、彼の対極にいる者から見ても歴然としていた。後年ヒトラーは、ことあるごとに、自身の政権の外相ヨアヒム・フォン・リッベントロップに、自分はシュトレーゼマンには「まだおよばない」と話した。とはいうものの、シュトレーゼマンの目標達成はけっして簡単ではなかった。ブリアン、オースティン・チェンバレンをはじめとする海外の首脳とのやり取りは、つねに不信、疑念、戦争に関する抗議がつきまとい、一九二〇年代後半にはヨーロッパ中に広がっていた「ロカルノ条約の精神」についても、問題は山積みだった。一九二八年の終わりには、フーゲンベルクの国家人民党における立場、そして彼のメディア帝国の力が、シュトレーゼマンの大きな心配の種となっていた。フーゲンベルクが国家人民党の党首になったとき、シュトレーゼマンは友人への手紙にこう記している。「始まりは暗黒だが、終わりは内乱かもしれない」。その頃、かつては友好的だったブリアンとの仲も冷えていた。そして一九二九年には、さらに別の変化も起きた。その年の六月、シュトレーゼマンはフランス人ジャーナリストにこう語っている。今や自分にとっては、「講和条約に対してだけでなく社会秩序に対しても反旗を翻す」アドルフ・ヒトラーの方が、フーゲンベルクよりも大きな懸念だ。

その一年ほど前から、シュトレーゼマンは目に見えて体調を崩していた。一九二九年一〇月二日に重い脳卒中を起こし、翌日には再び脳卒中に見舞われて命を落とした。まだ五一歳だった。彼の逝去は、ヴァイマル共和国とヨーロッパの和平にとって大打撃であるとして、ドイツはもちろんのこと世界中の関係者にすぐさま知れ渡った。打撃の大きさを誰よりもよくわかっていたのは、ブリアンだった。知らせを聞いた彼は「棺を二つ注文しろ」と叫んだといわれている。

シュトレーゼマンが亡くなった頃、フーゲンベルクは、ドイツの賠償金支払い額を減額するヤング案と戦う活動を進めていた。彼の頭にあったのは、反対署名を多く集めて国会や国民投票で反対票を投じてもらおうという考えだった。いかなる形の賠償金の徴収も、ドイツ当局者による支払いも、国家に対する反逆であるとする法律を国会で成立させることも、彼の活動の一環だった。フーゲンベルクは、アドルフ・ヒトラーの協力を取りつけることができた。ヒトラーの党は、かつてシュトレーゼマンの地盤であったザクセン州の選挙で、得票を倍にのばしたところだった。シュトレーゼマンは九月三〇日に行った最後の演説で、実はフーゲンベルクはヤング案はどのみち通過するとわかっているのだと示唆している。フーゲンベルクの本当の目的は、ナチ党と同盟関係を築いてさらに幅広い分野について共和国政府と戦うことだった。繰り返しになるが、シュトレーゼマンは内乱についてもすでに警告していた。

シュトレーゼマンの時代は、ヒトラーにとってはむずかしい時期だった。ヒトラーのなによりの才能を生かすには、政治のせいで屈辱を与えられて経済的苦境に追い込まれたと感じている人々の怒りをうまく利用しなければならない。彼自身が同じ怒りを感じているため、才能は存分に発揮された。だが彼は、危機に乗じる政治家で、状況に合わせた調整はできなかった。一九二五年一二月、共和制が軌道に乗り一九二三年の危機から立ち直りつつある時期、ヒトラーは演説で「ドイツの崩壊」が進んでいるとしか言えなかった。終戦から七年がたっているというのに、ミュンヘンの聴衆に「われわれは下へ下へと沈んでいると言える」と話すだけだった。一九二六年四月には「斜陽産業においては一二〇〇万人が失業している」と語って見せたが、実際には、その年のどの時点においても、ドイツの失業者はせいぜい二〇〇万人だった。「ロカルノ条約の精神」がもっとも広く認識されていた時期だったが、彼はやはり国際情勢とドイツ人の窮乏を結びつけようとして、ドーズ案とロカルノ条約は、ドイツ人の屈辱と他の大国への服従を言い換えただけの言葉だと示した。シュトレーゼマンはただの裏切り者にすぎない。

ヒトラーはビヤホールプッチの失敗によって、警察や軍に力で対抗することはできない、味方につけるしかないと悟った。つまり、共和国政府との戦いは相手の流儀で、すなわち憲法と選挙の勝利によって戦うべきだ。おそらく彼は、保守派の有力者たちをいかにだまし、服従させるかについてもすでに考えていたのだろう。フーゲンベルクとともにヤング案に反対するのは、効果的な第一歩だった。

だがヒトラーには、ドイツ国民にとって一九二九年の秋よりもはるかに悪い状況が必要だった。そして幸運なことに、いくつかの力が働いて、彼の希望がかなう。

3

血の
メーデーと
忍び寄る影

警察は何週間も前から準備をしていた。他の町からの応援も含め、総勢一万三〇〇〇から一万四〇〇〇人の警官が首都の街路に配置された。プロイセン州内相のカール・ゼーフェリンクは、のちにこの年のできごとを振り返ってこう嘆いた。

「ドイツのどこかで……（中略）……政敵が撃たれたり、殴られたり、刺されたりしない日は一日たりともなかった」

また、大工で左派の活動家でもあるマックス・フェルストという若者は、「最終戦争が始まった」と語ったが、おそらくそれは正しかった。

ただならぬ危機感と緊張に包まれてはいたが、その日はとても静かに始まった。朝から、労働者階級が住む地域のあちこちで住民が小さな集団となって歩き始め、ベルリンの中心部へ向かった。どの集団も早々に警官に止められたものの、時間がたつにつれて警官隊とデモ隊の衝突はエスカレートした。当初、警官隊は警棒を使っていた。だがやがて、威嚇射撃を始めた。

マックス・フェルストと妻のマルゴットも、デモ隊のなかにいた。マックスは二三歳、マルゴットはまだ一六歳の若く華奢な女性で、マックスに言わせると、いつも「寂しげで痩せこけて」見えた。だがマルゴットは、見かけ通りの人間ではなかった。数年後、彼女は命の危険を冒して強制収容所から友人を救い出し、並々ならぬ道義心と苦痛に耐える勇気、強靭な精神力、知性の持ち主であることを証明する。だがその日は、警官も彼女に容赦はしなかった。マックスは、自分と妻が、警棒をふるう警官に繰り返し殴られたようすを語った。二人はいく度となく危ういところで攻撃を逃れた。一人の警官がマルゴットの背後に立って振り上げた警棒を彼女に打ちつけようとしたときは、瞬間的にマルクスが腕を出して彼女をかばった。

状況はなおもエスカレートしていった。多くの組合組織が閉鎖中の集会所で決起集会を行い、集会が終わるとそろって街頭へ繰り出した。最初の死人が出たのは昼前で、場所はハッケシャー・マルクトだった。警察は、デモの参加者が一人の警官を襲って地面に引き倒したと主張した。警官隊が応酬し、複数の警官が群衆に向かって無差別に発砲した。群衆の中の一人が三発の銃弾を受けて死亡し、四人が負傷した。

抗議デモの中心となった場所の一つは、ベルリン北部の暗い極貧のスラム街、ヴェディングの、ケスリン通り周辺だった。午後からも、警察は繰り返し群衆を追い払ったが、ベルリン市民のなかでもとりわけ貧しくて弱い立場にあるこの地域の住民が警官隊に向けて侮辱的な言葉を叫び、一説によれば、石や瓶を投げつけた。警官隊は拳銃を抜いて、窓を閉めて家から出るなと住民に命じた。

警官の命令に、すぐには従わなかった者がいた。マックス・ゲマインハルトという配管工で、社会民主党の党員でもあり、同党と関係が深い準軍事組織、国旗団・黒赤金[*1]に所属していた。ゲマインハルトは警官隊と話がしたかったのか、開けたままの窓際にいた。一人の警官がゲマインハルトに狙いを定めて発砲した。弾は彼の額に命中した。ゲマインハルトはヴェディングの最初の死者となったが、それで終わりではなかった。

一部の群衆が警察の暴力に対抗して、ヴェディングの狭い通りにバリケードを築いた。警官隊はさらに発砲する――ピストルだけでなく、マシンガンやライフルも使用された。装甲車でバリケードを一掃すると、やがて撃たれたら撃ち返すというポーズをやめ、お構いなしに群衆に発砲して、窓に立つ住民にも銃を向けた。午後一〇時頃には、自宅建物の玄関にいた男性がドア越しに撃たれた。未亡人がのちに説明したところによれば、その男性はずっと家にいて、デモには一切参加していなかった。銃撃がやんだとき、男性は近くにある母親のアパートを訪ねることにした。その日は、一七歳の息子もその祖母の家にいた。玄関の扉を開ける直前、一発の銃弾が男性の腕に当たった。そして、さらに二発が背中に当たった。傷はどれも致命傷ではなかったが、未亡人の話では、銃撃のせいで医者は来れず、警官隊は無関心だった。犠牲となった男性は自身の血の海に約一時間横たわっていた。助けが来たときには、もう手遅れだった。

ノイケルン地区のヘルマンプラッツでも、同じようなことが起きていた。パウル・

パンデという一七歳の少年がたばこを買いに行こうとして、途中の道端で数人と立ち話をした。母親が心配してようすを見に降りてきた。すると警官隊が予告なく発砲し、まだ建物のなかにいた母親に弾が当たった。彼女は病院に運ばれたが、間もなく亡くなった。

一九二九年五月一日、メーデーのできごとだ。多くの新聞が、すぐに「血のメーデー」と書き立てた。どこから見ても、平和な市民を相手にした暴力の異常な放散だった。なぜこうなったのか？　もっとも貧しく、もっともめぐまれないベルリン市民に対する警察の姿勢も理由の一つだ。警察は、ノイケルンやヴェディングのような地区を毛嫌いして恐れ、犯罪者と共産主義者の巣とみなしていた――警察はその両者を区別しないこともある。『シカゴ・デイリーニュース』紙のベルリン特派員が、この地区に関する警官の特徴的なコメントを載せ、雰囲気をよく伝えている。

「巣をまるごと、煙であぶり出してやりたいですね。本当はまったく違う方法でやってやりたいのに、許されてないんです」

一八八九年以降、全ヨーロッパ、そしてアメリカの労働者が、労働者の日として

*1【国旗団・黒赤金】ドイツ社会民主党、中央党などがつくったヴァイマル共和制を守るための準軍事組織。鉄兜団、突撃隊などは右派による準軍事組織。

メーデーを祝うようになっていた。労働者のデモ行進を組織するのは、社会主義政党と労働者組合だった。一九一八年までは、ドイツでは社会民主党がその伝統を維持したが、一九二九年には、二つの点で違いがあった。

一つは、社会民主党がプロイセン州においても国家全体においても政権の座にあった点だ。党は、州都であり国の首都でもあるベルリンで、市民の安全と安心に責任を持たねばならない。折しも、ベルリンでは政治的暴力が増大し、特に政治スペクトルの両端にある政党――ナチ党と共産党――の間の暴力が激しさを増していた。暴力を阻止するために、ベルリンの当局は、屋外の政治デモをすべて禁止した。その当局とは、労働者の利益を代表する社会民主党だったので、多くの者がメーデーは禁止に当てはまらないと思っていた。だが当局は、メーデーを例外とするのは無責任で一貫性がないと判断した。

そうした事情は、もう一つの違いにつながる。第一次世界大戦の終盤までドイツの左派は社会民主党に一本化されていた。ところが一九二九年には、左派は社会民主党と共産党に明確に分断されていた。分断の始まりは、第一次世界大戦中に社会民主党の一部が独立社会民主党を結成したことにある。一九一八年から一九年の革命の争乱によって分断は深まり、フリードリヒ・エーベルト内閣は義勇軍による殺戮をいとわず、左派の過激派やローザ・ルクセンブルク、カール・リープクネヒトなど、大勢の者が殺害された。二つの左派政党の選挙母体は、まったく異なる。社会民主党は体制の内側にいる労働者の政党で、高い技術を持ち合わせ、収入が比較的多くて組織的な労働者の支持を受けている。一方、共産党は、社会の底辺層の政党で、技術を持たない人や失業者、もっとも貧しく恵まれていない人々から支持された。そして、そのような人々が、ヴェディングやノイケルンに住んでいた。穏健な改革路線で今や政権を担う社会民主党とは違って、共産党はロシアのような革命を起こすと明確に表明し、どの政党よりも、おそらくナチ党よりも社会民主党を嫌っていた。共産党にとって社会民主党はただの敵ではなく、裏切り者だった。

一九二九年、共産党は従来通りメーデーの抗議活動を行うと言い張った。行進はあくまで禁止だと主張する社会民主党の当局が困ると言うなら、なおさら結構だ。五月一日が近づくにつれて、共産党に対抗するメディアが盛んに非難の声をあげた。共産党は、社会民主党が「プロイセン州で独裁」を行おうとしていると主張し、社会民主党の政府と、政治デモに対して同じ姿勢をとっていた皇帝の政府とを好んで比較した。それに対して社会民主党は、「共産党は」プロパガンダのために「死体の山を必要としている」と応酬した。

衝突はあちこちで起きていた。五月一日の公式報告書によれば、労働者及び活動家の死者は九名、重傷者六三名、負傷した警官二五名となっている。それから二日間、暴力行為はさらに激しくなり、五月三日までに警官が三五人の市民を殺し、九八人以上を負傷させ、一〇〇〇人をはるかに上回る者を逮捕した。警官側は四七人が負傷したものの、死者はいなかった。警官の唯一の銃創は、自分で撃った傷だった。血のメーデー事件の死者は、ジャーナリストのカール・フォン・オシエツキーの言葉を借りるなら「社会民主党と共産党の威信をかけた闘争の」犠牲者だった。

共産党対ナチ党、共産党対社会民主党、警察対労働者——とれもが激しい分断のさなかにあり、一九二九年にはドイツの社会全体が引き裂かれていった。

ロマニシェ・カフェにはベルリンの芸術家や知識人——ひとかどの人物たち、あるいは自分はひとかどの人間だと思っている人たち——が集まる。そんなわけで、その店には「カフェ誇大妄想《メガロマニア》」というニックネームがついていた。だが、訪れる客はみなが対等ではなかった。ジャーナリストのマテオ・クヴィンツのたとえを借りるなら、カフェは「競技者用の大きなプールと一般向けの小さいプールがある水泳場」だった。どの客がどのエリアに座るかを決めるのは、ドアマンだ。競技者用プールを使えるのは裕福な客、すなわち映画監督、役者、広告会社の幹部、破格の成功を収めた数少ない芸術家だ。一般用プールを使うのは、作家、ジャーナリスト、普通の芸術家、政治活動家で、ユダヤ教の聖典、タルムードを研究する学者までいた。各エリアはさらに細かく分かれ、共産党員専用のテーブル、画商のアルフレート・フレヒトハイムが取り仕切るテーブルなどがあり、タルムードの学者にも当然ながら専用のテーブルがあった。それぞれの小グループや徒党はほとんど交じり合わず、新聞記者のエゴン・エルヴィン・キッシュだけが「驚くべき能力を発揮して、すべてのテーブルで一斉に熱のこもった会話が盛り上がるように指揮できた」。彼はその一方で、あらゆる新聞に目を通し、あらゆる女性から目を離さなかったという。

ロマニシェ・カフェは冷徹な場所でもあった。ドアマンが知らない芸術家は、店内には「断じて存在しない」。つまり、一杯の飲み物で閉店まで長居できるのは劇作家のベルトルト・ブレヒトなど、わずかな客だけで、たいていは勘定をすませて立ち去るように言われる。歴史学者のエリック・ウェイツは、「ヴァイマル時代の政治と社会の完璧な縮図――活気があって、民主的で、熱心で、分離していて、反目し合っていて、自分の輪の外にいる人間とは話せない」と評している。

政治、宗教、社会階級、職業、居住地域に関して、次第に激しく、和解しがたくなる分断は、ヴァイマル共和制の大きな特徴だ。長年にわたりドイツ民主共和国〔旧東ドイツ〕の対外諜報機関の長官を務めたマルクス・ヴォルフは、一九二〇年代に共産党活動家の家庭に育った。彼は何年ものちに、右派と左派の政治闘争の雰囲気は「ギャングの闘争みたい」で、ナチ党は「私の家族とは、まるで別の部族のように大きな違いがあった」と回想している。

最終的にはヴァイマル共和国政府がヒトラー独裁の道を開いたので、当時の民主派と反民主派の分断に注目が集まるのは当然だ。いうまでもなくベルリンの政治家にとっては、民主派と反民主派の間の溝がもっとも重大な溝だった。とはいうものの、国全体で見れば、構図はもっと複雑になる。当時は世論調査などなかったので、ドイツの有権者が選挙のたびになにを考えていたか定かではないが、共和国の各政党を支持していたさまざまな集団、居住地域については、多くのことがわかっている。

ヴァイマル共和制における非常に重要な溝の一つは、「政治の宗派化」だろう。歴史学者がよく使う言葉だが、人々の投票行動は社会環境——近隣住民、同僚、教会、クラブ、新聞その他のメディア——によって条件づけられる場合が多いということを指す。政治の宗派化がいったん根づいてしまうと、有権者は選択を変えるのに大きな抵抗を感じるようになる。人が教会のコミュニティーのなかに根づいて適応するのと同じで、宗派化という言葉はそこからきている。

ヴァイマル共和制のドイツには、三つの「宗派化」した陣営があった。社会主義陣営（基本的に社会民主党と共産党から成る）、カトリック陣営（中央党と、その姉妹党であるバイエルン人民党）、中流階級のプロテスタント陣営（保守派のドイツ国家人民党、リベラル派のドイツ民主党とドイツ人民党、中小企業党などの小規模グループ）だ。

重要なのは、ヴァイマル共和制では、政治の中枢が終始不安定だったが——一四年あまりの間に一三人の首相、二一の異なる内閣——三つの陣営は一九一九年から一九三三年までずっと安定していた点だ。各陣営は広大なテントのようなもので、一つひとつに民主派と反民主派が同居している。投票行動の変化は、基本的には各陣営のなかで起こり、陣営の境界を越える変化はない。たとえば、社会民主党は初期には独立社会民主党に、後期には共産党に票を奪われたが、飛びぬけて票をのばした一九一九年は別として、以後の社会主義陣営全体の得票は三五から四〇パーセントで、予測可能な範囲に落ち着いていた。カトリック陣営では、さらに変動幅が狭く、一五パーセント前後を行き来した。ナチ党が著しい数の有権者を引き寄せたのは、実は、社会主義陣営よりも数ポイント多い三〇パーセント台後半から四〇パーセント台前半の票を獲得していた中流階級のプロテスタント陣営の票が流れたからだ。ヒトラーは一九二五年に支持者に演説した際、そのようなドイツの政治の基本要素を理解している話しぶりをした。「われわれは、国会に鼻先を突っ込み、カトリック派やマルクス主義の議員に対抗せねばならない」。一九三二年までのナチ党は、すでに社会主義陣営に「宗派化」していた有権者の票をさほど多くは取り込めなかったし、カトリック陣営からもたいして奪えなかった。一九三二年と一九三三年のうまくいった選挙でさえも、その二つの陣営への侵食は限られていた。

三陣営の安定性と揺るぎのなさは、ヴァイマル共和制のドイツ社会の分断の広がりを示しているが、実はそれだけではない。有権者が陣営内にとどまるという現実は、そもそも有権者を各陣営に置く社会化プロセスがあるため、各有権者の投票は政治イデオロギーと同程度に——

あるいはそれ以上に――組織だったものになることを示している。カトリック教徒が中央党かバイエルン人民党に投票するのは、それがカトリック信者としての正しい行いだと彼らが信じるからだ。都市部の労働者が社会民主党や共産党に投票するのは、自分たちの社会階級に忠実だからだ。そして、ナチ党が成功したのは、中流階級のプロテスタントがもともと抱いていた世界観に彼らの計画が合致したからなのだ。

ベルリンとその他

ドイツの政治における宗派的分断は、ドイツの地方の住民と都市の住民の分断によってさらに拡大した――そしてどこよりも大きくなったのが、ベルリン市民とそれ以外の地域の住民の分断だった。

ヴァイマル共和制のドイツといえば、やはりベルリンのイメージが圧倒的に強い――ジョージ・グロスの絵画、クルト・ヴァイルとベルトルト・ブレヒトの音楽劇、エーリヒ・メンデルゾーンの建築、クリストファー・イシャーウッドの『キャバレー』に登場する歌手サリー・ボウルズ、広くて開放的なゲイのコミュニティー、ありとあらゆる形の性体験など、どれもがベルリンと結びつく。だが一九二五年には、ドイツの人口六二五〇万人のうちベルリン在住はわずか四〇〇万人だった。そして、全人口の三分の一あまりが地方のコミュニティー、すなわち住人二〇〇〇人足らずの、村と定義されるところで暮らしていた。彼らの生活は、ベルリンの超近代的な生活とはかけ離れていた。

二〇世紀の初めから半ばまでの都市には、今日の都市よりも厳しい階級格差があった。しかも、ヨーロッパ人の社会階級に関する考えは、アメリカ人の考えと異なる（当時も現在も）。アメリカ人にとって階級の違いは主として収入の違いだが、ヨーロッパ人は個人の境遇、ものの見方、経済とのかかわりなど複合的な違いとしてとらえる。労働者階級は市場に自分一人の労働しか提供しないが、中流階級は事業を行っていたり、法律家や医療者などの専門職に就いていたりする——収入の多い少ないは問題にならない。一九二〇年代および一九三〇年代には、労働者階級と中流階級の違いは、服装、アクセント、身長、そしてジョージ・オーウェルが印象的に表現したように、においにはっきりと表れていた。このような都市部の社会構造によって、近代の都市部の政治には、労働者の政党と中流階級の政党という明確な区別が生まれた。

一方、地方の村にはそのような社会構造はなく、あるのは、歴史学者のシェリー・バラノフスキーが言う「地方神話」だ。地方神話に従えば、農業はなによりも立派な職業形態で、地方の暮らしは健全で本物で、社会の安定と調和と平和を育む。もちろん、地方神話にもさまざまな序列、特に貴族階級の地主を頂点として、農業労働者が底辺にいる構図があり、中間部には牧師や教師など、教育を受けた専門職の人がいる。けれども、その序列はコミュニティーの良識によって和らげられるとされる——序列に属する人はそれぞれ自分の立場を知り、自分の義務と責任をわきまえているからだ。当然ながら、この神話は「相手方」がいるから持続する。相手方とは都市であり、都市は敵だ。地方から見た都市は、バラノフスキーが言うには、「共和主義、多元主義、機械化、アメリカ化、派閥主義、教育実験、道徳の退廃、とりわけ性別の適切な境界の混乱という退廃」の象徴だった。

地方では、宗教の信仰が個人のアイデンティティーを示すとても大きな要素となる。教会への帰属意識は、都市部よりもずっと強い。プロテスタント信仰が強い旧プロイセン王国の東部地域に第一次世界大戦後ポーランドが再建され〔プロイセン王国の西プロイセン州の一部が、ヴェルサイユ条約受諾によってポーランドに割譲され、東プロイセン州はドイツ国の飛び地となった〕、ポーランドはカトリック中心の国であったため、プロテスタントとしてのアイデンティティーの重要性が増していた。その結果、プロイセン州の住民はすなわちプロテスタントとみなす、という大きな流れもできていた。

地方の住民には、ヴァイマル共和制に不満を持つのも致し方ない理由があった。社会民主党の力が強まると、都市の労働者階級の政治に対する影響力が戦前に比べて大きくなった。そこで、社会民主党の政府は食物の価格をできるだけ低く抑えようと努力し、その影響で、輸出業者も関税を下げて貿易を行おうとした。地方の農家にとっては、食品価格や輸入関税が高い方が恩恵は大きくなる。一九二九年には、よりによってポーランドから輸入されることになった取引のせいで農村部で暴動が起こり、輸入が承認されない事態となった。一九二七年から一九二八年にかけて、すでに下がりつつあった世界の食品価格が、さらに急激に下がった。農村では税金が払えなくなる者も、破産する者も現れた。

第一次世界大戦が地方に与えた重大な影響は、それだけではない。戦時は、銃や戦闘機など近代戦で必要とされるあらゆるものを製造するのに、膨大な数の工場労働者を抱えなければならなかった。したがって、ヨーロッパの他の国々と同様、ドイツでも、新兵は都市部よりも地方で多く採用された――つまり、戦死者の多くは農家の青年だった。都市に対する地方の恨みは――とりわけ、戦火を免れた知識人や成金が多く集まっていたベルリンに対する恨みは――結果的に膨らんだ。

都市部よりも保守的な地方に住む人々には、ベルリンの最新の文化芸術もさほど魅力的ではなかった。都市が嫌われた理由は他にもまだある。ベルリンは工業の大中心地で、AEGやシーメンス社といった電化製品の大手製造業者をはじめ、機械メーカー、繊維業者などさまざまな企業の本拠地となっていた。多くの国と同じく、一九世紀に工業化が進み始めてからというもの、多くのドイツ人は工場を悪者扱いし、農場の生活を懐かしがった。ベルリンはドイツの金融の中心でもあったが、銀行にしても株式取引所にしても、金融で生計を立てていない人々には評価されていなかった。

社会構成も、ベルリンとその他の地域では大きな違いがあった。ベルリンのユダヤ人コミュニティーはドイツ最大で、全人口に対するユダヤ人の割合が一パーセントであるのに対し、ベルリンでは七パーセントに及んだ。ベルリンは工業の中心地であったため、必然的に大勢の工場労働者が暮らし、その人たちは社会民主党や共産党に投票する傾向が強かった。ヴァイマル共和制時代のほぼすべての選挙で、ベルリン市民の大多数が社会民主党か共産党に投票したため、ナチ党や他の右派は、この町を「赤いベルリン」と呼んでいた。

したがって、多くのドイツ人にとって、ヴァイマル共和制への嫌悪のシンボルがベルリンとなったのは無理もない。ベルリンという市の名前がヴァイマル共和制の略語のようなもので、ベルリンに対する反感はヴァイマル共和制の体制に対する反感だった。「ベルリンはドイツではない」、バイエルンの作家、ルートヴィヒ・トーマはそう記した。「実際、ドイツとは似ても似つかない――ガリツィア人の汚物に占領され汚染されている」。「ガリツィア人」というのはユダヤ人を示す言葉で、当時は多くのユダヤ人移民がポーランドのガリツィア地方から来ていた。同じく保守派のジャーナリスト、ヴィルヘルム・シュターペルは、ベルリンを「共和国の汚水槽」と呼んだ。「あまりにも多くのスラヴ人と、まったく無制限に入ってきている東ヨーロッパのユダヤ人が、ベルリンの住民に混入している」。シュターペルはそう述べたうえで、こうつけ加えた。「恥ずべき混合」がこの都市の特質を決定づけている。シュターペルは「横柄な独善や、際限なく続く皮肉を込めた甲高い笑い声」を嫌って、そのような風潮を持ち込んだのは移民だと考え、地方を「ベルリン化」しようとするベルリンの傲慢な知識人も嫌っていた。ベルリンに対する治療薬はあったのだろうか？　カント、ゲーテというドイツ文化の伝統は一つの薬になった。あるいはルター派教会、「鉄の意思」も薬になった。シュターペルは言う。「ドイツの地方の農家は」反逆を開始した。

地方や教会によるベルリン批判の大部分は、大都市の性風俗やさまざまな性体験に対する非難だった。だが、表向きは性道徳への批判でも、実はさらに奥がある。ドイツのプロテスタント信者にとっては、男性中心の家族が社会秩序の中核だった。家庭はもちろんのこと、政治や経済活動を支配するのも男性であるべきだった。つまり、どんな形であろうと、従来と異なる組み合わせの性的関係や家族構成は、政治や社会の基本的権力に対する直接の脅威だった。

ベルリン市民のなかには、地方の住民を見下したり、悪ければ軽蔑したりする者もいた。詩人で児童書の作家でもあるエーリヒ・ケストナーは、地方から来た観光客がにぎやかで国際的なポツダム広場（ヨーロッパ初の信号機など、さまざまなものがあった）に圧倒され、「あらゆる間違いをしでかし」、「苦笑い」して、最後には「車にひかれる」ところを思い浮かべたという。ジャーナリストのクルト・トゥホルスキーは、ペリシテ人（古代パレスチナの民族、無趣味な人のたとえ）とは、シュレージエン（当時のドイツ東南部地方）、東プロイセン、ポンメルン（当時のドイツ東北部地方）の農村地帯に住む時代遅れの服を着た「滑稽な連中」のことだ、と表現している。彼は、ベルリン市民に「声を上げて」、ベルリンの光を暗い田舎に当てようと呼びかけた。だが一方で彼は、将来の見通しについては冷静で現実的だ。「民主派の大手新聞社、芸術家、リベラル派の団体などは、評判を得ていても実権があるとは限らない」と彼は書いている。「反発の力——常に存在して巧妙に、そしてなによりごく普通に働く――」は静かに発揮され、「株式市場や商人」の支持を得ている。

ヴィルヘルム・シュタ―ペルが、農家が反逆を開始すると書いたのは正しかった。一九二八年、ドイツの農業が経済危機に襲われるなか、過激な抵抗運動が地方で起こった。「ラントフォルク運動[*2]」と呼ばれたその運動は、プロイセン州北部のシュレースヴィヒ・ホルシュタイン地方で始まり、ドイツの北部や東部の地方へ広がっていった。ラントフォルク運動は、輸入食品の関税改正、金融緩和、社会福祉予算（都市部で使われる傾向が強い）の削減を求めた。運動は、政治的にはかなり右寄りで、主張を通すためにテロリストじみた戦術を用い、州政府の建物に爆弾をしかけたりした。一九二九年になると、嫌悪する共和国と首都に対して象徴的な大ストライキを行い、国会議事堂に爆破物をしかけたりした。警察は、ラントフォルク運動と、当時はまだ目立たなかったナチ党とのつながりを知るが、まもなくナチ党は、ラントフォルク運動参加者の票の獲得に成功する。

反ユダヤは文化記号

国内のキリスト教徒のユダヤ人に対する姿勢も、ドイツの政治的分断に一役買った。第一次世界大戦開戦前の一〇年間に、反ユダヤ主義はドイツの右派のトレードマークとなっていた。反ユダヤ主義は、歴史学者のシュラミット・ヴォルコフが書いているように「文化的な記号」であり、その記号が糊の役目を果たしてさまざまな信条をひとまとめにつなぎ合わせていた。

ナショナリズムはそうした信条のなかでなによりも重要だったが、権力の崇拝も大切な要素で、「男らしさ」や「力強さ」、社会的エリート意識、人種差別、女性蔑視に大きな価値がおかれていた。ナショナリストの右派は民主主義、リベラリズム、社会主義に敵意を持ち、都市を憎み、地方を愛した。彼らは商業主義よりも軍国主義を重んじ、軍隊の行動規範に対する崇敬が、反物質主義や反資本主義に変わっていくことも多かった。このような考えがわずかに進めば、反ユダヤ主義となる。政治においては、反ユダヤ主義はポピュリズムにつながりがちだ――農家が穀物業者に立ち向かうのも、小規模事業者が百貨店に立ち向かうのも理由は反ユダヤで、反エリート、反資本主義、反近代は、すなわち反ユダヤだった。

一方、スペクトルの対極にある反‐反ユダヤ主義は、民主主義、社会主義の政治信条、平和主義、フェミニズムと強く結びついていた。たとえば、第一次大戦前の社会民主党の創設者の一人、アウグスト・ベーベルは、反ユダヤ主義とは「愚か者の社会主義」だと言い放った。彼

＊2【ラントフォルク運動】不況などによって農村が疲弊するなか、納税拒否をしたり差し押さえに力づくで抵抗したり、さらにはデモをするなど自然発生的に興った急進的農民運動。国がなんの策もろうさないので、農民たちはヴァイマル共和制には懐疑的であった。

だけではない。歴史学者のテオドーア・モムゼンは、反ユダヤ主義はユダヤ人への嫌悪にとどまらず「教育、自由、人道」も嫌悪すると述べた。また、哲学者のテオドーア・レッシングは、フェミニズムの擁護者でもあり、一九一〇年に、女性とユダヤ人は日常的に抑圧されているがゆえに高い道徳《モラル》を持つ、と記した。

このように反ユダヤ主義を記号として用いたり、ナショナリストの右派を定義する役割を持たせたりする傾向は、一九一九年以降さらに顕著になる。第一次大戦前のドイツで反ユダヤ主義が噴出したのは、ほとんどが地方のコミュニティー内部の危機や特定の売買に対する反応だったが、一九一九年以降は、そうした危機が複合的になり全国的に――敗戦、革命、内乱、ハイパーインフレ、失業――に広がって、反ユダヤ主義の影響も呼応するように拡大していった。また、ヴァイマル共和国の政治構造は、ドイツのユダヤ人にとって必ずしもよい材料ではなかった。反ユダヤ主義がポピュリズムであれば、戦前の穏やかな権威主義国家はその対極に近く、政党の力も限られており、反ユダヤ主義運動が影響力を得るのはむずかしかった。けれども、新しい民主主義のもとではそのすべてが変わった。共産党が、誰もが口にするような反ユダヤ的なことを言う場合もあったが、おおむね反ユダヤ主義はナショナリストの右派のなかにとどまり、ナショナリストの右派の特徴となっていた。反ユダヤ主義は、現代のアメリカの民主党と共和党で隔たりのある、妊娠中絶問題と同じような意味合いを持つ。大多数の国民にとって、ユダヤ人を支持するか排斥するかは最大の問題でもなんでもない。だが、この問題がシンボル化されると、どちらかの側につくための身分証として受け入れざるを得なくなる。

こうして記号化が確立してしまうと、反ユダヤ主義的発言は、ヒトラーが政権への階段を昇り詰めていく時期に演説で多用したように、ユダヤという言葉を一切使わなくても効果的な影響を与えるようになる。ヒトラーが「国際金融のクモたち」について話したり、「今日では、多額の国際融資をする者がドイツの支配者なのであります」と不平を言ったりすれば、聴衆は、彼が実際は誰を指しているのかを理解する。

政治的妥協は敗北である

ヴァイマル民主主義の土台は、実に心もとない状態だった。悲惨な敗戦と不人気な講和条約があり、その後にとてつもない政治と経済の混乱が続いた。だが、さまざまな障害があったにもかかわらず、共和国は生き延び、シュトレーゼマンの時代には大成功を収めさえした。ヴァイマル共和制が思いがけなく生き延びたことや国際社会への統合を果たしたことは、風説に反して、共和国は成立当初から崩壊の運命にあったわけではないと明確に示している。

共和国が安定し、成功していたからこそ、敵対する側はいっそう苦々しく思い、必死になり、妥協しない姿勢を見せ、最終的には民主主義に打ち勝つことを成功の証とする戦略に出た。一九二〇年代の中頃から終盤にかけて、主に四つの反政府運動が四つの異なる方向から起こり、ドイツの民主主義を弱体化させようとした。そして、それぞれの運動が各々役割を果たして一九三〇年代の初めには民主主義が崩壊した。

反政府運動のなかでもっともあからさまだったのは、極端なナショナリズム運動だ。アルフレート・フーゲンベルクとドイツ国家人民党は、一九二〇年代を通じて、反政府運動を展開した。むろん、他にも同様の動きはあった。ヒトラーは一九二三年から二四年にかけて鳴りをひそめたが、二九年には復活を果たしたと思われる。ラントフォルク運動の暴力的なナショナリストの抵抗が地方の各地で噴出し始めたのも、同じ頃だ。

政治スペクトルの反対側の端からも、共産党が反政府的活動を行い、結果として、ナショナリストの右派による民主主義体制の打倒に貢献する。一九二八年、ソヴィエト連邦が主導するコミンテルン〔共産主義インターナショナル〕第六回世界大会は、世界資本主義は「第三期」の危機と革命期に入るという方針を宣言した。モスクワの指導部は、大企業は革命を起こす労働者から事業を守ろうと必死になり、ファシストの支援を頼るはずだと考えた。また、労働者の友人のふりをして実際には資本家を支える、社会民主党も頼りにするかもしれない。共産党は社会民主党を「社会主義ファシスト」として非難することになっており、ファシストの足を引っ張るのと同様に、社会民主党の足も引っ張るつもりだった。コミンテルンの方針によって、戦争とスパルタクス団蜂起で生じた左派政党の間の溝が、ヴァイマル共和国を追い詰めて崩壊させるはずだった。

ドイツには、他にも二大勢力といえるものがあった。それは巨大企業と軍隊で、両者は理由は異なるが同じ望みを持っていた——社会民主党をあらゆる権力から排除するという望みだ。それには、立法の府であり組閣を可能にする国会の力をなくすか、少なくとも制限する道を探らねばならない。企業家たちも軍人たちも、望むのはより権威主義的な統治だ。たいていは国の指示による枠組みで決まる、高額な賃金妥結は、企業家にとっては大きないら立ちの種だった。また、社会民主党が軍事予算に賛成票を投じようとしないことは、軍人たちの怒りの原因だった。一九二〇年代の後半には、企業家も軍人も次の段階の政治活動に進んだ。利益団体を作り、共感する政党にロビー活動を行い、民主主義の土台を崩す法的戦略を模索し始めたのだ。

このように反政府活動に新たな決意がもたらされ、新たな次元の活動に移行したのは、ヴァイマル共和国の「善き」時代のさなかのことで、その善き時代に対する反発だった。

反政府活動の助けとなる環境もあった。社会全体、民主主義全体が、階級、宗教、性別、民族などの違いで分裂していた。分裂した集団どうしが最終的に歩み寄らない限り、民主主義は長くはもたない。だが二つの重大な要素のせいで、民主主義の基本である歩み寄りは、ヴァイマル共和国では実行がむずかしくなった。重大要素の一つは、構造的課題だ。戦後の困難な状況のなかで、ドイツ社会は経済的な私欲によって分裂した。ヴァイマル共和制では、政党はさまざまな利益団体と結びつき、利益団体は自分たちのためだけにロビー活動を行い、法の制定を求めた。政党の側は、「党派を超えて手を結ぶ」意欲も持たなければ、能力も持ち合わせなかった。

もう一つの重大要素は、イデオロギーというよりも哲学に近い課題だ。ヴァイマル共和制のドイツでは、民主主義も反民主主義も、すべての陣営が共通して、歩み寄りに対する強い文化的偏見を持っていた。一九二〇年代、ドイツ国家人民党の国会議員は、党のイデオロギーと大きく矛盾する国益に関わる政策を支持すべく、苦渋の決断を何度か行った。その投票によって、党が民主主義共和国を徐々に受け入れ始めた可能性はある。ロカルノ条約受諾の頃には、一時的に受け入れていたようにも見える。ところが民主派の政治家たちは、ドイツ国家人民党の深い洞察を称賛するどころか、「屋台骨が折れている」とあざ笑い、「こういう行いをしても有権者が（国家人民党に）忠実でいるなら、そういう忠誠をうらやむ党はどこにもない」と思っていた。

民主主義の擁護者が特に気をもんだのは、一九二五年に社会民主党の大統領フリードリヒ・エーベルトが急死し、選挙で陸軍元帥のパウル・フォン・ヒンデンブルクが次の大統領に選ばれたときだ。ヒンデンブルクといえば、その六年前に、あの「背後からのひと突き」（匕首）伝説を生み出した首謀者の一人だ。

生まれながらの軍人・ヒンデンブルク

パウル・ルートヴィヒ・ハンス・アントン・フォン・ベネッケンドルフ・ウント・フォン・

ヒンデンブルクは、一八四七年一〇月、ポーゼン〔現ポーランド共和国、ポズナニ〕に一三世紀から続く軍人の家系に生まれた。プロイセン王国でそのような家庭に生まれた息子には、選べる職業は一つしかない。子どもの頃、パウルがなにか不平を言うと、乳母は「全隊、黙れ!」と叫んで彼を黙らせた。一一歳でプロイセンの士官学校に入学し、一八六六年には少尉に任官して、直後に始まったオーストリア帝国との戦争でケーニヒグレーツの戦いに加わった。この会戦でプロイセン王国は圧勝し、のちのドイツ統一をプロイセン王国主導で進める道が開けた。ヒンデンブルクは、四年後の普仏戦争でも殊勲を立てる。鉄十字章を受け、所属連隊の代表に選ばれてヴェルサイユ宮殿で行われたドイツ皇帝即位式に参列した。以後、彼は平時の軍隊で地味ではあるが成功者の道を進み、一九一一年に引退する。

歴史におけるヒンデンブルクの役割は、第一次大戦にかかわらなければ、そこで終わりだっただろう。一九一四年八月二二日、六六歳の彼の人生は、文字通り一夜にして大きく変わった。彼は、軍に戻って、東プロイセン州に侵攻するロシア軍と戦うドイツ軍の指揮を執るように命じられ、その夜のうちに任地へ向かった。このタンネンベルクの戦いは、第一次世界大戦においてドイツ軍が一方的な勝利を収めた数少ない戦いの一つで、その結果ロシアは、ドイツに進出する望みを完全に、永久に断たれた。ヒンデンブルクはこの勝利で非常に大きな称賛を受けたが、その功績の大部分は才能ある部下たち、エーリヒ・ルーデンドルフ参謀本部次長と、マックス・ホフマン中佐にあった。ホフマンはのちに、ヒンデンブルクの勝利への貢献はホフマンの幼い娘の貢献と同程度だったと述べている。だが、タンネンベルクの戦い以降、ヒンデンブルクはプロイセン王国とドイツの救世主とされ、象徴となった。なにがあっても、彼が放つ英雄のオーラは陰りはしなかった。

長身で軍人らしい完璧な立ち居ふるまいが印象的で、最晩年まで健康だったヒンデンブルクは、常日頃から厳粛な表情をしていた。一般的なドイツ人が見れば、物事を深く考え職務に責任を持つ人間だと感じる表情だ。彼は、決意と勇気、沈着をもって惨事に立ち向かう人のように見え、ドイツの国政の中心にいた期間（タンネンベルクの戦い以降、一九三四年に没するまで）は、その風貌が大いに効果をもたらし、彼を取り巻く人々から熱狂的ともいえる人気があった。ヒンデンブルクはドイツの歴史そのもので、だからこそ、自身の象徴的な重みを政界で発揮する方法を巧みに、直感的に把握していた。

ヒンデンブルクは、一八七九年にゲルトルーデ・フォン・シュペルリンクと結婚して四人の子をもうけ、一八八〇年生まれのイルメンガルト、一八八三年生まれのオスカー、一八九一年生まれのアンネマリーの三人が無事に成人した。彼は家族を大切にし、家族以外にはほとんどつき合いがなく、ごくわずかな親友も、彼が大統領になったときには全員他界していた。また彼はルター派の熱心な信者で、カトリックに対して少しばかり疑念を持っていた。彼の身分と育ちからすれば、プロイセン王国の規範、質素、名誉、犠牲を重んじるのは当然だといえる。また、彼の考えがかなり保守的だったことも驚くにはあたらない。カトリックに対する懸念から、中央党とはぎこちないパートナーになるのが精一杯で、社会民主党に対する嫌悪はもっと根深かったが、個人的には気の合う社会民主党員もいて、長年プロイセン州首相の任にあったオットー・ブラウンとは互いに大の狩猟好きとして交流があった。社会民主党が多くのドイツ人と同じようにヒンデンブルクに畏敬の念を示すと、彼はたいてい当惑し、ときに喜ぶこともあった。何人かの社会民主党員が戦時に参謀本部まで出向いてヒンデンブルクの七〇歳の誕生日を祝ったときなどは、私も「同志のみなさん」の間で人気が出てきたから、そのうち赤い帽子でもあつらえなきゃなるまい、と冗談を言っている。

泰然として物事に動じない人間であったことは、彼自身が身をもって再三証明している。若くしてケーニヒグレーツの戦いに加わったとき、銃弾がヘルメットを貫通しながらも頭部をそれ、まさに間一髪で死を免れる経験をしたが、彼は落ち着いてそのまま任務を遂行した。また、普仏戦争では彼の部隊に恐ろしい数の犠牲者が出て、こう記している。

「私自身、この戦闘のさなかになぜこれほど平然としていられるのか、理解できない」

第一次世界大戦中に、最高司令部が彼を指名して東部戦線の指揮に当たらせたのは、まさに彼の落ち着きによってロシアの侵攻という危機を抑えるため、戦略に秀でるルーデンドルフの興奮しやすい気質とバランスをとるためだった。

ヒンデンブルクは、当時のドイツに大勢いた教養人というタイプとはかけ離れていた。文学に親しむ時間はなく、知っているといえば、三十年戦争の著名な司令官を題材にしたシラーの戯曲『ヴァレンシュタイン』ぐらいだ。[*3] 読書は主に歴史書、または軍事史の本で、軍の高官には必要というのが理由だった。学校というところはラテン語やギリシア語の授業で若者に時間を浪費させる場所で、彼にとってもいら立ちの種でしかなく、音楽の好みもせいぜい行進曲止まり。旅行には一九一一年に退職して一四年に復職するわずかな期間にたびたび出かけたが、興味の対象は軍事的に利用価値の高い景色だけだ。本当に好きだったのは狩猟で、高齢で亡くなる最晩年まで精力的に出かけた。

とはいえ、ヒンデンブルクは、いわゆる鈍感で凡庸なタイプでもなければ、多くの伝説で指摘されるように優柔不断で与しやすい人物でもない。彼の視野は、当時のプロイセン王国の大多数の貴族たちと比べれば広かった。青年士官時代には、ベルリン大学でナショナリストの歴史学者、ハインリヒ・フォン・トライチュケの講義を必ず受けていた。軍隊の近代化を推進し、最新技術を最大限活用しようとしていたし、彼の書いたものは詳細で正確だった。大統領になってからは、説明資料や署名を求められた文書を注意深く読み、会議の前には論じたい問題の要点を記したノートを用意し、会議が終了すると結果を記録して、適切な指示を出せるようにした。念入りな準備のおかげで、側近たちが彼を操ろうにも、簡単にはいかなかった。

一八九〇年代に連隊長としてオルデンブルクにいたときには、また別の終始一貫した一面を見せた――自分の仕事をことごとく部下にやらせるのだ。この主義は悪評を呼び、戦時中にルーデンドルフと組んでいた時期には、彼の弱点と見なされるようにさえなった。ドイツ陸軍最高司令部では大勢の上級士官が、ヒンデンブルクがほとんど仕事をせず、代わりにルーデンドルフが多大な埋め合わせをせざるを得ない場面を目撃している。海軍参謀本部最高司令官のマグナス・フォン・レーヴェッツォフは――のちにヒトラー政権下でベルリンの警察署長となるが――第一次世界大戦末期に陸軍参謀本部を訪ね、両者の関係をまざまざと見せつけられた。夕食の席で、ヒンデンブルクは重要な話をするでもなく、楽し気に長談義を繰り広げた。やがてルーデンドルフが立ち上がり、自分は作戦部の仕事に戻らねばならないと告げた。来客の士官たちの前で面目をつぶされるのを恐れたヒンデンブルクは、しぶしぶこう言った。「では、余も行かねばなるまい」。するとルーデンドルフが返答する。「それには及びません、元帥閣下」。ヒンデンブルクは少しばつが悪そうに再び腰を下ろし、作戦部の将校たちにはすでに話をしてあると弁明した。

ヒンデンブルクにとって、国王や皇帝の名の下に働く戦時の職務は快適だった。なにかあれば、最終的には国王や皇帝が責任を取ってくれる。だが彼は、支持を得られそうにない重要な判断を自分が下すのは嫌だった。この責任を逃れたいという、どこまでもついて回る欲求は、

＊3【三十年戦争】一六一八年から一六四八年にかけて、ドイツ（神聖ローマ帝国）を中心に行われた宗教戦争。新旧両教徒の対立、ハプスブルク家とブルボン家の抗争などが絡まり、デンマーク・スウェーデン・フランスも参戦。戦場となったドイツは疲弊を極めた。

一九一八年の休戦協定締結の際にも顔を出し、大統領になってからは一つのテーマにまでなった。

一九二五年、ヒンデンブルクがナショナリストの右派の要請で大統領選挙に出馬すると決めたのは、民主派の政党にとってはやっかいな問題だった。ヒンデンブルクはあまりにも崇敬されているので正面攻撃を仕かけるのがむずかしく、民主派としてはヒンデンブルクへの敬意を強調しつつ、彼の背後にいる者たちに軽蔑の言葉を浴びせることになった。ヒンデンブルクが第二回目の選挙で〔第一回目の選挙で過半数を獲得した候補がいなかったので、第二回目が行われ、ヒンデンブルクが立候補した〕中央党幹部の対立候補、ヴィルヘルム・マルクスに、得票率四八・三パーセント対四五・三パーセントの僅差で辛うじて勝つと、民主派政党は当然ながら危機感を強めた。

当初、ヒンデンブルクの憲法を遵守し、外相グスタフ・シュトレーゼマンの政策を進んで受け入れる姿勢に、彼を批判する人々は驚いた。一九二四年と一九二八年の国会議員選挙を比較すると、極右政党の得票率は目に見えて減少している。一九二四年五月の選挙で六・五パーセントだったナチ党の得票も、同年一二月には三パーセントに激減し、一九二八年には二・六パーセントとなった。一方、一九二四年五月に二〇・五パーセントだった社会民主党の得票率は、同年一二月に二六パーセントとなり、一九二八年には三〇パーセントとなった。一九二八年の選挙後、ヒンデンブルク大統領は、社会民主党のヘルマン・ミュラーに組閣を依頼した。一九二八年ミュラー内閣は、左派の社会民主党、穏健右派のシュトレーゼマン、財界寄りのドイツ人民党から成る「大連合」内閣だった。

逆説的ともいえるが、ヴァイマル共和国の民主主義の死は、この一九二八年の選挙の民主的な結果から始まった。

実は、一九二八年には国民の間に相当な政治不信があったが、それは投票結果には表れていなかった。有権者の優に四分の一が、五パーセント未満の得票率しかない少数派の政党に投票していた。主要政党を見限った有権者がいたということだ。

一方でドイツ国家人民党は、裕福で力のある少数の上流階級の利益を代表する政党でありながら、果敢にも、保守のポピュリストを生み出そうとしていた。「ドイツ国家人民党」という名のこの政党は、第一次世界大戦前の二つの政党、ドイツ保守党と自由保守党が合併してできた。ちなみに、シュトレーゼマンが所属した国民自由党からも、似たような経過をたどってドイツ人民党ができた。一九二四年の二度の選挙で、それぞれ一九・五パーセント、二〇・五パーセントの票を得たドイツ国家人民党の計画はうまくいくかに見えた。だが、一九二八年の選挙では、得票率は六パーセント減少する。そして、この後退がきっかけで、党内で優勢となったアルフレート・フーゲンベルクが党首となり、権力の座に就くには、活力を増している新しいナチ党と手を組むのも一つだと考え始める。

その頃、大企業は、労働者との妥協をますます嫌がるようになっていた。一九一八年に革命が始まった頃、労働組合は交渉相手は労働者であることや、給料を全額支払ったうえでの八時間労働を完全に認めさせた。政府も産業労働者の賃金に関する救済制度を設けた。どれもが、ヴァイマル共和国の大きな特色を示す、重要な成果だった。

けれども、一九二〇年代に入ると、労働者の生産性はさほど上がらないまま賃金の妥結額が急速に上昇した（健全な経済の下では、生産性――一定の時間内に一定の労働力が製品の産出に貢献する度合い――が着実にのびれば賃金も上昇し、企業の収益も増加する）。一九二八年には、時給は一〇パーセント上昇（インフレ調整後）する一方、生産性は四・八パーセント減少した。一九三〇年、全国ドイツ工業連盟は、「政治に影響されて、資本主義と社会主義の間で揺れ動き」、その結果「社会主義と取り違えられた資本主義」が責めを負う「経済体制」に対しては、「もっとも厳しい批判」がなされるべきだと主張した。ドイツの政治制度では「経済の手法については社会主義者と資本主義者の妥協はあり得ない」と認識すべきだというのだ。実業家たちは、公共支出および賃金の削減と政府規制の緩和を要求した。

実業界の重鎮たちは、左派、特に社会民主党を排除しなければ、そのような計画は進められないとよく理解していた。彼らは、政治体制を民主主義から遠ざけて権威主義に近づけることを目的とする「ドイツ再生同盟」のような団体の支援を始めた。彼らのロビー活動が功を奏したことは、一九二九年から一九三〇年にかけて、ドイツ人民党が大連合のパートナーである政党に対してあまり妥協しなくなったのを見てもわかる。ここから、ヴァイマル民主主義は最終的で致命的な政治的膠着に向かう。

そのうえ、軍隊の問題もあった。

狡猾なシュライヒャー

ヴァイマル共和国の最後の五年間にもっとも重要な役回りを果たしたのは、クルト・フォン・シュライヒャーだと考えられている。しかも、歴史上の人物で、これほどぴったりくる姓を持つ者はそうそういない。ドイツ語のシュライヒェンは「こっそり歩く」という意味で、シュライヒャーは「忍び歩く人」という意味だ。クルト・フォン・シュライヒャーは他人を操ったり陰謀を企てたりするチャンピオンで、ドアからドアへ忍び歩いてはこれという人物の耳にささやきかけた。

シュライヒャーは、いわゆるプロイセン王国の将校らしい厳めしくて冗談の通じないタイプとはかけ離れた、現実的で気さくな人物だった。部下の参謀将校の一人、ヴィンツェンツ・ミュラーは、シュライヒャーの執務室の「あけっぴろげで隠しごとがない」雰囲気がよかったと振り返る。ドイツ人は地域のアクセントや方言をうまく使ってユーモアを言うものだが、シュライヒャーも、ベルリンの労働者が使う荒っぽくて皮肉の利いた粋な方言を使いこなして軽妙なジョークを言うのが得意だった。ぶっきらぼうで口の悪いベルリン市民は「ベルリナー・シュナウツェ」〔シュナウツェは、動物の鼻口部を指すドイツ語〕と呼ばれるが、シュライヒャーの同僚たちには、彼が本心を話しているのか口から出まかせを言っているのか、よくわからないこともあった。ミュラーが婚約の報告をしたときなど、シュライヒャーは大げさに怖がるふりをしてこう答えた。「本当によく考えたのかね？」。そして、今のはただの冗談だと安心させたうえで、こう言った。「そのうち、私のこういう流儀にも慣れるだろう」。ヒトラーの支持者が、ヒトラーの指導者としての資質や政治の才能について熱く語るのに耳を傾け、「だとすれば、彼が正気でないとは気の毒だ」と言ったこともある。これを耳にしたヒトラーは、けっしてシュライヒャーを許さなかった。

シュライヒャーは計算高く、人を操るのがうまく、ときに不誠実だった。彼の冗談めいた態度が二通りに受け取られるのと同じように、彼の自信も軽率に見られることがあった。部下のほとんどは彼を尊敬していたが、快く思わなかったり嫌ったりする者もかなりいた。「仲たがいなどという生やさしいものではない」、ヴィルヘルム・グレーナーは一九三二年後半に、シュライヒャーとの間に起きたことについてそう記した。「憤りと怒りが私のなかで煮えたぎっていた」。駐ドイツ・フランス大使を長く務めたアンドレ・フランソワ＝ポンセは、シュライヒャーは「好かれるというよりは恐れられていた」と述べている。

写真に写るシュライヒャーの表情は、どんなときも皮肉めいた笑みを浮かべているようであり、冷笑しているようでもある。フランソワ＝ポンセが言うには、シュライヒャーの剃り上げた頭、「色白を通り越して青白い」顔、「しまりのない肉がついた顔からぎらぎらと光を放つ鋭い目と、かろうじて識別できる口」は、風貌からして「印象がよくない」。話をすると「率直で、遠慮がなく、冗談半分で、痛烈で、気の利いたこともよく言う……（中略）……彼の知性はどっしりと深いのではなく、才気煥発で切れがある」。

シュライヒャーは一八八二年、プロイセン王国のブランデンブルク州に生まれた。第一次世界大戦には参謀将校として従軍し、ヴィルヘルム・グレーナーを補佐した。一九二八年、国防相となったグレーナーから「大臣官房」の官房長に任命され、その結果、グレーナーの実質的な代理人となる。シュライヒャーの仕事は、政界における軍の代理人、すなわちロビイストとなることだった。

この仕事は、シュライヒャーのものの見方や才能にぴったりと合っていた。彼は、あらゆる陣営の政治家と広いネットワークを築いていたうえに、大統領府長官のオットー・マイスナーや、大統領の息子であるオスカー・フォン・ヒンデンブルクを通じて、ヒンデンブルク大統領に話を通すこともできた。オスカー・フォン・ヒンデンブルクは、シュライヒャーと同い年で、第一次世界大戦中は同じ連隊に所属していた。結果としてシュライヒャーは、比類がないレベルの影響力を手にした。ヴァイマル憲法の下では、首相を指名するのは大統領だ。ヴァイマル共和国の最後の五年間、ヒンデンブルク大統領は、シュライヒャーの助言に大きく頼りながら決定を下した。

重要なのは、そのような権力を持ったシュライヒャーが政治をどう考えていたかだ。一九二四年の初め、彼は自分の目標をヴィンツェンツ・ミュラーに説明しているが、その目標はその後数年間、ほぼ変わらなかった。シュライヒャーの望みは、州政府に対する中央政府の権限と、立法府に対する行政府と軍隊の権限を強めることだった。危機にあえぐ経済を安定させることも彼の望みで、そうすれば、なんといっても軍事費を増やすことができる。標準的なプロイセンの将校と比べれば、シュライヒャーは進歩的な考えを持っていた。彼が言うには、政府は、八時間労働、健康保険、失業保険などの社会革新をもとに戻せという産業界からの圧力に抵抗しなければならない。それが社会平和に向けた「核心となる課題」であり、ひいては国家を強くするための課題だというのだ。

そして最終的には、ドイツはヴェルサイユ条約の「束縛」から解き放たれなければならない。シュライヒャーの外交へのアプローチは、いかにも彼らしく巧妙だ。ドイツとしては、連合国側が対等な条件で交渉に臨んでくれるようにしなくてはならない。そのうえで、フランスのラインラント占領を撤廃し、ドイツの主権を少しずつ取り戻す――あくまでもこっそりと狡猾に、対立を避けて。一九三三年、ジャーナリストのグループとのくつろいだ会合で、シュライヒャーは、ヴェルサイユ条約に署名したのは正しかったとずっと思っていると話した。おかげでドイツは、「回復に向けた一〇年間の小休止を手にした」からだ。「敵を国境の向こうにとどめておけば、内側を徐々に再建できる」と、彼は説明した。

初めのうち、シュライヒャーは、自分の望みが達成できるのなら社会民主党と手を組むのもやぶさかでないと考えていた。けれども、一九二〇年代の半ばになると、ドイツの左派陣営に幻滅するようになった。彼は、終戦時の社会民主党には「ナショナリズム的社会民主主義」を発展させる「偉大な使命」があると思っていたと、のちに説明した。成功すれば、ナチ党は「余分」になる。しかし、防衛支出をめぐる対立によって、社会民主党は自分たちの使命を認識できなかった。そこでシュライヒャーは、彼らから政治的権力を取り上げる方法を考え始めた。

シュライヒャーが考えを変えた結果、歴史の運命の章が幕を開ける。

憲法の抜け穴

一九二六年一二月、『マンチェスター・ガーディアン』紙が、ドイツの秘密戦力、「黒い国防軍」について報じた。ドイツが、ヴェルサイユ条約を無視して維持していた戦力だ。この報道に社会民主党は憤慨し、中央党のヴィルヘルム・マルクス首相の内閣支持を撤回した。シュライヒャーは、国会の最大会派――すなわち社会民主党――の支持がなくても、右派が連立すれば政権を取れるのではないか、と考え始めた。ヴァイマル憲法の下では、それは不可能だ。だがシュライヒャーには、憲法を回避するアイディアがあった。そして、大統領府長官であり、大統領の一番の法律顧問でもあるオットー・マイスナーも、同じアイディアを持っていた。憲法の規定では、ドイツ国の大統領は国会を解散して新たな選挙を行うことができる。解散から総選挙までの期間、首相と内閣は議会の干渉を受けずに政治を行える。そのような権力は、反対派を脅えさせるこん棒の役割を果たし、少数右派の政権を永遠に維持できるかもしれない。

この戦略には別の観点もあった。ヴァイマル憲法の第四八条は、「公共の安寧及び秩序に著しい障害が生じ、またはその虞《おそ》れがあるとき」に、大統領に非常権限を与える。そのような状況下で、憲法は、大統領が武装兵力を用いる権限、あらゆる個人の権利と自由を停止する権限も明確に認めている。

国会は、投票によってそうした大統領緊急令を破棄できるが、反対票が過半数に満たない場合、あるいは議会が解散されてから選挙結果が出るまでの期間は、大統領緊急令は有効となる。議会の少数派政党による政権は、大統領と憲法第四八条の力を借りて政権を維持することになり、そのような内閣はやがて議会内閣ではなく、「大統領内閣」と呼ばれるようになった。その意味で、民主的なヴァイマル憲法の第四八条は抜け穴となり、抜け穴の先には独裁制が待っていた。

一九二八年の国会議員選挙によって、シュライヒャーの考えはさらに切れ味が増した。社会民主党は「巡洋艦ではなく、子どもたちに食事を」というスローガンで選挙戦を戦った。社会民主党が勝ち、ヒンデンブルク大統領が党首のヘルマン・ミュラーに首相就任を求めた時点で、シュライヒャーには、自分が望むような軍事予算はミュラー政権では組まれないとわかっていた。また彼は、この政権の経済運営能力にも疑問を持っていた。シュライヒャーにとって一縷の望みは、社会民主党が選挙公約に忠実に、たとえ首相の意に反しても、巡洋艦建造のための公債発行案に反対票を投じてくれることだった。シュライヒャーには別の考えがあった。

彼にとって都合がよい策は、中央党の議員団長を務める右派のハインリヒ・ブリューニングに、政権を執るように依頼することだった。ブリューニングは「政党に束縛されない内閣」を率いるだろう――シュライヒャーにとって、あるいはヒンデンブルク大統領や大統領府長官マイスナーにとって、「政党に束縛されない内閣」は、憲法第四八条の定める大統領緊急令で武装した右派の大統領内閣を指す暗号だった。そういう政権であれば、国の財政を立て直し、ドイツの賠償金支払いに納得のいく修正を加えられるとシュライヒャーは考えた。

ブリューニングは従軍経験があり、前線兵士として一級鉄十字章を得ていたため、カトリック教徒ではあるが、ヒンデンブルク大統領の共感を得られるとシュライヒャーは踏んでいた。また、ブリューニングは経済学博士号を持っていて、経済の専門家としての評判も高かった。中央党のなかでも右の立場をとるナショナリストだが、社会に対する考え方は穏健で、社会民主党の支持を引き出すこともできそうだった。大統領緊急令を武器に政権に就けば、軍の支持だけに頼る必要もなくなるだろう。国民から広く支持されることもあり得る。

この最後の点は、シュライヒャーにとって決定的に重要だった。「銃剣で統治はできない」というのは、彼が口癖のように繰り返した言葉であり、彼の性格をよく表してもいる。近代の産業化社会では、たとえ軍事政権であっても永遠に抑圧体制を敷くことはできず、国民の支持が必要であると、彼は理解していた。右派も含めて多くのドイツ人が、第一次世界大戦から得た教訓だった。敗戦前の二年間に国内の士気がどれほど低下したか、それがドイツ軍にとってどれほどの重荷になったかを、国民は知っている。

一方、異なる方法で、そして異なる力点で、エーリヒ・ルーデンドルフとアドルフ・ヒトラーも第一次世界大戦から同様の教訓を得ていた。近代の教訓、総力戦という教訓だ。その教訓によってこの先のドイツ、第二次世界大戦終結までのドイツが方向づけられる。

一九二九年一〇月の世界恐慌はウォール街大暴落から始まった、そして世界恐慌に乗じてヒトラーが勢いを増し、ドイツの民主主義が破局に向かった、という民間信仰がある。だが実際は、大恐慌、ヴァイマル共和国の支持の低下、ナチ党の躍進にはそれぞれもっと複雑な背景があり、どれもがウォール街大暴落の前から始まっていた。一九二八年から一九二九年にかけて起きた一つのパターンとなるできごと――シュトレーゼマンの死とフーゲンベルクの浮上、地方の不満、コミンテルンによる「第三期」宣言、産業界と共和制により制約を受ける軍部のいら立ち、ナチ党の地方の州議会選挙、さらには国会議員選挙での成功――は、ドイツが戦後の国際社会への統合に完全に背を向けたこと、すなわち、民主主義に背を向けたことを示している。同様に、一九二〇年代末のドイツ経済に起きたできごとは、経済を壊滅状態にした。

一九二八年までは好調に推移していた、関連性のない経済や財政のいくつかの傾向が、一つに収れんしたのだ。

たとえば、食料品価格の世界的な下落傾向によって、ラントフォルク運動が勢いを増した。ドイツ東部の広い地域——シュレージエン、ポンメルン、西プロイセン、東プロイセン——は北部地域や西部地域、とりわけシュレースヴィヒ・ホルシュタインとニーダーザクセンと同様、大部分が農地で、一九二〇年代の中頃には痛手が相当大きくなっていた。特に、シュレースヴィヒ・ホルシュタインの農家はもっとも大きな打撃をこうむり、この地方の農家は早くから共和制にはっきりと反旗を翻した。一九三二年には、シュレースヴィヒ・ホルシュタインの投票者の八〇パーセントが、投票先にナチ党を選ぶようになった。

そして、「合理化」——今日では「オートメーション化」とも言う——により、科学技術をさらに導入し、より効率の高い経営を行って生産性を上げようという傾向もあった。生産性の向上には、いつものことながら、雇用の犠牲が伴う。合理化が進められたのはいくつかの業種に限られていたが、そうした産業は影響力が大きく、雇用の喪失は深刻だった。工業地帯であるルール地方の炭鉱の労働力は、一九二二年から一九二八年までの間に三三パーセント減少した。金属加工業や自動車産業においても状況は同じだった。

こうしたことが、一九二八年の半ばにはドイツの失業者が一三〇〇万人にまで増えた理由の一部だった。その一年後には失業者は一五〇〇万人となり、失業保険の給付によって、政府はさらに歳入を増やすなり予算を削減するなり、方策を探さねばならなくなった。ミュラー政権はどこが費用を負担するかについて合意できず、政権の最後の年はこの問題に悩まされ続けた。

けれども、なににもまして大きかったのは、ドイツに転機をもたらした財政問題だ。ドイツの景気後退の始まりは、一九二八年のウォール街の強気相場で、その一年後のウォール街大暴落ではない。ドイツは海外からの借款に大きく依存しており、そのほとんどは短期返済で、賠償金の支払いと個人消費の維持に充てられた。驚くべき額の利益がニューヨークで生まれて世界中の資本に吸い込まれたが、ドイツは蚊帳の外だった。

このような状況のなかで、新首相が就任した。

合理的すぎたブリューニング

ハインリヒ・ブリューニングが首相の職にあった一九三〇年春から一九三二年初夏までは、奇しくも世界恐慌の最悪の時期と重なっていた。反対派から「飢餓宰相」と呼ばれたブリューニングは、気むずかしく禁欲的な男で、生涯独身を通し、写真に写る顔のほとんどがまるで葬儀に参列しているような表情で、親しみやすさなどかけらも感じられない。著名な外交史の専門家、ザラ・シュタイナーは、ブリューニングは「細分化や政治問題化が極端に進む時期にはどうしても必要となる、才能とカリスマ性に欠けていた」と記し、ブリューニングを師とした彼女自身の経験から、わかりやすい指摘をつけ加えている。「彼の年齢と戦後の失望感を考慮したとしても、一九四五年以降にハーバード大学でブリューニングの講義を受けた学生は……（中略）……学生の関心を引いて興味をかき立てる力がない人だったと振り返るだろう」。

ブリューニングは前線の機関銃部隊の少尉として従軍し、彼の政治に対する考えは、大部分が戦時に培われた。彼は一九一八年の革命を嫌悪し、革命は敗戦の産物ではなく原因だと見なしていた。また、講和条約も嫌悪し、ドイツの政治家の最大の義務は、講和条約の縛りから抜け出すことだと信じていた。カトリック教徒であり、プロテスタントからはドイツ中央党の愛国心と忠誠心に対して絶え間なく攻撃を受け、折り合いをつけるために、彼はプロテスタントの右派のさらに右を行くナショナリストになろうとした。

彼は、海外の政治家たちとは常に良好な関係を築き、尊敬を集めていた。フランソワ＝ポンセは、ブリューニングは「慎み深く誠実な雰囲気があり、知性的で温和な雰囲気もあって、こちらに自信と共感を持たせてくれる」と記している。冷静な威厳をたたえる彼は、自国を守る実力者と見られていたようだ。「このような男がドイツを治めるのなら、仏独間の問題の解決に当たる価値はあると、誰もがすんなりと信じるに違いない」。

一方、国内の政治家との間にはいろいろと問題があった。経済学博士号を持っているブリューニングは、今日なら政策通と思われただろう。彼は首相として、理路整然とした議論を、まったく理論的ではない、事実や論理にまるで無関心な面々に向かって行おうと常に努力した。

ブリューニングの問題は、彼自身があまりにも理論的で、そういう不合理を理解できなかった点にある。あるとき彼は、ドイツ東部の貧しい農地が広がる地域をめぐる旅に出ることにした。現地で扇動活動を行うナチ党に対抗する政策の一環だった。ブレスラウ〔現ポーランドのヴロツワフ〕では四万人の人だかりができて、そのほとんどが彼の車列に石を投げてきた。ブリューニングにとってこのできごとは、ナチスのような扇動家による「主張や約束が不合理で急進的であればあるほど、大きな成果が得られる」という思いを強めるきっかけにしかならなかった。彼はそれまでに六年間、東部の選挙区から国会に送られていたにもかかわらず、「政治的熟成度という点で東部と西部の間にいかに大きな違いがあるかについては、よくわかっていなかった」のだ。

またあるとき、彼は名うての頑固者、フーゲンベルクに自分の考えをわかってもらおうとした。数時間かけた会談で、ブリューニングは辛抱強く自身の政策を説明した。本人の回想によれば、彼は「人間性、愛情、熱情、それに政治生活における最高の誠実さなど、自分の持てるだけの全てを冒頭から注ぎ込んだ」。そして、ドイツには、ブリューニングが所属するカトリックの保守政党とともにプロテスタントの強い保守政党が必要だと、心を開いてフーゲンベルクに話した。だが、数時間経過した頃、フーゲンベルクは唐突に腕時計を見て立ち上がり、冷淡にこう言った。「これまで以上にはっきりわかりました。それだからこそ、私はあなたや全体制と闘わねばならないのです」。

しかし、ブリューニングはヴァイマル共和国が生んだ数少ない本物の偉大な政治家の一人で、フーゲンベルクやブレスラウの民衆はともかく、反対派も含めた大勢の国民から評価され、尊敬されていた。一九三一年の晩秋、社会民主党のプロイセン州首相、オットー・ブラウンは、もしもブリューニングがプロイセン州首相を兼任してくれるのなら、自分は退任する用意があると提案した。ヒトラーも、一九三〇年に相対したとき、ブリューニングの影響力と生まれ持った威厳を感じていた。のちに、ヒトラーの同僚、グレゴーア・シュトラッサーは、ヒトラーは「ドイツ国首相の風貌とふるまいに気おされ、ブリューニングを嫌うことで彼への劣等感からどうにか解放されていた」と語っている。

一九二九年の夏、シュライヒャーはブリューニングを首相にする計画をすでに開始していた。ヤング案受け入れの法律案を国会で通すのは現首相のヘルマン・ミュラーの方が適任だと考えたので、その通過だけを待つつもりだった。

一九二九年一二月末の夕食の席で、シュライヒャーと大統領府長官のオットー・マイスナーは、ブリューニングに首相就任の計画を持ちかけた。二人は憲法第四八条による大統領緊急令を利用する政権運営について説明した。彼らは、どんなときもヒンデンブルク大統領の署名をあてにできるとブリューニングに約束し、もしも国会が大統領緊急令を否決したら、ヒンデンブルクは解散を許可すると言った。するとブリューニングは、彼らの理屈の欠点を指摘した――解散と選挙のサイクルは、そうそう繰り返せるものではない。別の方法として、たとえば、選挙は行わない予定で国会を解散したりすれば、憲法違反となり、クーデターにつながるかもしれない。シュライヒャーは、法律の専門家も肯定的な意見を述べたとブリューニングに保証したが、ブリューニングがあまり乗り気ではないように思え、いざとなれば自分が首相になるしかないかもしれないと思った。

一九三〇年三月一二日、国会はヤング案を承認した。そのハードルを越えたことで、長年くすぶっていたドイツ人民党と社会民主党の対立、すなわち、失業保険の給付に関するミュラーの連立内閣内のイデオロギーのぶつかり合いが激化した。両者が取った立場は、驚くにはあたらない――ドイツ人民党は給付削減を求め、社会民主党は企業分担金を増やすように求めた。職務に忠実なハインリヒ・ブリューニングは、妥協案を出してなんとかまとめようとしたが、まとまらなければ自分が首相になるのだろうとは理解していた。内閣はブリューニングの妥協案に賛成したが、社会民主党は党員集会でその案を却下して連立から手を引いたため、ミュラー連立内閣は崩壊した。三月三〇日、ヒンデンブルク大統領はブリューニングをヴァイマル共和国第一二代首相に就任宣誓させた。

ドイツでは、新しい内閣ができると「施政方針」を出すのが通例となっていたが、ブリューニングの施政方針を見ると、彼がシュライヒャーが目論む台本におおかた沿っていたのがわかる。ブリューニングは、自分の政権は「どんな連立にも束縛されない」と述べ、政策決定においては国会の意見を無視しないと約束したが、自分の政権は「現在の国会に決着をつける最後の試みとなる」と不気味なことをほのめかした。「不可欠な仕事」の遅れに誰も責任を取ろうとしない――「迅速な行動が求められているのです」。この表現はいわば符号で、国会が協力しなければ、さらに過激で議会主義に反する解決策が採られると暗に示している。

ブリューニングは、経費削減と増税によって予算の安定化を図る法案を適切に提出した。七月一六日、国会はブリューニングの予算案を否決する。ヒンデンブルクが、二つの大統領緊急令を発出して、法案を成立させようとする。七月一八日、国会は大統領緊急令も否決する。そこでヒンデンブルクは、大統領内閣の計画通りに、ブリューニングに解散命令を出した。ブリューニングはその日のうちに「国会議員を家に帰した」。これで、選挙が行われるまでは、ブリューニングの計画を邪魔する国会は開かれない。予算案は、ヒンデンブルクが七月二六日に発出した新たな二つの大統領緊急令によって成立した。選挙が行われるのは、九月一四日だった。

一九三〇年、ナチ党の選挙戦略

一九三〇年の国会議員選挙は、答えとその後に起こる結果が誰にもわからない問題を提起した。ナチ党が健闘したらどうなるのか、という問題だ。

一九二八年の選挙で失敗したナチ党を見ていたドイツ国民は、ナチ党について全体像を描けていなかった。だが、豊富な想像力と予見する力があれば、当時とその後の成功の兆候がすでにあるのがわかったはずだ。一九二八年五月、ナチ党はどこからともなく現れて、オルデンブルク州の地方選挙で七・五パーセントの得票を得た（三年後には、オルデンブルク州議会で最大の党となる）。一九二九年にはテューリンゲン州で一一・三パーセント得票して州政府の連立与党となり、党幹部のヴィルヘルム・フリックが州の内務大臣となった。同じ年、バーデン州でも、ナチ党はどうにか七パーセントの票を獲得する。そして一九三〇年には、ブラウンシュヴァイク州で、ドイツ国家人民党との連立内閣が成立した。

ナチ党は、各地の党組織の指導に当たっていたグレゴーア・シュトラッサーの働きもあり、相当な数の草の根組織による成果を得ていた。また、困窮と不満を募らせていた地方、中流階級のプロテスタント陣営の移り気な有権者、階層主義やエリート主義を強めて過去に執着するドイツ国家人民党への幻滅も、ナチ党に有利に働いた。

一九三〇年六月末、ロカルノ条約に従って、フランスがラインラント県から最後の部隊を引き上げた。ドイツ人は、歴史学者のヘルマン・グラムルが「あらゆる束縛から解き放たれ、自由に国際活動をできるようになったという、完全な思い違い」と表現した状況を祝福した。ラインラント県から撤退するという協定を守ってくれたフランスに、あえて感謝を表明しようという者は一人もいなかった。それどころか、激しいナショナリズムが急激に高まった。フランスに「協力した」とみなした者への暴力的な攻撃も起きた。右派の退役軍人組織、鉄兜団の団長テオドーア・デュスターベルクは、第一次世界大戦後にポーランド領となった西プロイセンとオーバーシュレージエン、およびベルギー領のオイペン＝マルメディ、フランス領のアルザス＝ロレーヌについても返還を迫るように要求した。けれども、極右の活動家がそのようなことを主張するのと、内閣のなかにそうした発言が広まるのとでは、話はまったく違う。かつてはドイツ国家人民党党員で、ブリューニング内閣で被占領地域担当大臣となったゴットフリート・トレフィラヌスは、古い海軍の制服姿でデモに参加し、オイペン＝マルメディや、やはりかつてはドイツ領で国際連盟の管理下にあるザールラントの「兄弟たち」について語った。そしてドイツの東部国境の「癒えない傷」に言及し、「ドイツ国民全体の結束と献身」が必要だと訴えた。

一九三〇年の夏といえば、グスタフ・シュトレーゼマンとアリスティード・ブリアンの協調の時代が残念な結末を迎えた時期でもある。その前年の秋、シュトレーゼマンが亡くなる直前に、ブリアンは国際連盟で「欧州統合」に賛成する演説を行った。ヨーロッパ各国が連合して政治経済の統合を目指すというのが、ブリアンの考えだった。政治家なら当然だが、ブリアンには真意があった。彼の理解では、自身とシュトレーゼマンの間がどれほど友好的であっても、どちらもこの先政治家としてはそう長いわけではなく、遅かれ早かれドイツは領土面積においても人口においても再びフランスの脅威となる。だとすれば、フランスの安全保障にとって最良の戦略は、ドイツをヨーロッパ社会のなかに完全に統合して、その牙を抜いてしまうことだ。

彼は、ヨーロッパが統合すれば経済力、政治力、軍事力がどうにか対等となる、アメリカ合衆国とソヴィエト連邦にも目を向けていた。そして同時に、ブリアンは理想主義的な面も持ち合わせていた。彼は戦後ずっと、西部戦線の恐怖が繰り返されないようにと力を尽くしてきた。シュトレーゼマンと同じく、彼は平穏なヨーロッパを求めたのだ。

ブリアンが自身の考えを実行に移す前に、シュトレーゼマンがこの世を去り、はるかに保守的なブリューニングが首相として内閣に入り、ラインラント県からの撤退をめぐるヒステリックな愛国心によって、フランスとドイツはロカルノ条約の意図から大きく離れていった。それでもフランス政府は、一九三〇年五月、国際連盟に加盟するヨーロッパのすべての国の政府に、ブリアンの考えを示す長ったらしい覚書を提出した。彼の計画は、ヨーロッパ諸国の共通の価値観を固めるための一般的な協定を求めていた。そして、各政府の代表から成るヨーロッパ全体の議会を設置し、国際連盟の理事会のような常設の政治委員会として、日常業務のための事務局も設置する。議会では、まずは経済問題よりも先に政治と安全保障の問題を扱うが、安全保障が強固になれば経済統合も自ずと進むと見込んでいた。長期的な目標は、物と資本の共同市場を作ることだ。「今こそ決断のときだ」と彼は宣言している。「ヨーロッパは、ヨーロッパの運命を自分たちの手中に収めるのだ」。「統合し、存続して繁栄する」のはわれわれの喫緊の課題である。

まさに、決断のときではあった。一九三〇年の夏、ドイツ、フランス、そしてヨーロッパ全体にとって、二つの道が開けた。一つは和平と政治経済の統合へ向かう道で、たとえば、一九五〇年代のようなヨーロッパを目指している。そしてもう一つは、自国第一主義の、自己主張と争いのナショナリズムに向かう道だった。一九三〇年の状況下では、第二の道は、戦争が起きかねない深刻なリスクを伴った。

ブリューニングと外相のユリウス・クルティウス（シュトレーゼマンと同じ党に所属するが、シュトレーゼマンはもういない）は、ためらいなく第二の道を選んだ。

ブリューニングは七月八日の閣議で、ブリアンの意図は「現在のヨーロッパの状況を固定化させすぎる」と述べた――現在は、一時的にフランスがドイツよりも優位に立っているだけだと言いたかったのだ。現在の状況は、一方的に国境線を引き、賠償を押しつけたヴェルサイユ条約に強い反感を持つブリューニングには、けっして受け入れられなかった。フランスの提案に対しては、ドイツは「公正かつ永続的な秩序をヨーロッパにもたらすための前提条件」を設定せねばならず、その秩序のなかでドイツは充分な当然たる生存圏を持たねばならない、と回答するとブリューニングは言った。クルティウスも賛成し、フランスに対するドイツ政府の回答は、ブリアン計画の最高級の葬式になると閣僚たちに告げた。その回答は七月一五日にパリに届いた。ヨーロッパの大多数の国は、ブリアンの考えに非常に前向きな反応を示したが、イギリスはドイツを事実上援護した。自らの帝国と広範な世界情勢の方が大切なイギリス政府は、欧州統合というブリアンの構想には、ドイツと同じように乗り気ではなかった。

そうしてヨーロッパは、まったく異なる未来に向かって、おぼつかない足取りで進んでいった。ナショナリズムの急激な高まりと地方選挙におけるナチ党の成功は、ブリューニングにとっても、状況が落ち着くまでは国会議員選挙を延期すべきだという強い警告となった。けれども、ブリューニングは一九三〇年秋の選挙に突き進み、その件で以後ずっと批判されることになる。ブリューニングの忠実な支持者の一人、ハンス・ルターは、自身もかつて首相を務め、一九三〇年には中央銀行の頭取になっていたが、選挙の結果がどうころぶかを考えていなかったブリューニングは、ふたを開けてみて初めて「雷に打たれた」、とのちに断言している。ブリューニング自身は一九四四年に、ナチ党はもっとよい結果を出すものと思ったと記している──だが彼は、当時の自分の洞察を実際よりも深く見せようとして、後からそう書いたのかもしれない。一九七〇年に彼が亡くなってから出版された回顧録には、世界恐慌は収束までに四年かかると思われ、強硬手段をとる指令が必要だったと記されている。

ブリューニングの戦略をともに企てたシュライヒャーも、無頓着だった。ナチ党を、脅威とはいえ、せいぜい右派の敵である社会民主党と同程度にしか見ていなかった。数年後、彼はヴィンツェンツ・ミュラーに自身の考えを説明している。「ヒトラーに対する私の戦術は、一九一八年から一九年の陸軍最高司令部による対革命戦術と基本的に同じだった」。一九一八年の戦術とは、「社会民主党を政権に就けて過激派と戦わせ、混乱を防ぐ」というものだ。違いは、社会民主党と違って、ナチ党はナショナリズムで軍国主義という点だ。シュライヒャーの立場からすれば、その違いは大きなプラスだった。軍人であった経験から、彼はナチ党の突撃隊に目をつけていた。「私は確信しているんだ」と彼はミュラーに語った。「特に突撃隊にはよい面がいろいろとね。陸軍も予備軍にしようと興味を示すはずだよ」。シュライヒャーにとって、ナチ党の選挙における躍進は歓迎すべきもので、恐れるものではなかった。

それから二年半、ドイツの政治は、自身の戦略を実行しようとするシュライヒャーを中心に展開した。「ナチ党を国政に参加させる」戦略だ。シュライヒャーが思うには、ドイツをより権威主義的な国として立て直す、権威主義国家でも必要となるはずの大規模な支持基盤を形成する、という作戦を実行するには、ヒトラーとナチ党は理想的な歩兵になりそうだった。だが、それには微妙な調整が必要だ。シュライヒャーは、ナチ党に本物の力を持たせたいと考えるほど愚かではなかった。彼の戦略は常に二本立てだ――ナチ党が提案に乗る場合のナチ党利用の道を探り、提案に乗らない場合にナチ党と戦う準備もする。巧妙にしかけたゲームで、まさか自分の方が出し抜かれるとは夢にも思っていなかった。

4

飢餓宰相と世界恐慌

ベルリン北部にある、貧しく陰気な地区の夜は暗い。ヴィルケ通りとシェーンホルツ通りの角にほど近い、労働者階級が多く暮らすライニッケンドルフ東地区には、街灯がほとんどなかった。ここは俗に「ズィーベンブリュッケン」とも呼ばれる区域で、ベルリン北部線を越える陸橋が暗がりのなかでどうにか判別できる。西の方には鉄柵が見えて、そこにフェルゼネック共同体の農園と住まいの小屋があるとわかる――住人のほとんどは職がなく、極貧生活をしていて、共産党の機関紙『赤旗』によれば「オートメーション化の波と世界恐慌のあおりを受けて職場から追い出された人々」だった。

　ヨハン・バーヌーシャーは義理の妹と一緒に、急ぎ足でヴィルケ通りを歩いていた。夜の静けさに二人の足音が響く。フェルゼネック共同体の家の前にたどり着くと、突然、八人から一〇人ほどの物騒な男の集団が行く手を阻んだ。男たちは普通の服を着ていたが、それは制服の着用を禁じられていたからで、間違いなくナチ突撃隊員だった。彼らは、バーヌーシャーを取り囲んだ。一人が言う。「こいつだ、今すぐ捕まえるぞ」。別の一人が言う。「こいつは、共産主義者《コミー》だ。ここに住んでいやがる――こいつだ」。三人目が言う。「証拠を確認したか?」。突撃隊のリーダー、ヘルマン・シューアが尋ねる。「お前はクレムケか?」。誰かがバーヌーシャーのコートをはぎ取り、期待通りにコーデュロイのズボンをはいているかどうかを見た。隊員たちはみなベルトをはずし、武器にしようと構えた。だが、バーヌーシャーは身元を証明できた。危険な瞬間は、訪れたときと同じように突然去った。「行くぞ、さあ」。シューアが隊員たちに命じた。

ヨハン・バーヌーシャーと似たような背格好と身なりで、軽薄な感じの若者、フリッツ・クレムケは、その一〇日前にライニッケンドルフの職業安定所で数名の突撃隊員と乱闘騒ぎを起こしていた。また、共産主義者とナチは、バーヌーシャーが襲われそうになった前日にも近くのヴィンター通りでやりあっていて、これについては、今後刑事責任が問われることになっていた。ナチ党は報復に出ようとしていた。一九三二年、一月一六日の夜明け前のことだ。

二日後、連中は舞い戻ってきた。

一月一八日の晩、ヴァイトマンスルスト地区にあるベルクシュロスという料理屋で、ベルリン北部の突撃隊の部隊がいくつか集まって交流会を開いた。総勢、二〇〇人ほどだ。会合が終わりに近づいたころ、指揮官のヴェルナー・シュルツェが立ち上がって部下たちに言った。「今夜はもう一つ、ちょっとばかり片づけることがある」。彼は、フェルゼネックへ直行しろと命じた。「共産主義者に出くわしたら、誰でもいいから殺っちまってずらかれ」。

フェルゼネックは、ライニッケンドルフ地区にある二三六の共同体の一つだ。いつもなら、こうした共同体は市民に小さな空き地を提供し、市民は日曜日の午後の余暇としてバラの手入れをしたりする。けれども、一九三二年の一月は、いつもとは違った。職にあぶれた人々がここに住みつき、木造の、あるいは紙で作られた掘っ立て小屋で震えながら冬をすごしていた。

驚いたことに、シュルツェ率いる突撃隊員は、護衛警官とともにフェルゼネックに向かった。そしてさらに驚いたことに、突撃隊が共同体のそばまで来ると、警官の姿はなくなり、隊員たちは「火線」という攻撃のフォーメーションを取った。

突撃隊は、今度こそ探していた男を見つけた。のちに目撃者として状況を説明する当時一八歳の突撃隊員、ハインリヒ・ヴィルヴォックによれば、数人の突撃隊員が金属棒でフリッツ・クレムケを殴って地面に倒した。そこへ、眼鏡をかけた背の高い男がふいに現れ、コートの襟を立てて顔を隠したまま、メンバーを下がらせた。男はピストルを取り出し、意識のないクレムケを背中から撃った。弾丸に心臓を貫かれたクレムケは、即死した。

突撃隊の側も、無傷で逃げおおせたわけではなかった。共同体のそばの暗い路上で戦いが続き、共産党組織・反ファシズム闘争同盟の誰かが、エルンスト・シュヴァルツという隊員を刺殺した。シュヴァルツは五八歳で――突撃隊員にしてはかなり歳をとっているが――絵を教えて生計を立てていた。

この一九三二年の冬、ドイツでは世界恐慌の影響が最も深刻になっていた。経済危機のなか、どんな政治が行われたのだろうか。

一九三〇年九月一五日の未明、ヒトラーはミュンヘンのビュルガーブロイケラーを再訪した。およそ七年前、彼がヴァイマル共和国に対するクーデター〔「ビヤホールプッチ」一〇一ページ注参照〕を企てたのが、この場所だ。だがその日は、その同じ場所でナチ党の開票ナイトパーティーが騒々しく開かれていた。選挙結果が入り始めたのは前日の午後一〇時で、夜中には、自分たちが圧倒的な勝利を収めたのがわかった。日付が変わったころ、ヒトラーが同胞たちに演説するために到着した。

彼は慎重に言葉を選んだ。勝利を喜びたい気持ちはあったが、粗暴な突撃隊員たちがこのときとばかりに暴力に走りかねないのもわかっている。今ここで暴力による違法行為が起きることは、望んでいない。彼はこう主張した。ナチ党は「完全に合法的な方法で」ゴールに到達する。しかし、他党がナチの結束を「壊し」にかかろうとするのならば、ナチ党の諸君は「リーダーシップを重んじ、一人の人間のように全員一致」せねばならない。

ヒトラーの言葉には紛れもなく警告が含まれていたが、自信に満ちてもいた。「時代がわれわれの味方をしている」、彼は支持者にそう語りかけた。「ついにわれわれが力を持つときが訪れるのだ」。

ナチ党員ですら、これほどうまくいくとは考えていなかった。まもなくナチ党の海外新聞局長となるエルンスト・ハンフシュテングルは、ヒトラーは国会《ライヒスターク》で四〇議席取れれば満足だと語ったと主張している。また、ルドルフ・ヘスによれば、ヒトラーは六〇から七〇議席取れると思っていたようだ。だが、ふたを開けてみれば、一〇七議席獲得、得票率一八・三パーセントで、一九二八年の選挙の一二議席、二・六パーセントから大きく躍進した。過去六〇年間のドイツの国会議員選挙で、これほど速く大きくのびた政党はなかった。一方、ナチ党の躍進によって大きな犠牲を払ったのが、中流階級のプロテスタント政党──悲惨な結果に終わった一九二八年の選挙から得票率がさらに半減したフーゲンベルク率いるドイツ国家人民党、シュトレーゼマン亡き後のドイツ人民党、かつてはドイツ民主党と名乗っていたやや右寄りで低迷気味のドイツ国家党などだ。

リベラル勢力にとっても、甚だしく憂鬱なのは同じだった。リベラル派の貴族、ハリー・ケスラー伯爵は、「ドイツにとって暗い一日なり」と述べている。「外国の受ける印象は驚愕に満ちたものに違いないし」、その「外交や財政面での跳ね返りはひどいものになるだろう」。国会の五七七議席のうち、一〇七がナチ党、四九が「フーゲンベルク派」（フーゲンベルクに従う国家人民党員）、七〇以上が共産党で、「今日のドイツの政治形態をラディカルに否定する代議士が二二〇人ほどもいる」ことになる。この状況は、ドイツが国家の危機を迎えたことを意味し、この危機を乗り切るには「共和国を肯定する勢力、あるいは肯定しないまでも許容する勢力」を結集するしかない、と彼は記した。しかし他方で、ケスラーは、「ドイツの選挙民にとって悪い成績証明ではない」とも考えていた。成功したのは毅然としたイデオロギーを持つ政党――ナチ党、共産党、中央党――であり、経済の利益を代表するだけの政党ではない。けれども、日記作家で小説家でもあるテア・シュテルンハイムは、「ユダヤ人の血を引く人の多くは、たいへん混乱している」と考え、ベルリンのジャーナリスト、ベラ・フロムは、すでに国を離れることを検討していた。また、イギリス大使のホレス・ランボルド卿は、プロイセン州の高官と話をした折、ナチ党はソヴィエトから選挙資金を得ていたのではないかと聞かされた。

多くのリベラル派にとって、民主主義の存続の可能性に疑問符がつく選挙結果だった。このような選択をする有権者に対して、民主主義はどうすれば機能するのか？「恐ろしいことだ」とリベラルな『ベルリーナー・ターゲブラット』紙は書いた。「この高度な文明国で、六四〇万の有権者が、最も粗野で不誠実で下品ないかさま」を支持するとは。また、ドイツ国家党は報道発表でこう嘆いた。「急進主義が良識を破ったのです」。とはいえ国家党は、ドイツの有権者が「混乱を抜け出す道を見つけ、建設的な中道に戻る」ことを期待していた。

ベラ・フロムの記録によれば、一〇月に新たな国会が開くと、ナチ党はベルリンにあるユダヤ人経営の店や会社を次々と破壊して祝った。党の幹部たちは「わけのわからない説明」で、共産党の「挑発」への対応だとして党員の暴力を擁護した。そのような弁護は「あまりにも恥知らず」だと彼女は考えたが、「それ以上にがっかりしたのは、褐色（ナチ党のシンボルカラー）の無法者たちに『挑発』について手がかりを与えた保守系新聞が、ごく控え目にしか反応しなかったこと」だった。

気をもんでいたのは、ドイツのリベラル派だけではない。選挙結果によって金融不安が生じ、心配した海外投資家がドイツの銀行から預金を引き揚げた。一ヵ月で、八億ライヒスマルク（一九三〇年の為替レートで約一億九〇〇〇万ドル、現在のレートで約二八億ドル）の外国資本がドイツから消え去った。海外市場におけるドイツの有価証券の価値も急落し、中央銀行が所有する金準備が半減して、金利を五パーセントに上げざるを得なくなった（当時、ニューヨークでは二パーセント、ロンドンでは三パーセント）。物価が下落していたため、実際の借入費用は最大一二パーセントとなる――経済がすでに低迷している状況でそうなれば、大惨事となる。ドイツ経済は深い危機に陥った。

フランスでも、アリスティード・ブリアンが、自身とシュトレーゼマンで成し遂げようとしたことが破壊されるのを見ていた。ヒトラー成功の知らせに対する彼の反応は、一年前にシュトレーゼマンが亡くなったときの反応とよく似ていたが、今度は自分を「ナチ党の最初の犠牲者」と呼んだ。

なぜナチ党はこんなにもうまくやれたのか？　彼らは有権者に何を言ったのか？　そして有権者は、彼らの言葉に何を見ていたのか？

ナチ党の二五ヵ条

ナチ党の運動を理解するには、なんといっても政治の基本事実を知らなければならない。ナチ党は、政治家集団なのだから。他国の独裁者も含め、あらゆる政治家と同じように、ナチ党は利用しやすい政治の隙間に入り込み、自分たちが引き寄せた支持者に合うように党の綱領を考案した。つまり、ナチ党のイデオロギーと目標は意図的にあいまいにしてあり、常に変化し続けた。ヒトラーは一九二〇年に党の「二五ヵ条」綱領を華々しく公表し、永久に不変の綱領だときっぱりと宣言した。だが、やがて綱領を無視し、権力の座についてからは綱領とはほとんど結びつかないことを実行していく。

とはいうものの、初期段階のナチズムの吸引力を理解するには、二五ヵ条綱領は重要だ。綱領にはナショナリストの常とう句が含まれ、党は「民族自決権」に基づき「すべてのドイツ人の大ドイツ国への統合」を要求するという。それは、オーストリアとチェコスロヴァキアのズデーテン地方を統一し、ポーランド、フランス、ベルギーに与えられた「失われた」領土を取り返すことを意味した。そして、ヴェルサイユ条約とサン＝ジェルマン条約を破棄し（後者は連合国側とオーストリアの間で結ばれた平和条約）、同じく勝者による講和条約で取り上げられた、ドイツの植民地を取り返すことも求めていた。

また、反資本主義、反エリート主義、社会福祉の拡充など、方向性の異なる主張は、初期のナチ党のイデオロギーの中核だ。戦時利得の完全没収に努めるとともに、社会化された企業と百貨店の国営化、大企業の利益配分、「養老制度の大規模な拡充」、貧困層の子どもの教育機会の拡充（国が厳重にコントロールするカリキュラムと一体で）、「体操・スポーツの義務を法律で定め」、「青少年の肉体訓練に従事する諸団体全部に対する援助」を求めている。

貧しい人々の福祉に関する問題は、国家公民ではないと定義された人々への嫌悪という、綱領の第三の主要テーマのなかにするりと滑り込ませてある。第七条は「国家が国家公民の営業および生活の可能性を、第一義的に保護することを要求する。国家の全人口の食糧を充たすことが不可能な場合は、他の諸国民に属する者（非国家公民）はドイツ国から追放されるべきである」としている。また第八条は第七条の内容を引き継いで、さらに移民への嫌悪を明白にし、国外退去を求めている。「非ドイツ人の入国来往は、すべて禁じられなければならない。一九一四年八月二日以降ドイツに来往したすべての非ドイツ人は、これを直ちにドイツ国から強制退去せしめることを要求する」。

ナチ党がやり玉に挙げているのは、主にユダヤ人の移民だ。第一次世界大戦後、八万人ほどのユダヤ人が、主として旧ロシア帝国からドイツに逃れてきた。難民の流入は一九二二年には収まったが、ヴァイマル共和国は東側国境を確実に管理できたためしがなく、それが重大な政治問題としてついて回った。「東方ユダヤ人」と呼ばれた彼らは、長年住みついてドイツに同化しているユダヤ人とは文化的に大きな違いがあった。一九二三年には『ベデカー　ベルリン案内』[*1]にも、慎重かつ遠回しな表現で彼らの存在が記されている。「宮廷の輝きは失われてしまい」とガイドブックは嘆き、「主に東ヨーロッパから、大量の外国人が流入していることが容易にわかる」と語る。難民の流入によって、戦争と革命の苦しみからすでに深刻になっていた反ユダヤ主義が激化した。

したがって、反ユダヤ主義がナチ党の綱領に顕著に表れているのも、驚くにはあたらない。第四条には、人種差別主義者の理屈が明確に表れている。

「民族同胞たる者に限り国家公民たることができる。信仰のいかんを問わず、ドイツ人の血統をもつ者に限り、民族同胞たることができる。したがって、ユダヤ人は民族同胞たることを得ない」

ナチ党にとって、ユダヤ人であることと宗教はほとんど関係がなかった。ユダヤ人だと定義されれば、たとえ改宗してもその定義は覆らない。ドイツのユダヤ人は、どれほど長くドイツで暮らしてきた家系であろうと、どれほどドイツに同化していようと、キリスト教に改宗しようと、第一次世界大戦に従軍して塹壕で血を流そうと、ナチ党のドイツ帝国の国民にはなれなかった。その公式見解は、綱領でさらに説明される。第五条には「国家公民に非《あら》ざる者は、単

＊1【『ベデカー　ベルリン案内』】ドイツ、カール・ベデカー社発行の旅行案内書。

に客人としてのみ、ドイツ国内に生活し得るに過ぎず、外国人関係法規を適用されねばならない」と記されている。また、すべての国家公民は「平等の権利および義務を持たねばならない」としているが、いうまでもなく、この平等が効力を生じるのは、ナチ党がふさわしくないと考える人々を国から排除した後だ。実際には、権力を握った彼らは、平等な権利を享受できない人のカテゴリーをいくつかつけ加える。反対派、肉体又は精神にハンディキャップのある人、常習犯、エホバの証人、シンティ・ロマ、そしてゲイの男性だ。

どの条項が一番長く、他の条項の数倍にもなっているかはあまりにも明らかだ。第二三条では、ヒトラーの反ユダヤ主義と、メディアや扇動への執着が一体化する。

【第二三条】

我々は、新聞による、故意の政治的虚報およびその流布に対する法律闘争を要求する。我々はドイツ的新聞の創始を可能ならしめるため、次のことを要求する――。

(a) ドイツ語で発行される新聞の編集人とその協働者はすべて、民族同胞でなければならないこと。

(b) 非ドイツ的な新聞は、その発行について、国家の明確な認可を受けねばならないこと。この種の新聞にはドイツ語を用いる印刷は許されないこと。

（c）非ドイツ人がドイツ的新聞に対して金融的関係をもち、或《あ》いは金融的影響力をもつことを法律によって禁止すること。

これに違反するときは、かかる新聞社の閉鎖と、これに関係した非ドイツ人の即時国外追放とをもって罰すること。

公共の福祉と矛盾するがごとき新聞は禁止すること。我々は、国民生活に対して壊滅的影響を与えるがごとき芸術・文学的傾向に対する法律闘争と、上記の諸要求と矛盾する諸施設の閉鎖とを要求する。

ナチ党支配下の第三帝国では、自由に報道できる新聞はなくなる。政権に対する異議はすべて「非ドイツ人」の活動と同一視され、「公共の福祉」に矛盾するとみなされるのは明らかだ。この綱領は幅広い領域を扱っていて、なかには不透明で突飛なものもある（たとえば第一九条は、ローマ法を排するとしているが、大半のドイツ人にとって差し迫った関心事とはいい難い）。政治組織の主張や約束と、有権者の反応は別の問題だ。ドイツの有権者の心に響いたのは、どの条項だったのか？

ここで、どの社会集団がナチ党に投票する可能性が高かったかを思い起こすことが重要だ。一九三〇年にはパターンはかなりでき上っていた。これまで述べたように、ナチ党は中流階級のプロテスタント陣営を取り込んだ。カトリック陣営にもほんの少しだけ食い込み、社会主義陣営にはさらに少し食い込んだものの、なんといってもプロテスタントの人々からの支持がはるかに多かった。つまりナチ党に投票する有権者は、北部や東部をはじめとする地方のプロテスタントと、都市部の中流階級のプロテスタントだった。カトリック教徒や労働者は、大部分がそれぞれの従来の陣営内にとどまっていた。

ドイツのプロテスタント

ドイツのプロテスタントには、神学的にも政治的にもヴァイマル共和国を嫌う理由があった。彼らは、人間の本質を悲観的にとらえがちで、人間の罪深さを正す力を持てるのは権威主義国家だけだと思っていた。権威主義国家は神が用いる道具なので、政府転覆や革命は、神に対する謀反となる。プロイセン王国の国王は一九一八年まで、一八一七年にルター派教会と改革派教会を一つにして設立した主流派のプロテスタント教会、古プロイセン合同福音主義教会も統治していた。そして、一五一七年にドイツの司祭、マルティン・ルターがローマ・カトリック教会に対して立ち上がって以来、ドイツのプロテスタントは当然のように強力なナショナリズムの立場をとってきた。「教会は政治的に中立です」と、オットー・ディベリウス牧師（のちに監督）は話した。そして、明らかな矛盾を承知のうえで、こうも言った。「けれども、教会はドイツ国家人民党に投票します」。

ヴァイマル共和国は、プロテスタントが嫌うあらゆるものを一緒くたにしてしまった。一九一八年までは、強い君主制が道徳的な社会生活の保障人として、また政治の上位にある国の機構として機能するところをプロテスタントは見ていた。ところがヴァイマル共和国では、政党が権力を握る、宗教色のない民主的な国家に身をゆだねることになった――すなわち、数々の妥協や買収をひっくるめた政治が国民生活を支配し、かつての道徳による確実性は消え去ってしまった。しかも、この新しい国家は革命の産物であり、リベラル派と社会主義者が考案した憲法を擁し、国政に欠かせない政党は（カトリックの）中央党だ。票の獲得数とイデオロギー的に中立であることから、ヴァイマル共和制ではどの連立政権でも中央党はなくてはならない存在で、一九三二年までプロイセン州においても国家レベルにおいても必ず内閣の一員となってきた。プロテスタントはカトリックが政界で成功していることに嫉妬し、腹を立てた。したがって、グスタフ・シュトレーゼマンなどは、さまざまな保守派やリベラル派の政党を内閣に組み込んでプロテスタントの代弁者とし、バランスを取ろうとした。ドイツのプロテスタントの考え方からすれば、戦争の終わらせ方も、終戦に伴って起きた革命も、国家への反逆に見えるのは仕方がない。あるプロテスタントの宣教師が言うには、社会民主党は「不必要で信じられないほど愚かな革命を起こしただけでなく、党を権力の座につけたいがために国を裏切った」のだ。

新しい共和国は近代的で宗教色がなく、都会的で物質主義――どの点を取ってもプロテスタントには不愉快だ。「物質主義の啓蒙と民主主義の同盟は、通常、文明人の衰退を示す典型的な兆候である」。あるプロテスタントの神学者は、一九二五年にそう述べている。だが、ヴァイマル共和国はカトリックに偏っていただけでなく、ユダヤ人にも偏っていた。ナショナリストの右派がつねに力説するのも、一九一九年に中心となって憲法を起草したのはユダヤ人の法律学者、フーゴ・プロイスだったという点だ。戦後にベルリンで広まった詩にも、ドイツ人はもはや「ユダヤ人の奴隷にすぎない」と主張するくだりがあった。オットー・ディベリウスは、自分はいつだって反ユダヤ主義だったと誇り、「現代文明の腐敗の兆候のいたるところでユダヤ人が主役となっているのは、誰の目にも明らかです」と述べている。すでに述べたが、「ユダヤ人問題」は、ナショナリズムと民主主義に対するドイツ人の姿勢を表す究極の記号となっていた。

見下げ果てた共和国に立ち向かうプロテスタントは、抵抗の戦略を考え出した。ドイツ福音主義教会連盟（国民教会）を設立して、プロテスタントのコミュニティーを築き、プロテスタントを結集して二〇世紀型の大衆政治を目指すという戦略だ。ドイツ福音主義教会連盟は、神が存在しなくなった国で、プロテスタントのキリスト教徒とドイツの価値観（プロテスタントから見れば、その二つは同一のもの）を守る手段の一つとなる。多くのプロテスタントにとってこのような考えと、ナチ党が目指す挙国一致を指す言葉「民族共同体」はとても近かった。

オスナブリュック出身の牧師で、著名な神学者カール・バルトの友人でもあるリヒャルト・

カルヴェールは、ヴァイマル共和国時代のプロテスタントの考え方がよくわかる例を挙げている。カルヴェールは反ナチ党でナチ党のイデオロギーを鋭く批判していたが、一方でヴァイマル共和国の賛同者でもなく、なぜナチ党がプロテスタントに気に入られるのかを理解できた。彼の考えによれば、プロテスタントはナチ党とならば「言葉の真の意味通りの国民教会」を設立できると思った。プロテスタントの立場では、神は個々のドイツ人を「わが国民」として「わが祖国」の地に置かれた。そしてナチ党は、個人はコミュニティーに属するということを再発見した。それに対し、共和国はすべてが「個人主義的合理主義で、現実とかけ離れて」おり、「知識だけを持つ個人が連結せずに動いている」。ナチ党の「運動」には、「不自然なもの、腐敗が明らかに見えるもの、そして近代文化の衰退」に対する「基本的な怒り」があると彼は述べた。

カルヴェールがナチ党のどこを気に入らなかったか――主として人種差別主義だが――に焦点を当てると、ドイツのプロテスタントは反ナチ党にもなり得たのがわかる。というのも、プロテスタントが信じるのは民主主義、許容、多元主義ではなく、ナチ党の独裁主義とは相いれない別の絶対的イデオロギーだからだ。このことは、ナチ党に対抗するプロテスタントを考えるうえで重要な要素となる。数年後にナチ党政権下の「人民法廷」で反逆罪の罪に問われた、プロテスタントの抵抗運動家、ヘルムート・ヤーメス・フォン・モルトケ伯爵は、判事のローラント・フライスラーから「キリスト教と国民社会主義〔ナチズム〕には一つ共通点があります、フォン・モルトケ伯爵、ただ一つだけですが、どちらも完全な忠誠を求めています」と言われ、心から同意した。第二次世界大戦後、牧師であり抵抗運動の英雄でもあったマルティン・ニーメラーは、キリストは「世界のために全体主義体制を求められた」と語っている。カルヴェールは、ナチズムはリベラリズムに打ち勝つことはできない、なぜならその二つのイデオロギーは根本的によく似ているからだ、と考えていた。ナチズムは、リベラリズムの「個人の傲慢」を「人種の傲慢」に置き換えようとしているにすぎない。どちらのイデオロギーも神を第一には考えず、その点が両者とプロテスタントとの決定的な違いなのだ。

とはというものの、間違いなく多くの（最終的にはほとんどの）プロテスタントが、カルヴェール以上にナチ党に近づいた。一九三一年に開かれたルター派の内国伝道集会では、発言者が次から次へとナチ党について熱弁をふるい、拍手喝采を浴びた。同席していたナチ党のアドバイザーは、出席者に向かってこう話す。ナチ党は宗教の問題に対する「姿勢をまだ決めかねて」いるが、「中心となるのはキリストであり、キリストの民であり、言葉であり、労働であり……（中略）……どっちつかずはやめようではないか！　ボリシェヴィズム主義と闘い続けよう！　福音主義教会は〔ドイツにおける福音主義の教派はルター派と改革派に分かれる〕本質においても歴史においても、ドイツ精神の最も近くにいるのです！」。

ヴァイマル民主主義に対するプロテスタントの敵意は、共和制の運命を握ることになる。ただし、カトリック教会も、共和制をさほど気に入っていたわけではない。ドイツのカトリック教徒のなかには右派もナショナリストも大勢いて、カトリックの権威主義体制を敷くヨーロッパの他国――イタリア、スペイン、あるいはシャルル・モーラスが主宰するフランスの王党派組織「アクション・フランセーズ」など――と同様の考えを持っていた。とはいえ、ドイツのカトリックにはよりどころとする政党、中央党があり、中央党は共和制に関与する組織であったため、反民主主義のカトリック教徒の脅威はそれほどでもなかった。同じように、労働階級のプロテスタントにも社会民主党という政治のよりどころがあり、失業中の労働者であれば共産党という選択肢もあった（その場合は、教会を去ったかもしれないが）。けれども、ヴァイマル時代の中流階級のプロテスタントや地方在住のプロテスタントは、よりどころとする政党がない政治的ホームレスだった――ホームを探していたのだ。ドイツ福音主義教会連盟（国民教会）の裏側にある大衆の結集という考えは、新手の政治組織とぴったりと合い、政治的にホームレスだったプロテスタントはやがてナチ党に行き着いた。

第一次世界大戦によって永久に変わってしまったのは、多くの庶民が「名士」と言われる政界のエリートたちに向ける態度だ。戦前のドイツでは、「名士」とは貴族や男性の上位中流階級の緊密な関係のエリート層だった。ところが、戦争が、庶民向けで平等主義のナショナリズムをもたらした。かつての名士たちは国に惨事をもたらしたのだ。もはや、君主をはじめ、戦前のエリートを再び求めるドイツ人はほとんどいない。戦争が終わった日、保守系の『十字新聞』は、「皇帝と祖国のため神とともに進まん」と掲げていたモットーを、「ドイツ国民のため」と書き換えた。ヴァイマル共和制では、あらゆる場所に庶民がいた。

ヴァイマル共和制の中流階級が、社会問題に取り組む平等主義でありながらナショナリズムでもある政治を求めていた証拠はたくさんある。国家人民党からナチ党へ投票先を変えたある有権者は、前の政党には「国民への正しい姿勢――助けようという意欲」が見られなかったと説明した。ポピュリスムの政治運動は、ほぼどんな場合も、社会改革とナショナリズムを結びつける。

おそらく中流階級の人々は、社会民主党の政策にも自分たちが求めるものを見いだせたはずだ。けれども、ヴァイマル共和制のドイツでは、中流階級と労働者階級を区別する線がくっきりと引かれていた。中流階級の人々は社会改革と社会福祉を求めたかもしれないが、ロシアのボリシェヴィキ革命が社会主義の行き先を示す恐ろしい警告となったうえ、中流階級には自分が労働者の一員だと思いたい人は誰もいなかった。そのような中流階級はけっして社会民主党には票を入れず、共産党にも絶対に入れない。いずれにしても、ほとんどの中流階級は、シュライヒャーと同じように、社会民主党はナショナリズムとはかけ離れていると感じていた。この点でも、ドイツはヨーロッパのパターンを踏襲している。ヨーロッパ諸国のなかでファシズムが台頭したのは、民主主義が進み、左派の社会主義が中流階級を脅かすほど成功している国に限られていた。ファシズムとは、左派を強く恐れる人々による、左派に対する防御反応だといえる。

くっきりとした線引きがあったのは、宗教も同じだった。中央党やその姉妹組織であるバイエルン人民党に投票するプロテスタントは、一人もいなかった。プロテスタントの政治のホームは、プロテスタントが投票する陣営になければならない。それは、一九二〇年代の初めはドイツ国家人民党で、同党は一九二四年には規模では二番目の政党に成長していた。けれどもドイツ国家人民党は、階層的すぎるうえにかつてのエリート層や大企業と結びつき、長きにわたってポピュリストの票を獲得してきた。一九二〇年代後半には、すでに述べたように、中流階級プロテスタントの有権者は地方の抵抗運動、あるいは中小企業党などの経済事情を背景とする小規模政党に移行していった。しかし、そうした小規模政党は、実際に国政レベルで変化を起こす力とはならなかった。

ナチ党は、幹部の大半が質素な生まれ育ちで、自分たちが考える社会の課題について強く主張した。彼らはまさに、特定の利益を求める集団に向かって宣伝活動を行った。たとえば二五ヵ条の綱領は、特に農家や小規模店の店主への支持を示したものだ。けれども、ナチ党はそうした訴えを、「一九一四年伝説」を拝借して最終的には党是にまでした構想、「民族共同体」の話で覆った。ナチ党は、国民のすべてに居場所があり、国民のすべてが平等で豊かであるドイツを建設すると約束した――国民すべてとは、多めに見積もっても、ユダヤ人でも悔い改めないマルクス主義者でもない人たち、という意味だ。

グローバリゼーションへの抵抗

ナチ党のナショナリズムについては、詳しく吟味する必要がある。グローバリゼーションという言葉は一九二〇年代や一九三〇年代には誰も使っていなかったが、大衆はその実態をすでによく知っていた。

何といっても、ナチ党とはナショナリストによるグローバリゼーションへの抵抗運動だった。ヒトラーが記した一説は、今読んでも驚きだ。まるで、現在へ一足飛びに移動するような気がする。

「ドイツの金融団体や造船所が、いわゆる造船所の支社を上海に設置し、そこで中国人労働者を使い、外国産の鉄鋼を原材料として、中国のために造船をしても、ドイツ国民にとっては何の利益もない」。ドイツの企業はそれで儲かるかもしれないが、ドイツ国民は「注文が失われた結果として、その儲けの何倍もの額を奪われてしまう」。資本家の利益によって経済と政治が決定される傾向が進むと、このような海外拠点の設置も進み、ドイツの職業は海外へ出ていく。「今のところは、こうした将来の進展について微笑ましく思う者が多い」ようだが、「三〇年もすれば、ヨーロッパはその結末を嘆くことになるだろう」。

ヒトラーがこのような文章を、自身が刊行を禁じた『わが闘争』の続編として記したのは一九二八年のことだ。彼は、ヴァイマル共和国にとって最も大切な問題に触れていたことになる。

一九二〇年代末期の政治動員、とりわけ、将来的にはナチ党の基盤となるプロテスタントの動員は、世界の経済と金融システムにおけるドイツの脆弱性が基本にあった。ラントフォルク運動による抵抗も、貿易協定に対する怒りがそもそもの始まりだ。カナダ、アメリカ、アルゼンチンといった新たな巨大供給源の登場で世界の食料品価格が下落しているまさにそのときに、貿易協定によって輸入食品の関税が下げられた。ヒトラーが飛躍的に社会的地位を得たのは、ヤング案に対するアルフレート・フーゲンベルクのキャンペーンに乗ったからだ。フーゲンベルクは「自由法」の制定を主張し、賠償金の支払いに参画する閣僚に懲罰を科そうとした。

さまざまな意味でヴァイマル共和制のドイツは、ドイツ人にはどうにもできない国際的な力の犠牲になった。イギリスおよびアメリカの富と力が、自由貿易とグローバルスタンダードに基づく世界経済の体制をつくり上げていた。第一次世界大戦に勝利し、戦後も世界を規定し続けていたのは両国の富と力であり、ドイツはその世界のなかで営みを行うしかない。ハインリヒ・ブリューニング政権で外務副大臣を務めたベルンハルト・フォン・ビューローは、こう話した。「フランスと手を組んだアングロサクソン人たちは、地球上の『下等な』国民の支配者となりたがり、ドイツ人を自分たちに服従させたがっている」。

世界経済と絶縁したいと考えるドイツ人は、特に国際金本位制に象徴されるものをやり玉に挙げることが多かった――ナチ党の活動家、グレゴーア・シュトラッサーが「悪魔の金」と呼んだ通貨制度だ。

ごく簡単にいえば、金本位制とは、同価値の「金」による裏づけのある通貨のみを発行し、いつ何時でも定められた量の金を現金と交換できる準備をしておかねばならないと国の中央銀行に求める制度だ。金本位制を採用する国はすべて――第一次世界大戦前は、大多数の国――通貨と金の量の関係を法で定める。また、準備できる金の量によって、どれだけの通貨を発行できるかについても決まりをつくる。たとえばイングランド銀行は、一五五〇万ポンドを超える通貨の発行は、必ず全額がその価値と同じ金で保障されなければならない。アメリカの連邦準備銀行の場合は仕組みが異なり、通貨の四〇パーセントに手元の金による裏づけがなくてはならない。一九二五年以降、ドイツ帝国銀行《ライヒスバンク》は、アメリカと同じ四〇パーセントの条件を採用した。それぞれの国の通貨と金の関係性は定まっているので、当然ながら、他国の通貨に対する価値も定まる。その結果、国際貿易と支払い額は簡易で予測がつくものとなり、インフレーションが抑えられ、各政府は財政規律を求められるので通貨量を増やして負債を補うことはできなくなる。財政規律が守られなければ、国際市場において裁定取引〔同一の性格を持つ二つの商品の間で、割安な方を買い、割高な方を売ることによって収益を得る取引〕が行われ、それによって中央銀行に準備されている金が流出するという制裁が待っている。金本位制をとるのは名誉バッジをつけて国の体面を保つようなもので、政府が正統派の経済ルールを受け入れて世界の一流国に仲間入りしていることを示していた。

だが、金本位制の意味はそれだけではなかった。金本位制はリベラルな民主主義と世界平和を強く要請する手段でもあったのだ——国の歳出が点検されることになり、なんといっても防衛費の膨張に歯止めがかかるからだ。第一次世界大戦後、金本位制という形で示されたリベラルな資本主義体制は、積極的な軍国主義が再び強まらないようにする手立てでもあった。つまり、何よりもドイツの動きを縛り、無害にする手立てだった。

財政面でドイツの自由を奪うこの作用は、ドイツの賠償金支払いと金本位制の結びつきが強まると、いっそう明確になった。一九三〇年には、国際的な資金調達の細かな網が賠償金制度を取り巻き、ドイツはますます自由な行動を制限されるようになった。国際資金調達の網には、ドーズ案、ヤング案、および両案にかかわるさまざまな取り決めや借款はもちろんのこと、スイスのバーゼルに新しく設立された国際決済銀行も含まれていた。いうまでもなく、賠償金支払い額そのものもドイツの脆弱な国家予算に食い込んでいる。一九二四年のドーズ案に従えば、賠償金支払い額は、一九二九年には国内総生産の五パーセントにまで増える予定だった。賠償金を捻出しつつ財政を正常に保つために、ドイツ政府は国際金融機関から多額の借金をした——一九二四年から二八まで、毎年六億ドル（現在の価値で約八八億ドル）を借入れ、およそ半額が賠償金支払いに充てられた。

ドイツ経済を脆弱にした特に大きな原因は、借入金の約三分の一が短期借入だったことで、すぐに返済を迫られる可能性があり、実際にそうなった。ドイツの自由な行動の制限はさらに強化され、国際的な合意がなければライヒスバンク（何をおいても、ドイツの金本位制を維持していた）を管理する法を改正できないという事態まで生じた。ライヒスバンク総裁のハンス・ルターは一九三〇年の演説で、ドイツが債務負担により諸外国に依存している状態を「目に見えない侵略」とまで言い切った。ナショナリスト的な言い回しだとはいえ、ルターが言ったことは、実にもっともだった。

数百万ものドイツ人が、自分たちには関係なくできあがった世界、自分たちの利益に反して動いているように見える世界で、国が無力であることに失望し、怒っていた。ほぼすべてのドイツ人がこの「目に見えない侵略」から逃れたいと望んでいたが、救済策は穏やかなものとは限らず、なかには極端な手法もあった。穏健派は、課題は国際間のロビー活動にあると見ていた。外務副大臣のベルンハルト・フォン・ビューローは、答えは「敵方の人々」の啓蒙にあると考えた。またブリューニングは、自分の政権においては「国の自由」を勝ち取る道は――シュトレーゼマンの言葉と多少似ているが――「平和への道」だろうと強調した。

極端な手法としては、自給自足経済の要請が挙げられる。世界経済と国の経済を切り離して自国の資源だけに頼り、輸入も輸出も海外投資も行わない。ドイツがいかにも採りそうな政策だとは思えない。ハンス・ルターは、正統な見解をこう説明した。ドイツ国民は「自国の産物だけで食べていくことはできず」、工業製品を海外に売らねば食品を輸入する代金は支払えない、という事実はどうしようもない。そして、これが真実であれば、ドイツの政治経済の指導者は「国境の向こう側から」信頼されなければならない。

けれども、ルターが述べた結論には、ドイツ国民は世界経済の現状を受け入れるはずだという前提がある。その前提が間違っていたらどうなるか？　自給自足経済に賛成であろうと反対であろうと、ドイツのすべての国民は、国の経済政策としての自給自足に従えば、また別の種類の政治に巻き込まれていくと、はっきり理解していた。

極右のジャーナリストで、のちにナチ党に入党し、親衛隊員となったフェルディナント・フリート（本名フリードリヒ・ツィマーマン）は、一九三〇年代の初め、自給自足を専門のテーマとしていた。彼は、自給自足を機能させるには農業、工業、金融を国有化せねばならず、それは独裁に行きつくと記した。ドイツは海外市場を失うことになるため、代わりに東部および南東部のヨーロッパの支配権を獲得し、強固に組織された「連邦」を形成する必要がある。さらにその連邦は、原材料の確保をソヴィエト連邦に頼る。リベラル派の経済学者、エミール・レーデラーは、自給自足には反対だったが政治的意義においてはフリートに同意した。経済計画の中心に自給自足を据えれば、「戦争の永続化」を招くと彼は述べた。

自給自足はナチ党の政治運動の中心であり、友好的でない世界への依存からドイツを解放するという彼らのテーマは有権者の心を的確にとらえた。抜け目のないプロパガンダ担当のヨーゼフ・ゲッベルスは、一九三二年に、「必要な生存圏、労働力、天然資源」をまったく支配できない国は、「他国への依存に陥り自由を失う」しかないだろう、と記している。第一次世界大戦の結果と、戦後世界の本質はそれをはっきりと示していると彼は主張し、「だから、ドイツを取り囲む厚い壁があればいいのでは？」と問う。「もちろん、われわれは壁をつくりたい、防御のための壁を」。

一九三〇年代初めにドイツ人の強い共感を呼んだ同様のテーマの政治演説は、他にもあった。ゲッベルスに激しく対抗するライバル、グレゴーア・シュトラッサーの演説だ。

グレゴーア・シュトラッサーはナチ党の幹部だが、ナチ党の型には納まりきらなかったようだ。体格がよく、頭をそり上げ、声は朗々として、政敵とはいつでも闘う用意があった。一方でシュトラッサーは、芸術家や文筆家との交流を好み、『ホメロス』などの古典に親しんでいた。親切で人当たりがよく、ナチ党幹部ではただ一人、党の支持者以外からも幅広く人望を集めていた。イギリス大使は、彼を「最も有能な」ナチ党幹部と呼んだ。また、疑り深いアメリカ人記者H・R・ニッカーボッカーは、シュトラッサーには首相になる器量があると考え、陰気な歴史学者オスヴァルト・シュペングラーは、実業家のフーゴ・シュティンネスを別にすれば、自分が会ったなかで「最も賢い男」だと言った。社会民主党の政治家、ヴィルヘルム・ヘグナーでさえ、シュトラッサーをナチ党幹部のなかで「誰よりも信頼できて幹部にふさわしい」と評した。

シュトラッサーは一八九二年、バイエルン王国の中流階級の家庭に生まれた。医師になりたいという希望があったようだが、実家には長期の研修費用を賄う余裕がなく、あきらめて薬剤師になることにした。一九一四年、第一次世界大戦の勃発によって学業は中断させられ、従軍して砲兵連隊に所属し、戦功を挙げて終戦を迎えた。ヒトラーとは対照的に、しかし第一次世界大戦の兵士としてはごく標準的に、彼は次々と昇進して一九一六年の初めには中尉になった。彼の部隊の大隊長は、こう記している。シュトラッサーは「彼本人の気力と活力と仕事に対する忠誠、能力によって、特に目覚ましい働きをした」。さらに大隊長は、こうも書いている。シュトラッサーは「気の合う親しい仲間となり、彼の助言を私は喜んで聞き、彼の陽気な性格が厳しい時期にわれわれを救ってくれた」。

シュトラッサーは完治不能のけがを負って除隊し、平時の市民生活に戻るのがむずかしかった。だが、やがて彼は義勇軍に参加し、一九二〇年にナチ党に入党した。一九一四年八月と一九一八年一一月の対比は、彼の政治観を決定づける。戦争は、あらゆるものを見違えるほど変えてしまった。「一九一四年七月三一日の『平穏と秩序』を取り戻す試みは、どれもがある意味愚かで、ある意味犯罪的で、どれをとっても役立たずで反動的」になるだろう、と彼は語っている。一九一四年八月一日〔ドイツがロシアに宣戦した日〕、一つの革命が始まり、「新世界が生まれる」と思われた。それとは対照的に、一九一八年一一月の革命は、シュトラッサーの心のなかでは「臆病、堕落、無能、反逆から生じた」反乱でしかなく、ナチ党も革命の支持者や国を憎むのと同じように、革命そのものを憎んだ。

一九二八年から三二年まで、シュトラッサーはナチ党の組織の先頭に立ち、ヒトラーの右腕と広く認識されていた。彼の高い運営能力が、ナチ党が選挙で成功した大きな要因だと言われることも多かった。彼は、ナチ党の国会議員団のメンバーでもあり、一九三二年五月一〇日に国会で行った演説を始め、彼の演説を見れば、政敵（たとえばヴィルヘルム・ヘグナー）でさえ彼に一目置いた理由がわかる。

彼の演説の「反資本主義者の切なる思いは、今日、意識的であれ無意識であれ、全国民のおよそ九五パーセントを捉えています」というくだりは有名になり、現在もよく知られている。シュトラッサーの考えでは、こうした反資本主義者の切なる思いは「経済の悪化に対する大衆の抵抗」につながる。大衆は、国が「金という悪魔、世界経済、物質主義と縁を切り、輸出統計とライヒスバンクの基準割引率は忘れる」ように求めていた。

ナチ党は、「閉鎖経済の時代の肯定と手を携えて」地方経済を救い、地方の住民が都市に流れ込むのを止め、地方の収入を増やそうとしているのだ、と彼は論じた。シュトラッサーは記号化された反ユダヤ主義の言葉を交えて、メッセージを伝えた――ナチ党の基準からいえば比較的ぼんやりとした言い方だが、聞き逃されはしない。彼は、大口投資家たちは「来るべき自立的な展望」、すなわち、「巨額の国際金融取引によるたやすい『レバッハ』が終わる」のを恐れていると言ったのだ。「レバッハ」はユダヤ人の言葉で、「大儲け」という意味がある。シュトラッサーがどのような投資家を指しているかは、「口に出さなくても」疑問の余地はほぼなかった。

国際金融以外にも、ドイツが敵対的な外部の力に対して無力感を抱く要素はあった。ポーランドとの長く曲がりくねった国境線だ。第一次世界大戦前にドイツが有していた領土（シュレージエンの一部と西プロイセン）が、戦後の和平調停でポーランドに割譲された。この失った領土のせいで、ドイツ国民の間に怒りが広がった。ブリューニング内閣で被占領地域担当大臣を務めたゴットフリート・トレフィラヌスは、「われわれは、東の側面に癒えない傷があることを魂の奥深くで覚えている」と話した。ドイツの「血を流す国境」の話は、誰もが口にした。

大多数のドイツ人が領土を取り戻したがっているというだけの話ではなかった。国境は脅威でもあった。ヴァイマル共和国は、軍や警察を国境に配備して効果的に管理することが最後までできなかった。それは、国家安全保障にかかわる問題でもある。ドイツ陸軍の兵士がわずか一〇万人しかいなかった時期、ポーランドは潜在的脅威であり、政治家もそれを恐れていた。たとえばベルンハルト・フォン・ビューローは、一九三〇年にこう書いている。「ポーランド国境の管理状況は、東プロイセンにとって恒常的かつ非常に深刻な脅威である」。そして国境管理の問題は、同時に移民や難民の管理の問題でもあった。

第一次世界大戦後の難民問題

第一次世界大戦の終戦は、世界がかつて経験したことがないような難民危機をもたらした。特に東ヨーロッパ、旧ロシア帝国、中近東では、九五〇万人が暴力や飢餓によって国を追われ、あるいは新しい国境線の間違った側に入れられたことに気づいて国境を越えた。ヨーロッパ大陸の真ん中に位置するドイツは、難民が集まる中心地とならざるを得なかった。一九一八年から二二年まで、約一五〇万人の難民がドイツにたどり着き、そのうちの一〇〇万人以上が、フランスやポーランドの旧ドイツ領から来たドイツ人だった。そして、数十万人はボリシェヴィキ革命を逃れてきたロシア人、約八万人がユダヤ人に対する暴力を逃れて東方の国から来たユダヤ人だった。移民を多く受け入れていたアメリカ合衆国でも社会不安が高まり、一九二一年と一九二四年の移民法で入国を制限したため、その分ヨーロッパ内に移民が閉じ込められる結果となった。

国境が不安定であったり国境地域に多様な人種が存在したりすれば、それに対する反応として異常なまでのナショナリズムが高まりやすい。ヴァイマル共和制のドイツも例外ではなかった。名のあるナチ党員の相当数が——もちろんヒトラーも含めて——国境地域の出身で、なかでもシュレージエンをはじめとするポーランドに割譲された領域の出身者、あるいは旧ハプスブルク帝国やバルト海沿岸地域出身のドイツ人が多かった。

ドイツ国民が心配する自国の弱さは他にもあった。国を動かす多数派の政党が、他の列強の指示を受けていることだ。ドイツ共産党はソヴィエト連邦の共産党に次いで大きく、成功してもいた。共産党は何といっても失業者のための党だ。ドイツでは一九二〇年代半ばから失業者が増加しており、その原因は、初めは職場のオートメーション化だったが、そこに世界恐慌が起こった。当時は世界中の共産党がモスクワからの指示におとなしく従い、各地の共産党は事実上、スターリンの対外政策実行の道具にすぎなかった。一九二八年、スターリンは、フランスとドイツの仲が改善すると自分が孤立するのではないかと不安に思い、ドイツ社会民主党を弱体化させればフランスとドイツは離れたままでいるだろうと計算した。そこで、コミンテルンは社会民主党は「社会ファシスト」であると宣言し、社会民主党がナチ党と戦ったのと同じやり方で共産党は社会民主党と戦うべきだとした。ドイツ共産党はたいへんな大所帯だったため（一九三二年末には党員数三六万で、選挙を重ねるごとに得票数は増加していた）、左派を束ねてナチ党を権力から遠ざけておこうという当時の動きを妨げることができたし、実際に妨げていた。

ナチ党のイデオロギーは、世界におけるドイツのさまざまな面での弱さに対する解決策となった。ナチ党は、あるときは解決策を明確に説明して評判を上げ、またあるときはそれとなく言うだけにしたり、実行しようとしている計画の全体像を説明しなかったりした。

世界経済から手を引き、貿易を停止して、金本位制に基づく資金調達をすべてやめるという彼らの約束には、あいまいな部分がなかった。二五ヵ条の綱領にも初めから、難民とすべてのユダヤ人を含む非国家公民は、ナチ党が政権を獲得したのちはドイツ留まることは認められず、あらゆる政治的権利と公民権を失うと書かれていた。すでにヒトラーが首相となる前から、ナチ党の準軍事組織は東側国境を防衛するために極秘に展開していた。ナチ党が共産党の活動を禁じ、あらゆる共産運動家を逮捕、あるいはもっと恐ろしいことの対象とするのは目に見えていた。

ヒトラーは一九二〇年代の初めから、ドイツは東方の「生存圏」を要求すべきだと語ってきた。ジャーナリストのフェルディナント・フリートが認識していたように、自給自足経済を機能させるには、ドイツは支配する領土を拡大する必要があるだろう。ヒトラーは、その考えに完全に同意していた。彼の考えでは、ドイツの安全保障は「市場変動」によって危険にさらされ、「通商条約は実際の実行性をなんら保障するものではない」。事実、海外貿易に頼る国は軍事力が弱い、と彼は語った。ドイツの商取引は、イギリスが占有する航路帯で行うしかないのだ。

「唯一の、そしてわれわれにとって先見性があると思える救済策は、さらに広い生存圏を獲得するなかにあるのです」とヒトラーは語る。その「生存圏」はヨーロッパにしかなく、ある一つの方角にしかない――それは東方、ウクライナの黒土層を含むソヴィエト連邦なのだった。

権力を獲得する前のヒトラーは、公式の演説で自分の考えの全体像をぼんやりとさせていた。

そして彼には、フリートのように、中央ヨーロッパや東ヨーロッパの国をドイツの支配下において連邦を形成しようなどという考えはなかった。ソヴィエト連邦を征服して自給自足経済のドイツをつくるのが、ヒトラーの計画の全貌だったのだ。計画達成のためにはさらに大規模な戦争が必要で、だとすれば、ドイツ国民は先の戦争から教訓を得ねばならない。教訓を最も明確に解説しているのは、かつてヒンデンブルクのもとで参謀本部次長を務めたエーリヒ・ルーデンドルフが、一九一九年から三五年までに記した一連の書物や論説だ。総力戦を戦うには、以前よりも効率的に住民を動員しなければならず、さらに大きな軍事や工業の努力は国民が絞り出すべきものである。士気の途絶はあってはならず、反抗的な左派の異議はあってはならず、国内の外国人であるユダヤ人の裏切りがあってはならない――ルーデンドルフにとってもヒトラーにとっても、この最後の部分こそ一番重要だった。政府の強固な管理が総力戦の遂行には不可欠で、住民は肉体の強化も図らねばならない――肉体、または精神にハンディキャップがある者は総力戦を戦えず、反体制派も同じことである。ドイツのプロパガンダは、自国民に対しても世界に対しても、より効率的に行われるべきだ。ヒトラーはルーデンドルフの処方箋を完全に受け入れた。

ナチズムと世界革命

ナチズムはグローバリゼーションに対する革命だったが、奇妙なことに、世界革命の一端でもあった。ヒトラーとナチ党は、各国の国際的影響力を利用していた。

当時、最大の国際的影響力があったのはトルコ共和国だろう。軍司令官のムスタファ・ケマルは、第一次世界大戦のガリポリ戦でイギリスとフランスを破って名をはせ、戦後にケマル・アタテュルク〔父なるトルコ人〕としてトルコ共和国初代大統領となった人物で、一九二〇年代から三〇年代にかけてドイツでも崇敬されていた。ヒトラーはアタテュルクを「輝く星」と呼んだ。一九二四年にビヤホールプッチを起こそうとした際、彼は、アタテュルクは近年最大の革命を成し遂げ、次に大きな革命を起こしたのがムッソリーニだと述べた。ずっとのちの一九三八年、ヒトラーはそれまでとは異なる慎みをもって、アタテュルクは偉大な師だと言っている。アタテュルクの最初の弟子はムッソリーニ、そして二番目が自分、すなわちヒトラーというわけだ。

ナチ党は、第一次世界大戦後に連合国がオスマン帝国に受諾させたセーヴル条約[*2]を破棄したアタテュルクを尊敬していた。セーヴル条約締結後、祖国解放戦争を戦ったオスマン帝国は、一九二三年にはるかに有利なローザンヌ条約を連合国側と締結し、新たな国家、トルコ共和国を建設してアタテュルクを大統領とした。セーヴル条約の調印は裏切りだとアタテュルクが見なし、調印者の市民権をはく奪しただけに、ナチ党が自分たちの状況との類似点をどこに見ていたかを理解するのはたやすい。

ナチ党は、一九一五年にオスマントルコ政府が七五万人から一五〇万人ものアルメニア人を殺した、アルメニア人虐殺[*3]についても承知し、称賛した。また、ローザンヌ条約のもと、トルコ国内のギリシア人の居住権をはく奪したことも称賛した。ナチ党の考えでは、このような民族浄化の事例は、強く繁栄した、敬服すべきトルコをつくる過程で必要なステップだった。

もう一つ、初期の決定的なタイミングで国際的影響を与えたのはロシアだった。一九二〇年から一九二三年まで、ヒトラーはミュンヘンで、多くの白系ロシア人亡命者と知り合い、「アウフバウ（再建）」という団体と活動をともにしていた。アウフバウは強い反ユダヤ主義の団体で、メンバーの大多数が亡命ロシア人で、ナチ党員がわずかに加わっていた。この団体の望み

＊2【セーヴル条約】第一次大戦後、一九二〇年オスマン帝国と連合軍の間に結ばれた講和条約だが批准されず、二三年、ケマル・アタテュルクがローザンヌ条約を結んだ。

＊3【アルメニア人虐殺】オスマン帝国内に多数住んでいた、キリスト教徒のアルメニア人が、第一次大戦中の一九一五年、「敵国ロシアに内通している」として、強制移住などをさせられ、大量の犠牲者が出たとされる。オスマン帝国を継いだトルコは多くの死者が出たことは認めているが、「民族虐殺」だとはしていない。いまもヨーロッパ諸国とトルコでは見解が分かれたままである。

は、ヴァイマル共和国とソヴィエト連邦の両方を転覆させることだ。亡命者のなかには、独立したばかりのバルト三国から来たドイツ人もいたが、それ以外はロシア人で、そのなかに悪名高い『シオン賢者の議定書』をドイツに持ち込んだピョートル・シャベリスキイ・ボルクがいた。『シオン賢者の議定書』は、第一次世界大戦前にロシアの秘密警察が作ったとされる反ユダヤ主義の陰謀の偽書で、一九二〇年代にはヒトラーからヘンリー・フォードにいたるまで、さまざまな人物が感化されたた。ロシア人亡命者たちは、ヒトラーが反ユダヤの考えを強めつつある段階で接触してきた。彼らは、ユダヤ人の国際的陰謀がどれほど大きいかをわからせようとして、ソヴィエト連邦は「ユダヤの独裁国家」でありユダヤの陰謀の産物だと説いた。

ロシアの影響力は、若きヨーゼフ・ゲッベルスにも働いた。彼は一九二三年に、自分は「神聖なロシア」を「深く崇敬」すると記している。それは、彼がドストエフスキーを読んでいたこととも関係があり、当時の彼は自身を「ドイツの共産主義者」と呼んでいた。

ヒトラーは政治家となって以来、生涯を通じて、ベニート・ムッソリーニとムッソリーニが一九二二年にイタリアでおこしたファシスト体制にほれ込んでいた。ヒトラーはムッソリーニのスタイルをあれこれと見習い始め、特にムッソリーニの崇拝者たちを模範とした。ヒトラーの支持者たちはムッソリーニにヒントを得て、統領《ドゥーチェ》ムッソリーニを真似て、ヒトラーを「指導者《フューラー》」と呼んで称賛するようになった。ナチ党もイタリアの国家ファシスト党に倣ってカラーシャツを着用し、腕を伸ばす敬礼を行った。ムッソリーニの友人であり、ドイツにおける代理人でもあったジュゼッペ・レンツェッティは、一九三二年にこう報告している。ヒトラーはムッソリーニに「心酔」し、熱烈に会いたがっている。おそらくそれは、ヒトラーとムッソリーニのイデオロギーが似通っていたからというよりも、ヒトラーがイタリアの独裁者の成功に感服していたからだろう。

すでに一九三三年より前から、イタリアのファシスト党とナチ党の間には幅広いつき合いがあり、そのほとんどが、レンツェッティを介したつながりだった。外向的なレンツェッティは元陸軍将校で、妻はドイツ系ユダヤ人女性だったが、すぐにベルリン政界のすべての人と知り合いになる。当然ながらレンツェッティは、特に右派を気に入り、シュライヒャーやフーゲンベルクはもちろんのこと、ヒトラー、ゲッベルス、ゲーリングをはじめとするナチ党幹部との関係を育んだ。ムッソリーニには、ドイツに右派連合の政府ができてヴェルサイユ条約の破棄に向けて努力すれば、フランスを完全に占領下において、なおかつイタリアが領土を拡大する余地を残せるという持論があり、右派連合のドイツ政府を望んでいた。レンツェッティは、ムッソリーニの望みをかなえることを自分の使命として、ドイツのさまざまな右派を一つにすべく、陰でたゆみなく働いた。

やがてレンツェッティは、右派連合の指導者となれるのはヒトラーだけだと確信するようになり、一九三一年一一月には、イタリアのファシスト党はヒトラーが政権に就く手助けをすべきだとムッソリーニを説得した。以後、レンツェッティの役割は変化する。ナチ党の一員のように活動し、幹部に助言をしたり、ドイツ国家人民党や鉄兜団など他の右派集団が歩調を合わせてくれるようにロビー活動のようなことをしたりした。ヒトラー自身もレンツェッティを友人のように思っていたし、ゲッベルスは、ナチ党の政権奪取にたいそう貢献したレンツェッティは、「実際、古参のナチ党員だと思われていた」と記している。

ヒトラーは初めから、生存圏を拡大する同盟国にイタリアを加えてはどうかと思っていて、ムッソリーニの支援に対して高い政治的代償を払うつもりでいた。代償には、かつてのオーストリア＝ハンガリー帝国領で一九一八年にイタリアに割譲された、南ティロールと呼ばれる地域も含まれた。その地域の住民の大多数は、ドイツ語を話す人々だった（現在も）。ドイツのナショナリストは、いつの日かオーストリアを併合することを希望していたので、南ティロールもドイツの領土になると考えていた。ヒトラーとしては、ムッソリーニに譲歩して南ティロールをイタリアに残したかったが、右から左まであらゆるタイプのナショナリストが（社会民主党まで便乗して）、ドイツの国益を外国勢力にわたす裏切りとも見える彼の行為を政治利用しかねないのも承知していた。

一九二八年の選挙運動中、社会民主党とナショナリズム系の新聞は、ヒトラーはムッソリーニから選挙資金を得て、その見返りに南ティロール獲得の要求を断念するのだと、口をそろえて言い立てた。それに対してヒトラーは、名誉棄損の訴訟を起こした。裁判は一九二九年五月に開かれ、その後再審や上訴などで長引き、一九三二年までかかった。時間が味方し、今回も判事の同情をかったおかげで、ヒトラーに不利な証拠は最小限に評価され、彼に有利な判決が出された。とはいえ、その証拠は注目に値し、間違いなくヒトラーを不安にさせ、怒らせた。第一審の最中にベルリンのある新聞は、ヒトラーとムッソリーニが共謀したという証拠が現れると、「ヒトラーはどう対応すればよいかがわからず、『ユダヤ人の新聞の一味』が彼に対する『国際的陰謀』と結託していると大騒ぎして訴えた」と報道した。再審ではヴェルナー・アベルという証人が、自分はビヤホールプッチの直前にベルリンの大使館で、ヒトラーとイタリア人将校、ミリョラティ大尉の仲介者として働いたと証言した。ミリョラティ大尉は、南ティロールを放棄する見返りとして金を払うと約束し、ヒトラーは同意したとアベルは述べた。

ミリョラティ大尉はのちに金の件を否定し、アベルはアベルで、これもまた怪しい男だった。極右の運動家でありながら、ときに左派に転向し、不正行為でたびたび有罪判決を受けている。一九三二年に開かれた、また別のナチ党に好意的な裁判で、アベルは偽証罪で有罪になった。ヒトラーは確かにイタリア人たちと会ったが、それは一九二三年のことで、イタリアの『コリエーレ・ディタリアーノ』紙のインタビューでも南ティロールに対する要求撤回について語っている。そのインタビューが掲載されたのは一九二三年一〇月一六日、アベルがヒトラーとミリョラティ大尉が取引をしたと主張する、翌日だった。

ドイツにおけるナチ党への支持は、戦間期にヨーロッパに広まっていたパターンに合致している。ファシスト政党が、たとえまだ権力を握っていなくても、著しい数の大衆の支持を得た過程を詳細に追うと、第一次世界大戦後のヨーロッパの二つの異なる地図が現れる。第一次世界大戦の敗戦国の地図と、共産主義革命の脅威にさらされた国々の地図だ。たとえばハンガリーは、敗戦国の一員で、しかも共産主義革命を経験し、一九一九年には短命ながら共産主義政権も成立した。その後は国王に代わって、海軍司令官のホルティ・ミクローシュ〔ハンガリーの人名は姓・名の順〕が独裁を行った。ホルティ自身はファシストではなかったが、ハンガリーのファシストによる矢十字運動[*4]が強力な支援をして、やがて矢十字党の党首、サーラシ・フェレンツがホルティの次の首相となる。一方、イタリアは戦勝国の一員だったが、他の連合国にだまされて利益を奪い取られたと感じていて、多くの国民が「台無しになった勝利」について語る状況だった。イタリアも、激しい共産主義革命に見舞われている。そして、いうまでもなくドイツは、第一次世界大戦で敗北して強い共産党が生まれ、戦後は共産主義の反乱が繰り返し起こり、二つの地図のどちらにも含まれる。

つまりナチズムは、グローバリゼーションに対するドイツ特有の極端に激しい反応というわけではなかった。他国からの影響を強く受けた国際的反応だったといえる。歴史学者は、ナチズムとはおそらくマルティン・ルターや三十年戦争に端を発する、ドイツ独特の不具合の表れだと考えてきた。だが、ヒトラーの運動は、一九二〇年代から一九三〇年代初頭にかけての際立った危機に対する反応であり、その危機は多分に他国の影響によるものだった。あれほどのナショナリズムでありながら、国民社会主義は純粋にドイツらしい考えとはかけ離れていた。

ブリューニング博士のドイツ

一九三〇年の選挙後、ハインリヒ・ブリューニング政権に次のターニングポイントが訪れたのは一九三一年だった。

ブリューニングには、世界恐慌に立ち向かう明確な戦略があった。膠着状態の国会を回避してヒンデンブルク大統領に大統領緊急令を発してもらい、増税して、失業保険と公務員給与を削減した。この、いわゆるデフレ政策は、当時は正統派の経済政策だった。歳入と歳出のバランスが取れていれば、経済は自然に回復するはずだ。

けれどもブリューニングは、ドイツの財政は賠償金支払いの負担がなくならない限り、本当の意味では回復しないと考えていた。一九三〇年、彼は、対イギリスとフランスの貿易黒字を増やすことによって賠償金支払額を引き下げるように働きかけようとした。そうすれば、輸出産業の雇用も増えるだろう。ドイツは、実は両国に対して相当額の貿易黒字があったが、高い関税のせいで輸入が人為的に抑制されていた。ドイツはヨーロッパ一失業率が高いだけでなく、

＊4【矢十字運動】ハンガリーのファシズム団体で、ナチ党をモデルとして結成。

関税によって肉や農産物の価格が上がり、裕福でない人々は次第に食べ物に手が届かなくなり、栄養不良の問題も突きつけられるようになっていた。

一九三〇年一二月、ブリューニングは駐独アメリカ大使のフレデリック・M・サケットと面会し、賠償金支払い問題についてアメリカに仲裁してもらいたいと求めた。経済危機だけでなく政治危機についても、これ以上長引かせて厳しくなるのを避けるには、それが唯一の方法だとブリューニングは述べている。サケットからブリューニングのメッセージを受け取ったハーバート・フーヴァー合衆国大統領は感銘を受け、問題を調査するために国務次官のジョセフ・P・コットンをヨーロッパに派遣することにした——ところがコットンは、出発する予定の日に死亡した。

一九三一年の初めには経済が上向くかすかな兆候があったにもかかわらず、ドイツの財政は相変わらず危機的状況が続いた。一九三一年第一四半期の赤字は四億三〇〇〇万ライヒスマルク（一九三〇年の価値で約一億ドル、現在の価値で約一五億ドル）に達した。政府は短期借入れで一部をしのいだが、長期借入金を確保することはできなかった。政府が交渉を持ちかけたある銀行は、賠償金の不透明な状況が懸念されると返答した。ドイツが賠償金支払いを履行しなければ、すべての債権者が危険にさらされる。また、ドイツの経済的困窮によって、すでに緊迫していた国内の政治状況はさらに悪化した。五月三〇日の閣僚会議で、内相のヨーゼフ・ヴィルトは、政治的暴力が増加傾向にあり、社会秩序を長期に保証できるとは思えないと警告した。

そうした絶望的状況に驚くべき一筋の希望の光が差した。一九三一年二月、フランス政府がドイツに大型融資を行うと発表したのだ。アリスティード・ブリアンが根気よく要請したおかげで決まった劇的な方針転換で、彼の仏独和解作戦の最終措置だった。

ブリアンの努力は、ドイツの政治経済の転換点となり得た。だがブリアンの提案も、ブリューニングの対応も、裏側で大きな戦略が動いていた。ブリアンはいつも通り、ドイツがフランスを脅かす潜在力を抑える方法、さらに合衆国と競えるようにヨーロッパ経済を強くする方法を探していた。ブリューニングの方は幅広い戦略を実行したせいで、一般のドイツ人がわずかでも世界恐慌をしのげる政策を諦めるしかなかった。

フランスからの融資の話は、実は前年の七月、フランスがラインラント県から撤退し、ドイツでナショナリズム熱が急速に高まった頃から始まっていた。フランスの意図は明確だった。融資の話が進むと、フランスのアンドレ・タルデュー首相は、長期融資はドイツが東部国境を尊重して兵器開発を制限するという約束と一体だと言った。そしてフランス側は、当時ドイツが計画中だった二隻の戦艦──巡洋艦B、C、という名だったが後に、「アドミラル・シェーア」「アドミラル・グラーフ・シュペー」という名がつく──の建造をやめるように求め、過激な右派によるデモをドイツ政府が取り締まることも要求した。ドイツがヤング案に従って賠償金を支払い続けることも、フランスにとってはとても重要だった。

そうした条件は、ブリューニングからすれば、フランスからの融資提案に関する問題そのものだった。ブリューニングの目標は賠償金支払いの減額や期間延長ではなく、永久に停止することだ。世界恐慌は彼にとって、ドイツはもうヤング案に沿った支払いはできないと主張するチャンスとなった。連合国側がそれでも支払いを続けろと強要するのなら、財政と政治の混乱を招き、危険で予測不可能な結果が向こうの国でも待ち受けている。そこでブリューニングは、時間をにらみながら仕事をした。厄介な状況がさらに悪化して、最大限説得力のある主張ができなくなったら？　フランスの融資は、彼をそういう立場に追いやるかもしれない。ドイツ経済の成長を促進する本当のチャンスがあるのに。やはり融資は回避すべきだ。だが、どうやって？

ブリューニングは賢さだけが取り柄の男だ。この問題に対する彼の回答は効果的で、彼の――そしてヒンデンブルクとシュライヒャーの――政治的立場を傷つけもしなかった。一九三一年三月二一日、ブリューニング内閣はオーストリアと関税同盟を結ぶ計画を発表した。ほぼ間違いなく、ドイツとオーストリアの同盟を禁じるヴェルサイユ条約とサン＝ジェルマン条約に違反する。イギリス、そして特にフランスは、この方針にドイツの拡大主義の再開、オーストリアにとどまらず南東ヨーロッパのすべての国への拡大主義を見てとった。オーストリアとの関税同盟は、もともとはブリューニングの考えではなかった。シュトレーゼマンの後を継いだ外相のユリウス・クルティウスと外務副大臣ベルンハルト・フォン・ビューローの指導のもと、次第に右傾化していたドイツ外務省の思いつきだった。計画の表向きの功労者はクルティウスで、ブリューニングは後ろに控える形だった。

フランスで非難の声が上がり、三月末にはフランスからの融資の話はなくなった。ブリアンは、フランス大統領選挙の候補として選挙活動の真っ最中だったが、ドイツのオーストリアに関する策略への怒りが渦巻いたせいで、彼のチャンスはふいになった。五月一三日、彼は右派の候補者ポール・ドゥメールに大敗した。

ブリューニングは、オーストリアと関税同盟を結べば仏独関係が損なわれ、フランスの融資が失敗に終わると気づかないほど無知ではなかった。したがって、これは彼が望んだ結果だった。彼にとっては、融資を辞退するのは政治的にむずかしく、一方でオーストリアとの関税同盟計画は、世界恐慌を利用して賠償金支払いから逃れるという自分の戦略に傷を与えず、しかもナショナリストとしての得点を稼げる。そして彼は、関税同盟案と距離を置き続けていたため、フランスとイギリスにおける評判は取り返しがつかないほどには傷つかなかった。

このエピソードで明らかになることは二つある。一つは、戦間期のヨーロッパにおける資金調達はまさに安全保障問題であり、とりわけドイツに足並みをそろえさせることが大切だったということだ。ドイツが賠償金支払いと金本位制で制約を受ける限り、周辺国にとって脅威ではない。しかし、ドイツがその二つの障害から逃れると、話は違ってくる。もう一つは、ブリューニングは大統領権限に頼る首相で、ヒンデンブルクに対してのみ説明責任を負うので、世界恐慌に無頓着だった可能性があるということだ。国会の多数派に支持される議会に重心を置く首相であれば、命を救われる経済援助を断るのははるかにむずかしかっただろう。これこそが、シュライヒャーとその側近たちが、大統領権限に頼る首相を望んだ理由だ。シュトレーゼマンにははっきりと見えていたように、ヴァイマル共和国の外交と内政は非常に緊密に絡み合っていたのが改めてわかる。

六月六日、ブリューニングはドイツの経済問題をさらに複雑にした。またもや大統領緊急令を発していっそうの緊縮財政を求めざるを得なくなり、ドイツ国民は賠償の「献上金」によって強いられた「欠乏の限界」に達している、などと扇動的な表現も使って、政治的に受け入れられる薬を与えようと声明を出した。国際社会はその言葉を、支払いを一方的に停止するという脅迫と受け取った。

そのような債務不履行があり得るという噂はすでにあり、金融市場の緊張によって、またもやドイツからの金流出が起きた。ドイツが間もなく、賠償金支払いとともに各国への国際債務支払いを拒否するのではないかという大きな不安があり、その根拠は公式声明で噂をすべて否定していることだった。一九三〇年代には、そのような公式声明を信じる人は、今日と同じように誰もいなかった。

その六月六日、ブリューニングはイギリスにいて、首相官邸の別邸、チェッカーズ〔イギリス首相に与えられる別荘〕で、ラムゼイ・マクドナルド首相やイギリス政府の高官たちと会っていた。第一次世界大戦後、イギリスの首相と面会したドイツの首相は、ブリューニングが初めてだった。イギリス側は、賠償金支払いに関してブリューニングが言ったことを厳しく非難したものの、結局最後はいつものように、よい印象を受ける結果となった。ブリューニングは、ドイツがナチ党か共産党の手に落ちてしまわないうちに、賠償金の支払いから放免すべきだと主張した。彼は矢継ぎ早に数字を並べ立て、増税や経費削減など、ドイツ政府はできることはすべてやると、イギリス人たちを安心させる材料を与えた。マクドナルドは同情し、イングランド銀行総裁のモンタギュー・ノーマンも同じだった。その後ノーマンはマクドナルドに、ブリューニングがあまりにも率直だっただけに、ドイツが一方的に賠償金支払いを拒否しても誰も責められないと話した。

ブリューニングはチェッカーズで、マクドナルドをドイツの利益のために働くロビイストに変身させることに成功し、マクドナルドはアメリカ大統領、フーヴァーに手紙を書いてブリューニングの主張を提示した。アメリカも、ドイツが経済だけでなく政治でも瀬戸際にあることに充分気づいていた。国務長官のヘンリー・スティムソンは「ブリューニング博士のドイツ」を「その他のドイツ」から救うために手を尽くそうと約束した。駐独アメリカ大使のサケットと駐独イギリス大使のホレス・ランボルド卿も、ナチ党を遠ざけておくにはブリューニングを支えねばならないと確信し、その考えをそれぞれの本国に力説した。フーヴァー政権の高官もその考えを支持し、六月二〇日、大統領は、すべての賠償金と戦債の支払いを一年間猶予する「フーヴァー・モラトリアム」を発表した。フーヴァーは国内での立場を守るため、支払い猶予を公式に求める電報を打つようにヒンデンブルク大統領に求めた。一年後、猶予は永久に実施されることになる。だが、その頃にはもうブリューニングは退任していて、勝利を味わうことはできなかった。

賠償金支払いを終わらせたのはブリューニングの大きな外交的成果だったが、彼の政府のオーストリアに対する主導権と、賠償金支払いの停止という脅迫がドイツのライヒスマルク売りを引き起こし、そこから金融不安が広がって、一九三一年には世界的な大金融危機となった。最初にオーストリアの大手銀行が倒産した。オーストリア政府が引き出し金額に制限を設けると、金融恐慌はドイツに広がり、ドイツでも大手銀行が倒産した。「フーヴァー・モラトリアム」が発表されたにもかかわらず、何しろフランスが数週間にわたってフーヴァーの提案を受け入れなかったため、ライヒスバンクの危険な金流出がさらに続いた。価値のない資産を担保とする融資により、金融危機は拡大してイギリスにまで波及し、九月には危機が激しさを増すあまり、イギリス政府でさえも金本位制を中止するしかないと感じるようになった。

厳しいながらもどうにかやりくりしていた経済をさらに悪化させて、後世に残る世界恐慌にまでしたのは、一九三一年の経済危機だ。主要各国の経済指標は、ますます下降していった。一九三二年の初めには、ドイツの失業者は六〇〇万人、労働被保険者の四〇パーセントという驚くべき数となった。ブリューニング政権は失業保険の支払額を削減し続け、恩恵を受けられなくなった労働者は、自治体の不十分な救援サービスに身を任せるしかなかった。数百万のドイツ人が、本当に腹を空かせていた。一九一七年から一八年にかけて海上封鎖をされたときと同様に、栄養不足による病気も広がった。そして、政治的急進主義が急速に高まった。

だがブリューニングの考えでは、一九三一年の経済危機をさらに悪化させるような措置をとる必要はなかった。彼と閣僚たちは、ジョン・メイナード・ケインズが唱える公共事業の推進や政府借款など、世界恐慌と戦う他の選択肢について熟知していた。ブリューニングは、講演のためにドイツを訪れたケインズと会い、経済政策について話をしたが、ブリューニングには、ケインズはドイツの経済状況について何もわかっていないとしか思えなかった。

さらに大事なのは、ブリューニング内閣が、ケインズの考えを受け入れれば必ず政治が絡んでくると感じていたことだ。一九二二年から二三年にかけてのハイパーインフレーションの際は、ドイツ国民に心理的な傷が残った。今回も、どんな刺激策を講じてもインフレーションにつながる可能性があり、結果として国民の大きな抵抗を招く恐れがある。さらに、文化的な要素も作用する。ブリューニング内閣の一部の閣僚も、ブリューニング自身も、ドイツが一九二八年までに達成した工業化と都市化は見せかけのものであり、そう長く持続はできないと思っていた。経済危機の解決には、都市の労働者を地方に移す方がよいと彼らは考えた。

ケインズの考えを採用して世界恐慌と闘うには、政府の力が及ぶ範囲を拡大する必要がある。だが、その資金はどこから得るのか？　それは重大な問題だった。ライヒスバンクが信用を創出すること、つまり「紙幣を刷る」ことは、ドイツの国内法と国際協定で禁じられている。しかも一九三一年には、ドイツ政府はもう借金ができなくなっていた。そうした経済的要素の裏には、政治の現実があった。ドイツ政府が借金をできない大きな理由の一つは、ブリューニングがナショナリストとしての計略を景気拡大よりも優先したことだ。彼の政府が、巡洋艦建造やオーストリアとの関税同盟に関するフランスの要求を呑んでいれば、融資を受けることもできたはずだ。だが、ナショナリストの右派、特にヒンデンブルク大統領をとりなすため、彼はフランスに妥協しなかった。結局彼は、前代未聞の数の失業者という犠牲を払って賠償金支払いの停止にこぎつけた。しかも、時機を失したナショナリスト的発言がきっかけとなって、一九三一年の壊滅的な銀行大恐慌が起きる。

金本位制は、平和的でリベラルな世界秩序の究極の象徴だったが、一九三一年の経済危機はその体制を停止させた。イギリスが金本位制をやめてポンド切り下げを行った結果、ドイツの輸出は被害を被り、失業者数と破産数がさらに上昇した。「フーヴァー・モラトリアム」に対するフランスの怒りを鎮めるため、ブリューニングは最終的に、ドイツは猶予期間が続く限りこれ以上の防衛支出を行わないと約束せざるを得なかった。国際的なシステムになじむことは、ドイツのナショナリストたちの目標と明らかに相反する。国際社会への統合はますます魅力をなくし、経済ナショナリズムは魅力を増していった。ドイツの民主主義が受けた傷は深刻だった。

ブリューニングは、自分が勝ち取った「フーヴァー・モラトリアム」をそう重要視すべきではないと感じていた。彼の目標は、あくまで賠償の撤廃だ。支払い猶予を祝福すれば、社会民主党のような政党が世界恐慌との闘いへのいっそうの支出を支持する事態になりかねない。それは結局、ブリューニングの戦略の障害となる。

ところが実際には、ブリューニングの成果に対する周囲の反応は驚くほど冷ややかだった。直後から彼は、シュライヒャーの自分に対する態度が変化したと感じ始める。シュライヒャーは、ヒンデンブルク大統領の息子、オスカーが、ブリューニングの成功にとても興奮していたとブリューニングに伝えたが、実はシュライヒャーは、そのオスカーに「早まるな。最悪の事態はまだこれからだ」と冷淡に答えていた。

プロパガンダと暴力

ブリューニングが世界の金融情勢と格闘しているとき、ドイツの都市では、また別の種類の世界恐慌の政治問題が進行していた。

「ベルリンには、魚に水が必要であるがごとく、騒動が必要だ」――愛想のないこの表現は、愛想のない『伯林《ベルリン》奪取』〔原題Kampf um Berlin: Der Anfang〕というタイトルの本にある。「この町は騒動を糧に生きており、それを認識していない政治プロパガンダは、どれも的外れとなるだろう」。本の著者は三六歳のヨーゼフ・ゲッベルス。ナチ党の新星で、一九二六年にヒトラーから大管区指導者に任命され、首都に送り込まれた人物だ。

ベルリンでナチ党の宣伝をするのはむずかしい仕事だ。ベルリンは労働者階級の町で、社会民主党や共産党の牙城だ。また、移民の町でもあり、一七世紀末にルイ一四世がユグノー〔改革派教会の信徒〕を国外に追放して以来、迫害を逃れてやってくる難民もいた。ユグノーは、ベルリンにさまざまな影響を与えてきた――たとえば、フランス語の痕跡があれこれと残る独特のベルリン訛り、名物のミートボール料理「ブーレット」、ドイツが誇る一九世紀の小説家テオドーア・フォンターネなどだ。他の移民も同様だ。プロイセン王のフリードリヒ二世（大王）が湿地帯の水の排水のために連れてきたオランダ人技師たちは、「orange《オラニエ》」という名前をベルリン内外のさまざまなところにつけた。オラニエンブルクという町もその一つだった。ロシア帝国のユダヤ人が暴力を逃れてベルリンへ来るようになったのは一八八〇年代からで、一九一八年以降その数は最高水準に達していた。「生粋のベルリン子はみんなシュレージエン出身」とよく言われ、確かにドイツ全体の標準からすれば、ベルリン市民のエスニシティや宗教は実に多様性に富んでいた。ベルリンは、ドイツの学術、文化、金融、メディアの首都だった。地方のプロテスタントを基盤とする政党にとって、ベルリンはとてもではないが、気の合う地盤ではなかった。

ゲッベルスが首都に到着した当時、ナチ党の支持者はごくわずかで、彼らをまともに扱う人はほとんどいなかった。彼自身も認めるように、ベルリンのナチ党員に向けた最初の演説はほとんど注目されず、例外は「数年後には毎日のように私のことを非難したユダヤの新聞」だけだった。そして、その手の新聞が書き立てるのは「ゲベルス〔原文のまま〕氏という人物は、聞いたような話を適当に並べ立てる」だけということだった。

ベルリンがナチ党に合わない都市だとするなら、ゲッベルスは手ごわいライバルのグレゴーア・シュトラッサーと同じく、典型的なナチ党員ではなかったのかもしれない。政界に足を踏み入れる前、彼はユダヤ人の大学教授の下で文学博士号を取得した。彼には才気みなぎる知性があり、政治に熱を入れる人間にはとても珍しい才能に恵まれていた――自分の狂信的な政治熱から一歩離れて、ナチ党の考えを共有しない人には党の見解がどう映るかを想像できたのだ。また彼の日記には、ナチズムと敵対する作家や芸術家――ユダヤ系ドイツ人ジャーナリストのマクシミリアン・ハルデン、リベラルな政敵テオドーア・ホイス、映画監督のフリッツ・ラングなど――への熱烈な評価があふれんばかりに記されている。このような精神の柔軟性があったおかげで、彼は有能なセールスマンとなった。

ゲッベルスは、ベルリンの活気あるメディア環境を気に入っていたわけではない。「毎日輪転機が、何百万部の新聞という形で、国家《ライヒ》の首都にユダヤの毒を吐き出す」。彼はそう記している。だがそれでも、彼はメディアを利用する方法を心得ていて、宣伝はどんなものでも効果をもたらすと本能的に理解していた。リベラル派や左派の新聞が彼の党を批判しても、どうということはない。「肝心なのは、われわれを取り上げているということだ」。彼は日記に繰り返しそう記した。しかしゲッベルスはナチ党を宣伝するために、別の手段、もっと悪意のある手段も使った。

ヴァイマル共和制では、すべての政党が準軍事組織を持っていた。ナチ党の組織はSturm-abteilung〔突撃隊〕で、SA《エスアー》、または「褐色シャツ隊」と呼ばれた。共産党の準軍事組織は「赤色前線兵士同盟」と呼ばれたが、一九二九年に非合法化され、「反ファシズム闘争同盟」に替わった。三つの主要民主政党の準軍事組織は「国旗団・黒赤金」で、名前はヴァイマル共和国の国旗の色にちなんでいる（黒赤金の横縞は一八四八年以来、ドイツ民主主義の象徴だった。一方、ビスマルク時代のドイツ帝国、ドイツ国家人民党、ナチ党は、ドイツ・ナショナリズムの色である黒白赤の横縞を使っている）。その後、国家の旗が穏やかすぎると考えた社会民主党のメンバーが、「鉄の戦線」という「褐色シャツ隊」によく似た武装組織をつくった。ドイツ国家人民党には在郷軍人の武装組織「鉄兜団」があり、一九三〇年代には従軍経験に関係なく誰でも入隊できるようになっていた――ただし、たとえ前線で戦った経験があっても、ユダヤ人は入れなかった。

準軍事組織の役割は、どこも同じ――領域をしっかりと支配することだ。党の会合や集会が妨害されないように、活動家たちが遊説をやり遂げられるようにするのが仕事だ。とはいえ、実際は互いに路上で闘うばかりで、その結果ベルリンも他のドイツの都市も、ヨーロッパの町というよりは、まるでアル・カポネの時代のシカゴのようになってしまった。

ベルリンのノイケルン、フリードリヒスハイン、ヴェディングといった地区、そしてシャルロッテンブルクの一部には最も貧しい労働者の住まいがあり、結果として共産党の牙城にもなっていた。ゲッベルスがベルリンに来てから、ナチ党は共産党との闘いを戦略としていた。褐色シャツ隊が労働者階級の地区にある一軒の酒場へ行き、毎月必ず気前よくビールを消費すると主人に保証する。主人がすべきは突撃隊に無関心でいることだけで、彼らは酒場を本部代わりに使い、やがてその酒場は「突撃酒場」といわれるようになる。褐色シャツ隊は酒場を基地にしてしまい、毎晩のように出撃しては共産主義者を見つけて攻撃する。両者の間で残忍な戦いが行われるのも珍しくはなく、ときには別の党の準軍事組織も加わった。一九三〇年代の初めには、ベルリンをはじめとするドイツの主要都市は、内戦のような状態にあった。

ナチ党は戦略で、複数のことを同時に行い、ナチ党は少しずつベルリンのむずかしい地域を支配していった。そうなると、ポスターを貼ったり集会を開いたりと、運動がしやすくなっていく。けれども、本当にうまみがあったのはメディアの報道だった。

ゲッベルスは、突撃隊の暴力が新聞を引き寄せる磁石となるのを知っていて、実際にはほぼすべての暴力沙汰を突撃隊が起こしているにもかかわらず、いつも自己防衛であるように見せていた。ナチ党のプロパガンダは、決まりきったように暴力がテーマで、復讐に燃える共産主義者がいつも褐色シャツの若者を追い詰めると訴えた。フェルゼネック共同体への攻撃とフリッツ・クレムケの殺害も、その一例だ。ナチ党のプロパガンダはこの事件を、共産主義者による無実の突撃隊への奇襲に変えてしまい、中流階級向けの新聞、警察官、検事、そしてあろうことか刑事裁判所までが、その話に納得した。

彼らのプロパガンダはあまりにも滑稽なことが多かったが、それでも機能していた。法を遵守する中流階級のドイツ人は徐々に、乱暴者かもしれないが褐色シャツ隊は心根がやさしく愛国心のある少年たちで、肝を据えて共産主義者を阻止するのは彼らしかいない、という結論を出し始めた。

しかし、ナチ党自体がドイツの政治にもたらしたのは別のものだ。合法的で憲法にのっとって選ばれた議員とはいえ、州議会や国会のナチ党代議士は、粗暴で残忍な突撃隊がいればこそ活動ができた。実際、ナチ党は議会でもしきたりをことごとく犯すのが当たり前だった。一九三二年五月の国会の討論で、ナチ党議員は共産党議員の演説を遮り「あんたのばかばかしさには値段のつけようがない」と叫んだ。議長がその議員に静粛を求め、共産党の議員団長、エルンスト・トルグラーが「口を閉じろ」と叫び返した。すると、別のナチ党議員がトルグラーに向かって声をあげた。

「ロシアに行けばコサックの将軍だろうよ！」

ナチ党員は、たとえゲッベルスのように第一次世界大戦の従軍経験がなくても、経験がある者への批判を心苦しいとは思わなかった。一九三二年二月の国会で、ゲッベルスは社会民主党を「脱走兵の党」と呼んで、議場全体に激しい怒りをかき立てた。すべての党の議員が立ち上がって彼を糾弾した。ドイツ国家党のエルンスト・レマーは、ゲッベルスと「彼の議員仲間の大部分」に従軍経験がなく、社会民主党員の多くにはあると気づいていた。誰よりも歯に衣着せず、品のない言葉で反応したのは西プロイセン選出の社会民主党議員、クルト・シューマッハーだった。彼は第二次世界大戦の終戦翌年に、社会民主党の勇敢でカリスマ的なリーダーとして名をはせる。シューマッハーも第一次世界大戦に従軍し、戦地で負傷していた。彼は国会で、ゲッベルスの行いに正式に抗議を申し立てても意味がないと述べた。「国民社会主義の扇動全体が、いつの場合も、人間が内側に抱える豚に対する訴えなのであります。もしもわれわれが国民社会主義について何かを認識しているとすれば、それは、国民社会主義がドイツの政治で初めて人間の愚かさを完全に動員することに成功したという事実でしょう」。

そして彼は、容赦なく結論づけた。ナチ党は「自分たちがやりたいことをやっているだけで、われわれが軽蔑するほどのレベルに達することはけっしてないのです」。

一九三一年から三二年にかけて内戦状態が悪化するなかで、ヴァイマル共和国政府がもう体制を維持できないことはますますはっきりしていった。ブリューニングが経済の安定を犠牲にしてナショナリズムの政治目標を追求していることと並行して、平和を維持する力を失い民主主義国家の正当性がむしばまれていくようすが、国民の目の前にさらけ出されていた。さらに、次第に蔓延する暴力によって、やがてナチ党が行う国家的な暴力を国民が受け入れる下地もできていった。

だがそれでも、ナチ党はまだ権力に近づいていたわけではなく、一九三一年から三二年にかけては権力を手にする好機を得たわけでもなかった。ヒトラーは、一九二三年のビヤホールプッチの失敗から、軍や警察に逆らって権力を獲得することはできないと学んでいたし、一九三一年から三二年は、社会の権力層の扉はヒトラーの運動に対してまだ扉を固く閉ざしているかに見えた。ナチ党は選挙で勝って多数派になれるかもしれない。しかし、もしなれなかったら、そのときは何が起こる？

アルフレート・フーゲンベルクは、一九二九年の選挙でヤング案に反対するため、保守派として最初にヒトラーを利用しようとした。そして一九三一年にもナチ党、鉄兜団と手を組み、請願書や住民投票でプロイセン州の早期選挙を画策したが、この試みは失敗に終わった。一〇月、ナショナリストの右派の勢力は、ブラウンシュヴァイクの温泉町、バート・ハルツブルクで会合を持った。この州の政府はナチ党とドイツ国家人民党の連合政権で、会合の参加者が警察に引っ張られる可能性はまったくなかった。ナチ党、ドイツ国家党の他、鉄兜団、国家人民党の一部の党員、全ドイツ連盟、その他の右派ロビー団体がバート・ハルツブルクに集まり、二日かけて協議をしたりパレードをしたりした。意図は、集まった団体が真の統一した効果的なブロックを形成すると示すことだった。だがそれは、フーゲンベルクの夢であって、ヒトラーの夢ではなかった。ヒトラーとナチ党は、フーゲンベルクとともに活動して何の譲歩もせずに得た評判と正当性を、最大限に利用したかったのだ。会合の直前、ヒンデンブルク大統領は初めてヒトラーとヘルマン・ゲーリングに面会している——それは、ドイツ国家人民党と行動をともにすれば、ヒトラーの運動に表向きの信用が与えられることを意味していた。

それにしても、ナチ党はまったくもって無愛想だった。パレードでも、ヒトラーは突撃隊が通り過ぎるとさっさと観閲台を降り、他の団体を無視した。ゲッベルスも単刀直入に、ドイツ国家人民党とともに活動するのはただの戦術で、政権につく唯一の道は連立だからだと記している。バート・ハルツブルクに関する彼の個人的な考えは、さらに厳しい。彼は特に、「一人で勝手に怒ってのぼせ上がる」ドイツ国家人民党の国会議員団長、エルンスト・オーバーフォーレンを嫌っていた。「ああ、もっとましなやつはいないのか！　反吐が出る」。連立であろうとなかろうと、いつかナチ党が政権に就いたあかつきには、「復古主義者はとっとと追い出してやる。われわれだけがドイツの主になれるのだ」。

けれども、ドイツの主になるためには、ナチ党には新たな役者が必要だった――彼らを支持する有権者か、同盟を組む保守派か、権力への門を開いてくれるヒンデンブルクか。来る一九三二年は、そのうちの誰が役者として働いてくれるかという問題に尽きる年になる――誰かが働いてくれるとして。

5

国家非常事態と陰謀

「リトファスゾイレ」という柱がある。一九世紀半ばに、ベルリンのエルンスト・リトファスという印刷業者が考案した。生粋のプロイセン人だったリトファスは、ポスターの掲示にも秩序を求めた。ポスターは、どこに貼ってもいいというものではない。リトファスゾイレは背が高くて太い広告柱だ——丸みを帯びた広い表面が広告ポスターを貼るスペースで、たいていは演劇、コンサート、「スカラ座の夕べ」の公演、オーヴァーシュトルツのタバコといったポスターが貼ってあった。しかし、一九三二年という終わりなき政治の季節に貼ってあったのは、政治運動のポスターだった。

この年、政治は「大衆」的なものになっていたが、電化はさほど進んでいなかった。政治家はラジオを使い始めていたが、使いこなす者はまだほとんどおらず、ラジオのマイクを前にして集会と同じように叫ぶわけにはいかないと理解している人も少なかった。ヨーゼフ・ゲッベルスは、フィルムやレコードでナチ党のメッセージを広める実験をしていたが、それも新しい試みにすぎない。すでに支持者となっている人には新聞や集会で声を届けられるが、大衆に向けて広く訴えるにはポスターが必要だ。「選挙戦は主にポスターと演説でおこなう」——一九三二年の初め頃、ゲッベルスはヒトラーにそう説明している。

当時、驚くほど似通ったポスターがたくさんあった。頬がこけて顎が突き出た上半身裸のたくましい労働者が、手首を縛る鎖を断ち切っている絵。「もうたくさんだ！」という言葉。ヨーゼフ・ゲッベルスの友人でミョルニル（北欧神話、トール神のハンマー）と異名をとるハンス・ヘルベルト・シュヴァイツァーが数多く描いた、ナチ党のポスターの一枚だ。別の一枚は、同じような顔と身体つきで剣を振り上げたた男が、「ナチの独裁」と書かれた三つ首の蛇を追い返そうとしている。カトリックの中央党の姉妹政党、バイエルン人民党のポスターだ。さらに別の一枚には、顔はほとんど隠れているものの、明らかに苦しげな表情をした屈強な労働者が、上半身裸でキリストのようにナチ党の象徴、鉤十字に磔《はりつけ》にされている。タイトルは「鉤十字帝国の労働者！」。これは社会民主党のポスターだ。リベラル派のドイツ国家党は、たくましい男を半裸ではなく全裸で描いて、他と区別をつけている。ドイツ人民党は、男に腰巻きだけは身につけさせた。

一方、女性は衣服をきちんとつけた姿で描かれている。落ち着いたドレスに身を包み、髪をていねいに後ろで束ねた若く美しい女性は、理想主義に目を輝かせ、右腕を上げて、ドイツ国家党とともに目指す「統一・進歩・国民共同体」の未来を見つめる。また別のポスターには、さっぱりとした白いブラウスの毅然とした雰囲気の女性が二人。一人は未来に向かってほほ笑み、もう一人は見る者を真剣なまなざしで見つめ返し、「私たち女性」はナチ党に投票すると宣言している。

中央党は例によって被害妄想的なイメージを喚起する。党のシンボルはもう何十年も、チェスの駒のルークに似た城塞のような塔だ。中央党はプロテスタントに囲まれた自らの存在を、そんな城塞と見なしている。図柄のなかでただ一つそびえ立つ彼らの塔を、共産党やナチ党の旗を振る威嚇的な群衆が包囲する。塔の壁に書かれた巨大な文字は、ハインリヒ・ブリューニングこそ「法と秩序の最後の防壁！」だと宣言している。

党首が単独で主張するポスターもある。共産党は、いくつもの赤旗が見える扇情的な場面を背景にエルンスト・テールマンを描く。テールマンは思わせぶりな笑みをかすかに浮かべ、「飢えや戦争と戦おう！」と訴える。彼は、ある種革新的な楽観主義を伝えているのだ。ナチ党のポスターはもっと重苦しい。痩せ細り、飢え、険しい表情をした無数の失業者たちが木炭画で描かれている。メッセージは実に単刀直入だ。「われわれの最後の希望　ヒトラー」。

一九三二年当時、そう考えていたのは飢えた労働者だけではなかった。

クルト・フォン・シュライヒャーは、いつものように皮肉を込めて言った。「この国にナチ党の崇拝者を作るには、甘い汁で釣るしかない」。

シュライヒャーは、国内最大の政治団体を相手に、政府はもはや――陸軍をもってさえ――戦えないと理解していた。陸軍の指揮官たちは、内戦を何よりも恐れていた。政府のある高官は、一九三二年の終わり頃にこう書き記している。「彼らは、この難題が頭の上を通りすぎてくれないものかと、願い祈るしかなかった」。陸軍、政府、そしてドイツの国際的影響力を強化するために、シュライヒャーは右派が国会議席の過半数を獲得する道を探ろうとした。ドイツ国家人民党のような旧来型の保守派は、彼が望む過半数を実現してくれそうにはなかった。だが、ナチ党ならできるかもしれない。

首相のブリューニングも、政府には確固たる支持基盤が必要だと理解していたが、シュライヒャーとは異なる結論を出していた。ブリューニングは敬虔なカトリック教徒で、徹底した保守派だった。「文化に関しては、社会民主党と私とは深淵をもって隔てられていた」。彼は回顧録にそう記している。しかし政治に関しては別だった。「シュトレーゼマンや他の大勢の政治家と同じく、私は、権力の暴力的な行使に頼らずに祖国を存亡の危機から救うには、頼みになるのはむしろ社会民主党であると、しぶしぶながらも確信するにいたっていた」。

実際、一九三〇年の選挙の後、ブリューニングは何ヵ月間も社会民主党に依存していた。世界恐慌に対処するために彼が出した大統領緊急令は、どれも国会《ライヒスターク》の過半数票で覆される可能性があった。しかし社会民主党は、「寛容」の政策路線に従い、繰り返しブリューニング政府を支持した。ブリューニングの政策は、労働者階級に破壊的な失業と苦しみをもたらした。だが社会民主党は、ブリューニングがどんな困難をもたらそうと、ヒトラーはさらに底知れぬほど危険だと理解していた——ブリューニングに取って代わる可能性が最も高いのはヒトラーであると、次第に明らかになってきた時期でもあった。しかし、「寛容」は、苦痛を伴う政策には違いなかった。社会民主党の中心となる支援者の多くは怒り、幻滅した。

「寛容」は、思わぬ形でブリューニングにも損害をもたらした。暗黙のうちに社会民主党に依存するという彼の戦略は、シュライヒャーとヒンデンブルクを次第に苛立たせた。一九三一年、シュライヒャーは、自分の影響下にある保守派の首相が少し左に寄りすぎているのではないかと心配し始める。彼は、ブリューニングを右寄りにするか、それがうまくいかなければ、ナチ党および国家人民党との連立を実現できる人物を彼と置き換えようと考えた。

成り行きを注意深く見ていた者は、そのようなやり方は危険だと気づいたはずだ。ジャーナリストのコンラート・ハイデンは、ナチ党と一九三〇年に連立を組んだテューリンゲン州の政治家たちと会談した。彼らは連立が州内のナチ党クーデターにつながることはけっしてないと言い、ハイデンを安心させようとした。単純にナチ党を信用して断言する政治家たちを目の当たりにしたハイデンは、「不信は政治の美徳だと思い出させてくれる。そういう美徳には、めったにお目にかかれない」と感じた。

一九三一年の混沌

シュライヒャーは、ナチ党の協力を得る危険を充分には理解していなかった。その理由の一つは、どんな有権者がどんな理由でナチ党を支持しているかを、彼が誤解していた点にある。シュライヒャーは、ナチ党の支持基盤は不安定で、政治圧力がかかれば、あるいはただ対立が長引くだけでも、散り散りになってしまうと考えていた。また彼は、ナチ党の支持者の大部分は実は共産主義者だと見て、ナチ党が崩壊すると、支持者が共産党に流れ、共産党は抑えが効かないほど強大になるとも考えていた。シュライヒャーは多くのナチ党員が共産主義に共鳴していることに「モスクワ」はかなり前から気づいていて、密かに彼らを支援しているのではないかと疑っていた。

もう一つの理由は、相当数のドイツ人や一九三九年より前の世界各国の政治家と同じように、シュライヒャーが根本的にヒトラーを過小評価していた点にある。一九三一年一〇月、シュライヒャーはヒトラーと個人的に二度会っているが、彼の考えに変化はなかった。最初の会談の後、シュライヒャーは、ヒトラーが「演説者として卓越した才能を持つ興味深い人物」だと書き残している。シュライヒャーがナチ党の指導者に抱いた唯一の懸念は、自ら立てた計画でわれを忘れかねない性格だった。「そうなれば、誰かが彼の上着の裾をつかんで、現実の下へ引き戻さねばならない」。

一九三一年の夏になると、ブリューニング首相の株は、いくつかの主な支持基盤の間で暴落していた。そうした基盤の一つは大企業だ。有力な企業家たちは、「経済を縛る鎖を取り除き」、「常に正当な経済の法則」に基づく自由な賃金設定を可能にするため、ヴァイマル共和制の賃金調停制度をさらに徹底的に断ち切れとブリューニングに強く求めた。そうすれば、必然的に賃金は低下し、同じく必然的に、社会民主党とブリューニングの非公式な協力体制に終止符が打たれる。ドイツ人民党とつながりのある企業幹部の言葉を借りれば、長期にわたる左派との協力関係はドイツの「出血死」をもたらす。財界の人々は、さまざまな政治シナリオを考えていた。フーゲンベルクとヒトラーがブリューニングの政府に協力しないのなら、選択肢は独裁、あるいはナチ党とドイツ国家人民党の連立だ。

ブリューニングの議会左派への依存にシュライヒャーとヒンデンブルクが苛立ちを募らせていたせいで、彼の政治生命はさらに危険にさらされた。シュライヒャーは、すでに取るに足りない存在となっていた社会民主党さえも、自分の計画の障害だという思いを強くしていった。そしてヒンデンブルクにも、彼なりの理由があった。

ドイツ国大統領ヒンデンブルクの最大の関心は、それまでと同じように、自分の名声を守り続けることにあった。ヒンデンブルクはキャリアを通じて、手柄を横取りし（第一次世界大戦初期のタンネンベルクの勝利）、失敗の責任を人に押しつける（一九一八年の大戦敗北、皇帝の退位、休戦協定の締結、

（ヴェルサイユ条約調印）名人だった。しかし、一九三一年には、首相のブリューニングが苛酷なデフレ政策を実行するためにヒンデンブルクの大統領緊急令をたびたび利用するようになり、ヒンデンブルクも結果責任を問われるのは避けられない状況となって、その事実がヒンデンブルクに重くのしかかり始めていた。再編成された議会で右派が過半数を占め、緊急令を出さずに国政が行われるようになれば、彼はこの重荷から解放されるはずだ。

ヒンデンブルクはまた、自分が共感する形での国家の団結を強く望んでいた。彼が定義する国家の団結とは、扱いにくい右派、特にナチ党とドイツ国家人民党が、結束して彼に協力すればそれでよい。社会民主党と協力する気はない。彼は、自分が動かす首相の政治運営が、軽蔑する政党の黙認の下に進んでいる事実を嫌悪していた。ヒンデンブルクは、社会民主党を団結すべき国家の正当な一部とは見なしていなかった。

さらにヒンデンブルクは、大規模農業の代表者たちからも圧力を受けていた。一九三一年七月、農業界最大のロビー団体である全国農村同盟《ライヒスラントブント》は、ヒンデンブルクに宛てた手紙で、「国際的マルクス主義勢力（すなわち社会民主党）との完全な決別」を要求した。ヒンデンブルク自身もプロイセン王国出身の貴族であり、地主であったため、全国農村同盟のような団体は彼に対して強い影響力を持っていた。

当時、政治情勢を予測する上でもう一つ重要な要素だったのが、プロイセン州の州政府だ。プロイセン州はドイツの領土と人口の五分の三を占め、州政府は国の第二の政府と言ってもおかしくなかった。ヴァイマル共和制時代の大部分において、プロイセン州は社会民主党、ドイツ民主党、中央党の安定した連立政権の下に統治され、社会民主党のオットー・ブラウンが首相を、カール・ゼーフェリンクが内相を務めた。ブラウンとゼーフェリンクは長期的な視野を持つ優れた政治家で、政治的立場を超えて多くの指導者から尊敬を集めていた。たとえば、グスタフ・シュトレーゼマンもこの二人について、ともに仕事をしたい「真に政治家にふさわしい人物」だと、当時の大勢の政治家と同様の見方を示している。しかし、二人が取りしきるプロイセン州政府は左寄りだったため、右派にとって目障りな存在となっていた。

ヒンデンブルクは、ドイツ国家人民党にブリューニング政権を支持してもらい、それによって右派統合への第一歩を踏み出すため、一九三一年の秋にアルフレート・フーゲンベルクと会った。フーゲンベルクは、支持を得たいのなら、その対価はブラウン－ゼーフェリンク政権とプロイセン州中央党の連立解消だとはっきり要求した。ブリューニング首相は国政レベルの中央党幹部でもあり、その要求を呑もうと思えば呑めたかもしれないが、そんなことをすれば、当時のプロイセン州政府とドイツ国政府の微妙な均衡が崩れかねない。ブリューニングとしては、社会民主党の支持を頼りに国会がヒンデンブルクの大統領緊急令を覆すのを避け、ひいては政権への不信任投票を逃れるのが精一杯の状態だった。ブリューニングがプロイセン州政府の連立を解消すれば、国会内の社会民主党員は、おそらく彼を首相の座から引きずり降ろすという報復に出るだろう。そうなれば、ブリューニングは、ドイツ国家人民党とナチ党という極右を中心とした多数派の実現を探らざるを得なくなる。もちろん、それはヒンデンブルクが願う状況そのものだが、ブリューニングは望んではいない。いずれにしても、一九三一年に極右がブリューニングを支持したり、ましてや極右同士が団結したりするような見込みはどこにもなかった。

シュライヒャーにとっては、気がかりな問題の一つが、ポーランドとドイツを隔て、プロイセン州の境界線でもある東部国境の防衛だった。陸軍と警察には、国境警備に必要な人員や物資が充分になく、シュライヒャーは鉄兜団のような準軍事組織、あるいは突撃隊にまで警備を頼らねばならなかった。九月には、カール・ゼーフェリンクが国境警備について不満を口にするようになった。ドイツ国防省はプロイセン州内務省よりも、右派の準軍事組織と密接に連携しているというのだ。当然ながら、プロイセン州政府は自州の境界を最も過激な政敵の武装グループに警備させることに反対した。シュライヒャーは、ブラウン－ゼーフェリンク政権の非協力的な態度が、国家安全保障上の脅威になると考えた。

九月には、シュライヒャーもヒンデンブルクも、内閣を右派寄りに再編せよとブリューニングに要請ずみだった。ブリューニング自身も、二人がもう自分を信頼していないとはっきり気づいており、彼らの関係は悪化の一途をたどっていた。ブリューニングは、ヒンデンブルクにヒトラーと会談してはどうかと提案した。すると大統領は激怒した――彼が嫌っていたのはヒトラーの政治方針ではなく、彼の軍人としての階級、社会的地位、そしておそらくは、出身国だった。「こんな『オーストリア出身の伍長』と歓談することなぞが本当にできると考えてもらっては、困るのだ」ヒンデンブルクはブリューニングにそう言った。ヒンデンブルクは、あまりにも多くの「個人の心情と信念」を犠牲にしろと要求されていると感じた。ブリューニングはそれまで「このような調子の言葉」を大統領が口にするのを聞いたことはなかったと述べている。

実のところ、大統領の周辺では、ある陰謀が着々と進んでいた。シュライヒャーだけではなく、大統領の息子オスカー（父親に対して影響力を持つものの知性に欠け、周囲からは「憲法では予想がつかなかった息子」と見下されていた）や、オットー・マイスナー大統領府長官も、ヒンデンブルクがブリューニングに反感を持つように働きかけていた。彼らはナチ党にも接近しつつあった。オスカー・フォン・ヒンデンブルクはヘルマン・ゲーリングと親しくなり、大統領の側近の別のメンバーは秘密の一部をナチ党に漏らした。

軍隊式に思考するブリューニングは、自身をヒンデンブルクの部下と見なし、ヒンデンブルクの指示通りに動いた——ある程度までは。彼は指示通りに内閣を再編し、より右寄りに作り変え、外相は自身が兼任した。元ドイツ国家人民党員で、フーゲンベルクの急進主義に反対して党を去ったゴットフリート・トレフィラヌスが運輸相になり、元将軍のヴィルヘルム・グレーナーは、それまでの国防相の仕事に加えて内相も務めることになった。しかし、ナチ党はもちろんのこと、フーゲンベルクとドイツ国家人民党も、依然として野党のままだった。ブリューニングは相変わらず国会で社会民主党に依存し、そのせいで、右派の視点から見ればプロイセン州の状況は未解決のままだった。シュライヒャーとヒンデンブルクの苛立ちは募る一方だった。

結局ブリューニングの的外れな忠誠心は、自身の立場をほとんど回復させなかった。皮肉にもブリューニングの退陣は、大統領再選に向けてヒンデンブルクが精力的に取り組んだおかげで、より早く実現した。

ヒンデンブルクの再選

ヒンデンブルクの七年にわたる大統領の任期は、一九三二年春に満了を迎える。彼が再び大統領の座を望むなら、伝説的な名声によって再選は確実だ。しかし、再出馬しないのなら、おそらくヒトラーが当選者となる。経済危機が確実に悪化し、ナチ党の人気が急激に高まるなか、ヒンデンブルク以外にヒトラーを破れそうな候補はどこにも見当たらなかった。

ヒンデンブルク自身は再出馬に消極的だった。一〇月には八五歳になる。ヒンデンブルクは、対立する国家人民党とナチ党が「一九一八年のできごと」――つまり、彼が皇帝を亡命に追い込んだできごとをどう利用するつもりかと心配していた。「今回はそうはうまくいくまい」、彼はブリューニングにそう話している。

老元帥ヒンデンブルクの負担を減らすため、ブリューニングはすべての党の党首たちに、選挙を行わずにヒンデンブルクの任期を延長することに同意させようとした。それには憲法改正が必要となり、憲法の改正には国会の三分の二の賛成が必要となり、そのためにはナチ党と国家人民党の支持を得なければならない。予想通りヒトラーとフーゲンベルクは拒否し、ブリューニングはヒトラーに憲法の守護者になりすます機会を与えただけで、何一つ達成できなかった。またヒンデンブルクは、中道左派の候補者としては出馬しないと言い張った。右派からの支持を望んでいたのだ。さらにヒンデンブルクは、一回目の投票で完全に過半数を獲得し、決戦投票を回避したいと考えていた。だが、ヒンデンブルクを名誉団員としていた鉄兜団でさえ、彼の再選を支持しなかった。二月中旬、小規模な右派の退役軍人団体、キフホイザー同盟が支持にまわり、ヒンデンブルクはようやく渋々ながら再出馬の要請に応じた。

有力な対抗馬は三人いた。鉄兜団幹部の一人、テオドーア・デュスターベルクは、鉄兜団と国家人民党の統一候補となった。共産党は議長のエルンスト・テールマンを候補に立てた。中道派と中道左派は予想された通りヒンデンブルクの後ろ盾となった。二月二二日、ヨーゼフ・ゲッベルスはアドルフ・ヒトラーがナチ党を代表して立候補すると発表した。ところが困ったことに、ヒトラーはこの時点でもまだドイツ国民ではなかった。四日後、ナチ党と国家人民党が連立を組むブラウンシュヴァイク州政府は、ヒトラーをベルリン駐在の参事官に任命した。ブラウンシュヴァイク州の公務員となったヒトラーは自動的にドイツ国民となり、大統領の地位に就く資格を得た。このできごとの後、ヒトラーの口の悪い友人エルンスト・ハンフシュテングルは、ヒトラーを「ミスター参事官」と呼び、「指導者《フューラー》」が嫌悪するヴァイマル共和制の正式な称号をあだ名にして、楽しそうにからかった。

ヒンデンブルクは選挙運動をほとんど行わなかった。第一次投票の三日前の三月一〇日、ラジオを通じて一度演説を行っただけだった。ヒンデンブルクに忠実な首相は、彼のためにドイツ各地の集会に顔を出し、演説を行った。三月一三日、ヒンデンブルクは四九・六パーセントの得票率で、第一次投票による完全決着を僅差で逃した。ヒトラーは三〇・一パーセントで大差をつけられ、テールマンの得票率は一三・二パーセント、デュスターベルクは六・八パーセントだった。

イースターの間は選挙戦が休止され、決選投票に向けた運動は、四月四日から九日までの五日という短期間に集中して行われた。デュスターベルクが脱落してテールマンは残ったが、決選投票がヒトラーとヒンデンブルクの一騎打ちになるのは明らかだった。ヒトラーは、自分の若さと現代的イメージを強調するために、「ヒトラー、ドイツ全土に姿を現す」というスローガンを掲げ、飛行機を利用した選挙運動を行った。彼の演説は映画とレコードでも広められた。歴史学者のハインリヒ・アウグスト・ヴィンクラーが記したように、当時のドイツで「最も近代的で、完璧な手法による」選挙運動だった。

しかし、そうした努力も実を結ばなかった――決選投票でヒンデンブルクは五三パーセントの票を獲得し、ヒトラーは三六・八％にとどまった。テールマンは大きく差を空けられて三位となった。ブリューニングは、この選挙は首相である自分に対する国民投票でもあると考え、結果的には信任された形となった。彼が行った選挙運動によって、彼の考えが認められたことになる。ナチ党は、ヒンデンブルクを敵にまわす選挙戦で重大な戦術上の問題に直面した。自分たちが取り込むつもりでいた中流階級の保守派の間に広まる、陸軍元帥への崇拝に打ち勝たねばならなかったのだ。そこでゲッベルスは、ヒンデンブルクと対決するのではなく、「ブルジョワ－社会民主主義体制」と対決するという建前を使った。ここでいう「体制」とは、ナチ党が常々使うヴァイマル共和制の民主主義を意味する記号だ。だがこのとき、一九三二年の春になっても、「体制」が勝利を収めた。

ところが、まさにそれが理由で、ヒンデンブルクはこの勝利に満足していなかった。一九二五年の選挙では、それぞれの支持層は完全に逆だった。ある投票データの分析によれば、一九三二年にヒトラーに投票する人を予測する統計上の最も有効な因子は、一九二五年の選挙でヒンデンブルクに投票したことだった。そのときのヒンデンブルクの支持層は右派だったが、一九三二年には民主派の中道から左派に変化していて、これはまさしく彼が恐れていた状況だった。プロイセン州のオットー・ブラウン首相がヒンデンブルクの勝利に祝いの言葉を述べると、ヒンデンブルクは自分と支持者の間につながりがあるとは思わないと無愛想に答えた。ブリューニングは、一応の儀礼として辞任を申し出たが、受け入れられると思っていたわけではない。ヒンデンブルクは、そのうちまた同じことを考えるのではないかと不機嫌に言った。

ヒンデンブルクは選挙の結果について、子どものように恩知らずな態度でブリューニングを責めた。そもそも選挙運動をしなければならなかったこと、投票が二度行われたことを、ヒトラーやフーゲンベルクではなくブリューニングのせいにした。ヒンデンブルクの不満はそれだけではない。ブリューニングは世界恐慌の対策の一つとして、失業中の労働者を東プロイセンの破産農家の土地に移住させるという案を出した。だが、当地の貴族階級の土地所有者たちからは大変な不評を買う。ヒンデンブルクは東プロイセンのノイデック荘園ですごしていた時期から、貴族の彼らと知り合いだった。彼らは、ヒンデンブルクの下にいる首相を「農業ボリシェヴィキ」だと非難した。

そしてこの一九三二年の春、おそらくは最大の政治上の因縁となる、突撃隊の禁止令が出された。

シュライヒャーの報復

冷静で情報に通じている人にとって、ドイツの町や都市で政治的暴力が着実に悪化している原因の多くがナチの突撃隊にあることは疑いようもなかった。一九三二年三月と四月の大統領選挙の間、突撃隊は「緊急出動部隊」を組織していたが、彼らはヒトラーが勝利したらクーデターを起こす気でいたようだ。だとすれば、「褐色シャツ隊」こと突撃隊の禁止が考えられたのも、当然の流れだった。しかしナチ党、特にナチ党の突撃隊を利用したいと思っていたシュライヒャーにとっては、この禁止令は都合が悪かった。シュライヒャーの考えはことあるごとに揺れ動いたものの、一九三二年四月には、禁止令によってナチ党は苦しむ殉教者のように見られ、迫る各州の選挙も悪影響を被り、ヒンデンブルクに対するよくない評判が広まりそうだと考えるに至った。シュライヒャーはヒトラーに、突撃隊を無害な組織に改めるように求め、従わなければ禁止令を出すという最後通牒を与えようとした。しかし、ブリューニングとヴィルヘルム・グレーナーは完全な禁止を望んだ。そしてヒンデンブルクは、禁止令のせいで自分と右派の亀裂がさらに広がり、その結果、自分の大きな政治目標の一つが達成できなくなるのではないかと恐れた。ブリューニングとグレーナーは、ヒンデンブルクが同意しないのなら辞職すると迫り、大統領はしかたなく二人の要求を呑んだ。

シュライヒャーは茫然とした。彼にとって初めての重大な政治的敗北であり、こんなことが起きるとは思ってもいなかったようだ。グレーナーはある友人に、この件でシュライヒャーは「ほぼノイローゼ」状態になったと語っている。抜け目のない政治将軍シュライヒャーは、報復を考え始めた。

シュライヒャーがストレスを抱えていたことは、五月二日の夜の、ブリューニングとの個人的な面会からもわかる。ブリューニングはいかにも彼らしく、冷静で合理的で人間的には無神経な態度で、いつまでも舞台裏から政治を操り続けることはできないとシュライヒャーを説得した。そして、シュライヒャーには表に出て首相となる勇気があるはずだから、実際にそうすればどうかと言った——シュライヒャーがヒンデンブルクへの影響力を使い、ブリューニングの在任期間をあと数ヵ月のばすという条件をつけて。ブリューニングは、この会話がシュライヒャーの「理性」には訴えたが「感情的には今にも怒りを爆発させそうになっていた」と記している。ブリューニングより多少なりとも社交的な者から見れば、それはむしろ当たり前の反応だ。ブリューニングは、シュライヒャーが肝臓病に苦しんでいるのを知っていた。「将軍の顔色は、蒼白になったり黄ばんだりした。彼は疲れはて、まるで病人のようにみえた」。ブリューニングはそう回想する。「数分後、彼は熱にうかされた病人のような、ぎらぎらとした眼差しで私をみつめた。彼を知る者、長年にわたり彼のこうした顔つきを分析してきた者には、よく分かった。いまや、ことは終わった、と」。

シュライヒャーは、軍とのつながりとヒンデンブルクへの影響力を利用し、突撃隊禁止令とヴィルヘルム・グレーナーの双方を阻止しにかかった。いつものように舞台裏から。すべての軍管区の指揮官に電話をかけ、グレーナーと禁止令についてヒンデンブルクに不満を訴えるように依頼したのだ。そして、社会民主党及び他の民主派政党の準軍事組織、国旗団に関する資料を、陸軍総司令官のクルト・フォン・ハンマーシュタイン＝エクヴォルトを通じてヒンデンブルクに届けさせた。この資料は、政治的暴力の責任は多くの党派にあると結論づけていた。

突撃隊が非難されるなら国旗団も非難されるべきなのに、どうして突撃隊だけを禁止するのか？　実のところその「資料」とは、複数の右翼系新聞の切り抜きと、国旗団の訓練マニュアルに対する批判的論評だけで、とてもではないが国内の最高機密を収集したとはいえなかった。グレーナーは以前からその資料を取るに足りないものだと考えていた。だが、資料は目的通りの効果を発揮した。怒ったヒンデンブルクが国旗団の調査を求めたのだ。

シュライヒャーは禁止令への激しい怒りから、それまでよりずっと危険な、政治の運命を変える一歩を踏み出した。彼はナチ党に対する懸念を完全に捨て去り、ヒトラーと交渉を始める。ナチ党の側は、シュライヒャーとの交渉を切望していた。本当の権力者が誰なのかを知っていたからだ。一九三二年、ナチ党初期の活動家で後にヒトラー政権の内相を務めるヴィルヘルム・フリックは、シュライヒャーの伝記作者ルドルフ・フィッシャーに、「彼（シュライヒャー）一人で、少なくとも一〇万人従えている」ときっぱり主張し、軍を動かせるとにおわせた。シュライヒャーがヒンデンブルクに対して大きな影響力を持っているのは、誰もが知っていた。ヒトラーはビヤホールプッチの失敗から、ナチ党が政権につくにはヒンデンブルクと陸軍が必要で、けっして彼らと対立してはならないと学んだ。シュライヒャーとナチ党は一緒に計画を練り始めた。彼らには共通する一連の目標があった——突撃隊禁止令の撤回、ブリューニングとグレーナーの失脚、プロイセン州のブラウン－ゼーフェリンク政権の終焉だ。

こうしたいくつかの合意が、シュライヒャーの傷つけられた感情と、ブリューニングとグレーナーへの復讐心から生じたことは容易に想像できる。また一方で、一連の目標は、実行力のある右翼政権を打ち立てるというシュライヒャーの長期的戦略とも一致していた。ドイツの民主主義に大打撃をもたらす彼とナチ党の目標は、続く二ヵ月の間にすべて現実となる。

四月下旬、閣僚のヴィルヘルム・グレーナーと一緒に自動車旅行に出かけたブリューニング首相は、「好天気に恵まれ、ライン川沿いのすばらしい風景のなか」、グレーナーといつもより長い時間、より個人的なことがらについて話し合った。車が進むにつれ、ブリューニングが最後まで抱いていた幻想は一つずつ崩れていった。グレーナーは、シュライヒャーが自分を陥れようとしているのを以前から知っていて、強い衝撃を受けていた。彼は、シュライヒャーに目をかけて出世街道にのせてやり、「実の息子のように愛してきた」のは自分だと語った。

ブリューニングが元参謀総長のグレーナーに、戦時中の最高司令部での経験について尋ねると、グレーナーはヒンデンブルクの話をした。一九一九年の夏以来、ヒンデンブルクの性格について「大きな疑念」を抱いてきたと言う。当時のフリードリヒ・エーベルト大統領は、陸軍にはドイツを守る力がまだあるとヒンデンブルクが断言すれば、ヴェルサイユ条約の調印を拒否するつもりでいた。ヒンデンブルクは、軍が抵抗できる見込みがないのは「貴下こそ余と同様」に承知のはずではないかとグレーナーに話したが、その判断をグレーナーからエーベルトに伝えさせ、自分は責任を逃れようとした。ヒンデンブルクがグレーナーに報酬として与えたのは、一四年間にわたって国民から一方的に批判される立場だった。その話を聞いてからというもの、ブリューニングは「ヒンデンブルクのような人格の上に築かれてきた政治は、いまいちど崩壊するにちがいない」と考えるようになった。

ブリューニングとグレーナーがライン川沿いをドライブしている間にも、シュライヒャーはブリューニング政権を転覆させるべく動き続けていた。

四月から五月にかけて、陰謀は着々と進行した。一方ではヒトラー、ゲッベルス、ヘルマン・ゲーリング、グレゴーア・シュトラッサー、ベルリン突撃隊の指揮官ヴォルフ＝ハインリヒ・フォン・ヘルドルフ伯爵が関わり、もう一方のシュライヒャーの側ではマイスナーとオスカー・フォン・ヒンデンブルクが新たに関わるようになった。共謀者たちはグレーナーとブリューニング打倒の重要性について合意し、彼らに代わる内閣の人事と政策を共同で作り上げた。彼らは同時に、プロイセン州のブラウン＝ゼーフェリンク政権の排除も狙っていた。この二人の政権は、ナチ党が三六・三パーセントの票を獲得した四月二四日の州選挙で議会の過半数を失い、「暫定」政府として不安定な運営を続けていた。

シュライヒャーとナチ党の交渉では、それぞれの目標達成における課題が明らかになった。シュライヒャーにとっては、右翼層から政権の支持を得てブリューニングの中道左派傾向から脱却するのが急務だ――突撃隊禁止令で手痛い敗北を喫して以来、シュライヒャーにはなおさら重要な課題だった。ゲッベルスは、こと政治戦術においては常に現実路線で、ナチ党の選挙戦の勢いは不安定で、早いうちに成果を出す必要があると認識していた。「ぼくらはじつにむずかしい決断の前に立たされている」、四月二六日にゲッベルスはそう記している。連立を組んで部分的にでも政権にありつくとすれば、その相手は中央党しかなかった。だが、中央党を相手にするのは不愉快な仕事になるだろう。それでもゲッベルスは「政権に就かねばならない」と書いた。さもなければ、ナチ党はこの先選挙に勝ってもただ「滅ぶ」しかない。

四月二八日、ヒトラーとシュライヒャーは直接会談したが、意外にも、そこにはハンマーシュタイン゠エクヴォルトが同席していた。エクヴォルトは反ナチ派だったが、突撃隊禁止令の撤回とグレーナーの失脚を望んでいた。その夜、ヘルドルフ伯爵はゲッベルスに電話をかけ、会談はうまく運び、やるべきことについてみなが合意したと伝えた。五月八日、ゲッベルスは「大統領は彼（ブリューニング）にたいする信任を撤回するはず」で「近日中に首相のブリューニングはおろされる」と書いている。

五月九日には四日間の国会も始まり、突撃隊禁止令が議論の中心となった。怒りに燃えるナチ党はグレーナーを攻撃し、ナチ党、国家人民党、および共産党からブリューニング政権への不信任案が提出された。シュライヒャーは、グレーナーに打撃を与える情報を密かにゲーリングにわたしていた。病を患うグレーナーは弱々しく自分を弁護したが、そのようすはひいき目に見ても、彼の政治キャリアの終わりと映った。一方、ブリューニングは説得力のある演説を行い、彼の内閣は信任投票で勝利を収めた。その後シュライヒャーは、国防相グレーナーが陸軍の指揮官たちの信頼を失っているとして、辞任するように圧力をかけた。

五月一一日、ゲッベルスはシラーの戯曲『フィエスコの叛乱』の「マントが落ちれば、公爵も墜ちる」になぞらえて、「まず一人が倒れ、それから、内閣全体つまり現体制までがひっくり返る」と記した。「公爵」とはブリューニングを指す。五月二五日、ヒンデンブルクがその週末に首相を退陣させるつもりでいると、ゲッベルスは知った。

次の日曜日にあたる五月二九日、ブリューニングはヒンデンブルクとの最後の会談に赴いた。彼は控えの間でシュライヒャーのコートと帽子に気づく。ヒンデンブルクは眼鏡をかけて机の上の書類を取り、それを読み上げた――ブリューニング政権にはこれ以上大統領緊急令や人事の異動は許されないという内容だった。

「いま朗読された文言を正しく理解するならば、大統領閣下、あなたは内閣総辞職をご希望なのですね」

「その通り」ヒンデンブルクは答えた。「この政府は不人気なのだから、退陣しなくてはならない」。ブリューニングと彼の政権への評価は、大統領選挙の結果と先の信任投票が示していたが、ヒンデンブルクにその配慮がないのは明らかだった。彼はただ、一刻も早く総辞職してほしかっただけだ。彼はブリューニングに告げた。「私の良心が、私に貴下とは別れよと命じている」。それでもヒンデンブルクは、外相には留任せよとブリューニングに求めた。ブリューニングは冷ややかに答えた。「大統領閣下、私にも良心があります」。彼はそれ以上政権に留まることを拒んだ。

五月三〇日火曜日、ゲッベルスは日記にこう記した。「爆弾が炸裂。一二時にブリューニングが大統領に内閣総辞職を申し出た」。印象的なメモ書きも加えてある。「今の『体制』は崩壊寸前だ」。

無能なパーペン

フランツ・フォン・パーペンは、ブリューニングの次のドイツ国首相候補として有力ではなかった。

パーペンは一八七九年、プロイセン王国ヴェストファーレン州の貴族の家に生まれた。父親は皇帝ヴィルヘルム二世の友人の一人で、普仏戦争に従軍しており、一八七一年にはヒンデンブルクと同じく、ヴェルサイユ宮殿で行われたドイツ帝国創設宣言式に出席している。兄がいたため、パーペンには父親の地所を受け継ぐ見込みがなく、職に就く必要があった。彼が選んだのは陸軍で、陸軍の学校で教育を受け、一八九八年に槍騎兵連隊の少尉に任官した。馬術に秀でたパーペンは数々の競技会で勝利を収め、のちに政敵から「貴族騎手」というあだ名で呼ばれた。その後、パーペンは陸軍士官学校でプロイセン州参謀本部に仕える訓練を受けたが、そこでクルト・フォン・シュライヒャーと知り合う。

一九一四年一月、パーペンはワシントンDCのドイツ大使館付き武官に任命され、そこで若き海軍次官フランクリン・D・ルーズベルトや、頭角を現しつつあった若手将校ダグラス・マッカーサーなど、さまざまな人物と知り合った。その年の夏に第一次世界大戦が勃発すると、パーペンはカナダ兵のヨーロッパ派遣を阻止するため、ニューヨーク市を拠点にして諜報および妨害工作を行った。また、アイルランド系やドイツ系のアメリカ人労働者を誘導して軍需産業から引き離したり、重要物資を買い占めて連合国の兵器がアメリカで生産されるのを妨げたりもした。この裏工作は一九一五年に終わりを迎える。アメリカの情報局員が、ニューヨークの地下鉄に乗っていたパーペンの部下から書類を盗み取るのに成功したからだ。書類は報道機関にリークされ、パーペンはその年の末に、アメリカにとって好ましくない人物《ペルソナ・ノン・グラータ》として入国拒否を通告された。

そのときパーペンは、一九三〇年代初めにはドイツ中に知れわたる無能ぶりを早くも露呈し、自分が安全に帰国できるのだから、自分の荷物も安全だろうと思い込んだ。その判断ミスから、アメリカ国内のドイツのスパイの名を記した多くの機密書類がイギリス情報機関の手に落ちた。イギリスは書類の一部を公表し、パーペンは不本意な形で世界の有名人となった。

帰国したパーペンは帝国陸軍で手柄を上げ、汚名を返上した。一九一七年、彼は参謀将校としてオスマン帝国駐留ドイツ軍に派遣され、そこで、のちに大統領となってアタテュルクの称号を得るケマル・ムスタファに出会い、オスマン帝国陸軍少将の地位を与えられた。終戦後、オスマン帝国駐留ドイツ軍の司令官リーマン・フォン・ザンダースは、ドイツの状況に倣い、派兵されていたドイツ兵による兵士の評議会の結成を許可した。しかし、パーペンは兵士の評議会に反対し、フォン・ザンダースの命令に背く結果になった。パーペンがドイツに戻り、この件をヒンデンブルクに報告すると、陸軍元帥ヒンデンブルクはパーペンの行動を認め、彼が規律違反の罪で起訴されるのを防いだ。

パーペンは陸軍を去り、政治の世界へ入る。敬虔なカトリック教徒だった彼は中央党に入り、一九二一年、プロイセン州議会議員に当選した。イデオロギー的にはドイツ国家人民党の方が適していたが、国家人民党はプロテスタント色が強すぎた――この一件からも、ドイツでは政治の宗派化の影響が強かったことがうかがえる。一期目の任期中、パーペンは積極的に発言し、一九二〇年代後半には各種高官の候補として名が挙がるようにもなった。彼は中央党の機関誌『ゲルマニア』の大株主になったが、党の中では自ら徐々に孤立していった。たびたび党の規律を破り、一九二五年の大統領選挙では、中央党のヴィルヘルム・マルクスの対立候補だったヒンデンブルクを支持するという行動に出る――そしてこのときも老元帥の信望を蓄えた。とはいえ、一九三二年までは、パーペンは世間から注目されるような人物ではなく、人脈の広い政治家の一人という程度でしかなかった。

パーペンはあらゆる点で貴族だった――人当たりがよく洗練され、装いもつねに優雅だ。世慣れた雰囲気を持ち、人を楽しませる軽妙な会話が評判で、フランス語も流暢に操った。生真面目でカリスマ性のないブリューニングとは、あらゆる点で正反対だった。けれども、頭の切れる人物だとは誰からも見てもらえず、金融政策でブリューニングに、外交手腕でシュトレーゼマンに与えられたような評価は、パーペンには与えられなかった。パーペン自身も、「自分の知識の限界については充分わかっている」と記している。しゃれた毒舌家のフランス大使、アンドレ・フランソワ＝ポンセの記述によれば、パーペンは「友人からも敵からも軽んじられるという、奇妙な立場を満喫していた」。

このパーペンこそが、ハインリヒ・ブリューニングに代わる者として、一九三二年六月一日にヒンデンブルクが首相に任命した人物だ。一九三〇年のミュラーからブリューニングへの交代と同じように、シュライヒャーは何ヵ月も前からブリューニングの後任をパーペンにしようと考えていたのだろう。もっともパーペンは、五月二六日にシュライヒャーから電話をもらい、ザールラントの所領からベルリンへ呼び出されるまで、そのような計画については何も知らなかったと主張している。パーペンはシュライヒャーがどの程度手配を進めていたかについても語っているが、こちらはもう少し信用できそうだ。シュライヒャーはすでにパーペン内閣の顔ぶれを選んでいて――「きっとお気に召すだろう」と言ったらしい――ヒンデンブルクともパーペンの首相任命について話を進めていた。シュライヒャーはパーペンに、突撃隊禁止令の撤回をナチ党と交渉していると話した。ナチ党は見返りとして、パーペン政権の支持を約束したという。

パーペンの無能ぶりを、シュライヒャーは気にしなかった。それこそが大事な点だ。パーペンを自分の操り人形にするつもりだったのだから。シュライヒャーは自分が新政権の国防相に昇格するように手はずを整え、内閣の実権を握るつもりでいた。ある友人に「パーペンは人のかしらとなるような男ではない」と不平を言われたシュライヒャーは、こう答えている。「彼に人のかしらになんぞなられてはこまる。彼は帽子のようなものだ」。

パーペン政権は、民主的な立憲主義と法による統治からの急激な後退を象徴していた。彼の内閣はブリューニングの内閣よりはるかに右寄りで、より多くの社会的エリートが入閣していた。貴族の閣僚七人に中流階級の閣僚がわずか二人という構成だったため、やがて「男爵内閣」とあだ名される。一九一八年以前なら、内閣が上流層で占められていても不平を言う者はいなかっただろう。しかし一九三二年にはすでに文化が変わっていて、ドイツ人はより幅広い階級の人から成る政権を求めていた。シュライヒャーがナチ党と約束した取引条件に基づき、突撃隊禁止令は撤回され、七月三一日には国会議員選挙が行われた。予想通り政治的暴力が急激に増し、同じく予想通りにパーペンは権威主義的な対応をした。八月、パーペンは二つの大統領緊急令を出して政治的暴力を扱う「特別法廷」を創設し、控訴も含めた手続き上の権利のほとんどを被告人から剥奪し、殺人で有罪になった者には死刑を科すようにした。ベルリンのある検事は、特別法廷は「国家への敵対分子を壊滅させる」と説明したが、言葉だけを見れば、すでにナチ政権時代が到来しているかのようだ。

ブリューニングは、大統領緊急令によって政策を進める「大統領内閣」の首相だったため、すでに議会制民主主義の枠からはみ出していた。それでも政権が終わるそのときまで、彼は実質的に議会の多数派から支持を受けていた。ブリューニング政権の実態は、理屈で考えるよりもはるかに民主的だった――ヒンデンブルクとシュライヒャーがこの政権を排除したがったのは、まさにそれが理由だ。ところが、パーペンの政府はまるで違った。ブリューニングが大統領緊急令に頼ったのは、議会の行き詰まりを打開するためだったが、パーペンとシュライヒャーは、議会政治を完全に終わらせるために大統領緊急令を利用するつもりでいたのだ。洞察に優れた日記作家、ハリー・ケスラー伯爵は、直ちに問題点を見抜いた。ブリューニングの退陣は「議会主義の共和国が、ひとまずは幕を閉じた」だけではなく「世界の危機は本格的な先鋭化の段階へ入った」ことも意味し、「第三の帝国のうまみを期待してのこと」か、ベルリン証券取引所で株価が急騰したと、彼は冷ややかに書き記している。

社会民主党はパーペンを前首相のように「寛容」には扱わないだろうし、中央党はパーペンのブリューニングに対する裏切りに激怒していた。新政権は極右政党、すなわち国家人民党とナチ党に頼らねばならない。それはもちろん当初からの目論見通りで、右翼の多数派を新たにまとめ上げるのがシュライヒャーの戦略だ。彼は、パーペンに真剣味が足りないのを気にしなかったのと同じように、次の選挙でナチ党が大量票を獲得しそうな兆候にも無頓着だった。これもまた彼の計画の一部だからだ。もちろん、この計画はナチ党が約束を守るかどうかにかかっている――コンラート・ハイデンが述べたように、不信という政治の美徳にはめったにお目にかかれなかった。

民主主義の窮地は他でも生まれつつあった。シュライヒャーは、かねてよりプロイセン州の民主政府に対するクーデターの計画を進めていた。これもまた、彼がナチ党と交わした取り決めの一部だ。シュライヒャーにとって、このクーデターの表向きの主導者を務めるのも、パーペンの役割の一つだった。

もっともシュライヒャーの計画は狡猾で、やはりナチ党に対して二本立ての戦略を用意していた。ナチ党を利用する一方で抑え込もうともしていたのだ。ナチ党の権力の欲求は、プロイセン州を支配すれば満たされるはずだと彼は考えた。しかしこの戦略の核心は、ナチ党が手に入れるプロイセン州には、州警察は含まれないという点にある。プロイセン州警察は五万の人員を擁し、それ自体が国家の政治の一大勢力だった。シュライヒャーは、ナチ党がプロイセン州を支配するとしても、州警察は中央政府の管理下に置きたいと思っていた。

シュライヒャーは、クーデターの準備を慎重に進め、プロイセン州内務省のルドルフ・ディールスという若い役人の協力を得た。ディールスはハンサムで頭の切れる色男で、彼をリベラル派の人間だと思った州政府は、民主勢力を強化するために彼を内務省に配属していた。しかし、ディールスにとって最大の関心事は自分のキャリアであり、政治に関する彼の鋭い直感は、今は右翼のナショナリストに賭けろと告げていた。ディールスは、シュライヒャーとパーペンに手を貸し、一九三二年の夏にはナチ党とも共謀するようになる。陰謀の黒幕たちは、プロイセン州政府と共産党が不正に結びついているという疑いに関する「情報」をかき集めるという重大任務をディールスに与えた。見つけた情報は、ヒンデンブルクに届けることになっていた。大統領が、国事裁判所で反逆罪の裏づけ証拠が挙がった場合に限り、プロイセン州政府と対決すると主張していたからだ。

ディールスは証拠らしきものを手に入れたが、そのやり口は極めて巧妙だった。彼の上官で、プロイセン州内務省警察部長官のヴィルヘルム・アーベッグが、共産党の政治家二人との内密の会談を手配した――州政府への陰謀を企てるためではなく、共産党を説得して暴力行為を抑えてもらうのが目的だった。ディールスは、アーベッグに賛同する証人になると約束し、会談に同席すると申し出た。終了後、ディールスは会談の内容を歪曲してパーペンに報告し、でっち上げの陰謀と反逆の罪をアーベッグにかぶせた。

シュライヒャーは、突撃隊禁止令を撤廃すれば政治的暴力が増すので、その責任はプロイセン州政府にかぶせればよいと冷徹に計算していた。七月一七日、ハンブルク郊外のアルトナで、ナチ党と共産党の間に暴力抗争が発生した。一八人が死亡し、六〇人以上が負傷したこの事件は「アルトナ血の日曜日事件」として知られる。ハンブルクはドイツ国内で自治権を持つ自由都市だったが、アルトナは市の境界を越えてプロイセン州のシュレースヴィヒ・ホルシュタインに位置していたため、プロイセン州政府がアルトナの治安を管理していた。

七月二〇日、ナチ党との徹底した協議で計画を練った後、パーペンは攻撃に出た。憲法第四八条が定める非常権限に基づいてヒンデンブルクが署名した大統領緊急令の下、彼はブラウン－ゼーフェリンク政権を退陣に追い込んだ。そしてパーペン自身が「国家弁務官」となり、結果としてプロイセン州政府の元首となった。また、プロイセン州内務相代行となり、とりわけ重要な問題だった警察を管理することになったのは、元エッセン市長で中央党員のフランツ・ブラハトだった。ゲッベルスは彼の任命を事前に知っていた。

パーペン政権はクーデターの原因について、さまざまな説明をした。書面による公式声明では政治的暴力を強調し、プロイセン州政府が暴力を阻止できなかったからだとしたものの、プロイセン州の高官が共産主義と戦うための「内心の独立」を失ったからだと述べることもあれば、国の政府に対するカール・ゼーフェリンクの「容赦ない激しい攻撃」を非難したりすることもあった。そして七月二〇日夜の国民向けラジオ演説では、パーペン本人がまた異なる説明をした。「プロイセン州の上級官僚たちが共産党の指導者たちに手を貸し、違法なテロ活動計画を隠蔽できるようにした場合……（中略）……州の権限は上層部から損なわれ、ドイツ国の安全保障では太刀打ちできなくなる」と強調したのだ。パーペンは繰り返し共産主義に触れたものの、極右の脅威についてはおくびにも出さなかった。

「パーペン・クーデター」ともいわれるようになるこの事件は、ドイツの民主主義を葬る棺に打ち込まれた決定的な釘で、さしずめ、アメリカ大統領がニューヨーク州とカリフォルニア州の知事を同時に罷免して自分がその職務を継ぐのに匹敵するほど、はなはだしい法の濫用だった。ブラウン＝ゼーフェリンク政権は、ドイツに残っていた最後の有力な民主政府だった。それが崩壊してしまうと、独裁への大きな障害は消え去った。

何年も続く政治闘争で疲れ切ったプロイセン州の閣僚たちは、ほとんど反撃しようとしなかった。大衆の抗議もなかった。だが、ブラウン＝ゼーフェリンク政権はパーペンを法的に訴えた。その年の秋、訴訟は部分的な勝利を収めたが、その頃にはもはや大した意味を持たなかった。

若きルドルフ・ディールスは幸運に恵まれ続けた。パーペン・クーデターから一年もたたないうちに、ナチ党は彼をプロイセン州の秘密警察長官に任命した。この組織は、やがてゲシュタポへと成長していく。

ヒンデンブルクは認めない

七月三一日、ナチ党は選挙で、かつてない圧倒的勝利を収めた。三七・三パーセントの得票率で国会の二三〇議席を獲得したナチ党は、ついに、突出した勢力を持つドイツ最大の政党となった。二一・五パーセントの票で一三三議席を獲得した社会民主党は、大差をつけられて第二党となった。この数字は、完全な自由選挙においてナチ党が達成した最高の成績でもあった。一九三一年以来著しい悪化を続ける経済状況と、世界からの抗いがたい圧力に対するドイツ人の怒りの増加が、ドイツ政治の「宗派化」された構造を通して現れた当然の結果だといえる。ナチ党を最も強く支持したのは、今回もシュレースヴィヒ・ホルシュタインのようなプロテスタントの農村部だった。

投票日の夜、ドイツの北部と東部でナチ党の突撃隊員の暴力が、吹き荒れた。最初に始まったケーニヒスベルクでは、地方公務員や共産党政治家の殺人および殺人未遂事件が六件、地元の社会民主党本部やリベラル派の新聞社などを狙った放火事件が一二件起きた。続く数日の間に突撃隊員の暴力は東プロイセンのいたるところに広まり、シュレージエンにまでなだれ込んだ。頂点に達したのは八月九日から一〇日にかけての夜で、場所はシュレージエンのポテンパ村だった。深夜、コンラド・ピエトシュフという三五歳のポーランド人労働者とその弟アルフォンス、母マリアが住む家に、突撃隊の一団が押し入った。隊員たちは母親の目の前でコンラドを激しく殴りつけた後、射ち殺した。彼らはアルフォンスも殴って意識不明にさせた。

突撃隊員たちはおそらく知らなかったのだろうが、まさにこの犯行の日、政治的動機による殺人の裁判を迅速化して速やかに死刑宣告を行うパーペンの過酷な緊急命令が発効していた。八月一一日、九人のナチ党員がピエトシュフの殺人容疑で逮捕された。そして八月二二日、ボイテン〔現ビトム〕の町に新しく設けられた特別法廷は、九名のうち五名に死刑を宣告した。

ナチ党の幹部は（もちろん原因となった犯罪にではなく）この判決に敵意もあらわに反発し、パーペン政権を非難した。死刑宣告を受けた五人の突撃隊員に宛てた電報で、ヒトラーは彼らの刑を「恐るべき血の判決」と呼び、続けて「諸君を再び自由の身にすることは、この現在の瞬間から、我々の名誉の問題となった。このような判決を許した政府に戦いを挑むのは、我々の義務である」と述べた。さらにヒトラーは、ナチ党の機関誌『フェルキッシャー・ベオバハター』に、パーペンが「国家の戦士の血でドイツ史に自分の名を刻んだ」と書き、紛れもない脅迫の態度を示した。ゲーリングも隊員を支援する電報を送り、突撃隊の指揮官エルンスト・レームは刑務所にいる隊員を訪問した。一連のできごと――ナチ党の残虐行為とそれを突きつけられた党幹部の挑戦的な姿勢――は、他の部分では彼らに共感していた多くのドイツ国民とメディアだけでなく、政権と陸軍にも衝撃を与えた。ナチ党は再び「合法」路線から逸脱しつつあるように見えた。陸軍は、ヒトラーのナチ党を鎮圧する計画を立て始め、パーペン内閣も政権の戦略を真剣に練り始めた。

選挙とその直後の暴力により、ヴァイマル共和制は終焉に向かおうとしていた。その後、一九三二年八月から一九三三年一月までの五ヵ月間、ドイツの政治はシュライヒャーとヒトラーの対決という形になる。パーペンは当初その一方につき、後には反対の側についた。勝敗は、ヒンデンブルクに味方してもらえるかどうかにかかっていた。

ナチ党の幹部は権力掌握のための計画をすでに持っていたが、計画の細部の大半を練り上げたのは、法律家でナチ党初期の活動家であり、テューリンゲン州の内務相を短期間務めた経歴もあるヴィルヘルム・フリックだった。もちろん、ゲーリング、ゲッベルス、シュトラッサーなど他のナチ党幹部も――いうまでもなくヒトラーも――計画作成に関与した。彼らは、内戦が起きたらナチ党が突撃隊を派遣するという事実が、政権にとっては最大の脅威だと理解していた。首相を任命できるのは、結局のところヒンデンブルク大統領しかいない。したがって、ナチ党の戦略はどうしても大統領に向かう。彼らは直接あるいは間接にヒンデンブルクを脅し、ヒトラーを首相に指名させる計画を立てた。ヴァイマル憲法第四三条により、大統領の弾劾は、国会で三分の二の賛成票を得た後、国民投票で承認されれば可能となる。あるいは第五九条により、一〇〇名の国会議員が発議し、三分の二の賛成を得れば、大統領が職務上の違法行為を行ったとして公訴を提起できる。

一九三〇年以降頻繁に出されてきた大統領緊急令と、プロイセン州のクーデターは、敵対的な議会多数派にとって格好の標的だった――そして政治危機の悪化から、さらに多くの標的が生まれるのは確実だ。ハインリヒ・ブリューニングは、一九三二年に友人となったグレゴーア・シュトラッサーの話を数年後に回想している。シュトラッサーはブリューニングに「一九三二年七月の国会議員選挙の直後、ナチ党は憲法第五九条に基づく国家大統領の公訴」と「第四三条に基づくヒンデンブルクの罷免を提起するつもりだった」と語った。シュトラッサーによれば、ナチ党は、ヒンデンブルクがプロイセン州のクーデターを命じたのは違法行為だと訴えるつもりだったという。

ヒンデンブルク、パーペン、そしてシュライヒャーには、二つの選択肢があった。一つは、何らかの形でナチ党を政権に引き込む道で、ナチ党員を入閣させるか、少なくともナチ党議員がパーペン政権を「寛容」に扱うようにお膳立てする。もう一つは、議会を再解散して次の選挙を遅らせるという道だが、このやり方は憲法違反となり、ナチ党が再び突撃隊の暴力で応じると内戦が起きる危険があった。一九三二年、ドイツの政治家や弁護士たちの間では、この二番目の選択肢が話題に上るようになった。土台にあったのは、国会と政権の対立による膠着状態が国家の正常な機能を妨げ、やがて国家非常事態を生じさせるという想定だった。非常事態を招く不安と、解決策として、暴力と内戦の危険を冒しても国会を解散し選挙を延期するという考えは、その年の後半、特にケーニヒスベルクとポテンパの事件ののち、あらゆるできごとについて回った。

当時の主役たちにとって、問題は明らかだった。ブリューニングと社会民主党を高圧的に扱ったシュライヒャーとパーペンは、結果的に自らを窮地へと追い詰めたのだ。もはや彼らは、極右勢力から支持を得るしかない。とはいえ、旧来型保守の国家人民党には、単独で政権を支える力はない。ナチ党からは大きな支持を得られる可能性があるが、それに伴う代価を払う気でいる主役はいるとしてもわずかだ。一方、共産党は存在感を増している。共産党は七月の選挙で、中央党を上回る、過去最多の一四・五パーセントの票を獲得していた。

ドイツの政党、特に右派政党の妥協を許さない姿勢と、ヒンデンブルク、シュライヒャー、ブリューニング、パーペンの誤算続きの数年間によって、ドイツの政治は本格的な危機に陥った。ナチ党は、現政権に逆らえば権力の座にはつけないと理解していた。しかし政権の側もまた、ナチ党なしには存続できなかった。

八月五日、シュライヒャーは再びヒトラーと会談した。ヒトラーはその前日、ゲッベルスとともに計画を練り上げていた。ヒトラーは、自分には首相の座を、党の幹部四人には閣僚のポストを求めた。ヴィルヘルム・フリックに内相、ヘルマン・ゲーリングに航空行政長官、グレゴーア・シュトラッサーに労働相、ゲッベルスに「国民教育宣伝相」の席を用意せよという要求だ。今や最大の政党を率いるヒトラーは、こうした条件を求めるだけの立場にあり、シュライヒャーはフリックが首相政務官を務めるという条件で同意したようだ。しかし、シュライヒャーがヒンデンブルクにこの構想を伝えると、老元帥は激怒した。彼にしてみれば、「ボヘミアの上等兵」を自分の首相にするなど暴挙もはなはだしい。シュライヒャーが臆面もなく提案したせいで、ヒンデンブルクは侮辱されたと感じた。ヒンデンブルクの自尊心は繊細で、かつてブリューニングにいら立ったのと同じように、シュライヒャーに対してもいら立ちを募らせた。このやりとりがきっかけで、シュライヒャーとヒンデンブルクの関係は悪化していく。

八月一〇日、パーペン内閣は板挟みの状況を解決できずに苦闘していた。パーペンは、自分の政府は右派を結集するために作られたのだと言って強気な態度をとり、選挙結果もその戦略の通りになっていた。もはや問題は、国家がどのように「右翼組織」に「協力を仰ぐ」かだ。大統領内閣の継続と、ナチ党の権力掌握の欲望との間に、「中間の道」はあるのだろうか？

口を開いたのはシュライヒャーだった。彼は単刀直入に、選択肢は二つだと内閣に告げた。現内閣は、政策によって景気が回復し、支持を得られれば、存続の期待が持てる。しかし、国会でパーペン政権を支持してくれそうなのは議席の一〇パーセントにも満たない国家人民党だけで、政権からナチ党を完全に締め出せば、内戦が起きる危険がある。ナチ党が中央党と組んで議会の過半数を占め、目的を達成しようとする可能性もある。あるいは別の方法を取るならば、パーペンは、交渉によって数人のナチ党員を閣内に引き入れることもできる。だがシュライヒャーは、警告も忘れなかった。「自分の政治運動のためなら」ヒトラーは断固として「最高の地位」を求めるだろう。

法相のフランツ・ギュルトナーもやはり遠慮なく話した――現内閣が現状のまま憲法に違反せずに存続するのは不可能であり、自分は大統領にそう進言せねばならなくなる。パーペン政権が生き残るには、緊急事態を宣言し、憲法を破って明確な独裁体制をとるしかないという意味だ。ギュルトナーは、ナチ党に主導権を渡さずとも閣内へ引き入れられるという考えは、「幻想」だとも語った。彼はさらに、ナチ党の国家観は「復讐の衝動に強く根差して」おり、特にユダヤ人と「マルクス主義者」を強く憎んでいると言った。のちに八年間ヒトラーの法相を務める男の言葉だけに、注目に値する。

不思議なことにゲッベルスも、内閣の討議とよく似た分析を八月一一日の日記に書いている。彼は「あの老人は渋っている」と書いた。「総統を首相にしたがらない」が、これが不可欠条件だ。「シュライヒャーの押しがきかないなら、中央党と圧力をかける。彼とパーペンの首を取るという意味だ。問題は、それをやり遂げるのが共産党かぼくらかという点だ」。

決定的瞬間は八月一三日に訪れる。ヒンデンブルクがヒトラーを引見することになった。ナチ党は内戦の脅威をちらつかせ、ヒンデンブルクとパーペンを思い切り脅していた。ゲッベルスは日記に「パーペンは弱ってきている」と記している。ベルリンのあちこちに、褐色シャツの突撃隊がこれ見よがしに多数配置されていた。「ヴィルヘルム街は極度に神経をとがらせている」。ゲッベルスはそう記す。「こういう反応をおこさせるのが、この演習の目的でもある」。彼はまた、パーペン、シュライヒャー、マイスナーはみんな、「特にパーペンは強く」ヒトラーを政府に迎え入れたいと考えているのに、ヒンデンブルクは「疑い」を持っていると、苛立ちを込めて記している。「困ったことに、ヒンデンブルクの歳のせいで、誰も彼とは複雑な問題を充分に話し合えない」。八月一三日、ヒトラーはシュライヒャー、パーペン、そして最後にヒンデンブルクと会談した。ゲッベルスは訝る。「そこですべてはきまる。一〇年間の労苦が実るだろうか?」。

その日の午後三時、パーペンの政務官エルヴィン・プランクから電話があった時点で、ヒトラーはすでに、シュライヒャーとパーペンが副首相の地位で自分に妥協させようとしているのを知っていた。「もう裁断がくだりましたか？」、ヒトラーはプランクに尋ねた。「そうなら、私がうかがっても無意味じゃありませんか」。「大統領閣下はなにはさておきあなたとお話ししたいとおっしゃってます」。プランクは答えた。ゲッベルスによれば、これが「漠とした希望」を抱かせた。ヒトラーはヒンデンブルクとの会談に出向いた。

ヒンデンブルクは友好的な口調で話を始めた。彼は、ヒトラーとナチ党に政権へ参加してもらいたいと思っており、あなたがたの協力を喜んで受け入れたいと話した。ヒトラーに、「パーペン政府の一角を担うつもりはあるか？」と尋ねると、ヒトラーは「ありませんな」と答えた。すでにパーペンに伝えたように、それは問題外だった。ナチ党の影響力の大きさをもってすれば、ヒトラーが首相になってもおかしくはない。

ヒンデンブルクは揺るがなかった。彼は「神と、（私の）良心と祖国に誓って」ある政党、というよりも「異なる考えの者に偏見を持つ」政党未満の人々に、政府を引き渡すわけにはいかないと述べた。また彼は、国内の「大きな動乱」と海外の反応も不安視した。

ヒトラーは、他のいかなる提案も受け入れられないと繰り返した。

「ならば君は敵対するというのだな？」ヒンデンブルクは尋ねた。

「私に他の選択はありません」ヒトラーは言った。

ヒンデンブルクはヒトラーに、「騎士道精神で」愛国心を持って野党として活動するように求めた。「これまで君の愛国心を疑ったことはない」。ヒンデンブルクはそう言ったが、突撃隊によるテロ行為や暴力に対して断固とした態度で臨むつもりでいた。「われわれは古い戦友だ」。陸軍元帥ヒンデンブルクは戦時中の話を持ち出し、強引に一兵卒との絆に訴えようとした。「これからもそうでありたいと思っている。それゆえ、戦友同士の精神で君に手を差しのべたい」、ヒンデンブルクにとっては、かなりの忍耐を要する発言だった。「ボヘミアの上等兵」に軽蔑しか感じていなかったからだ。続いて、ヒトラーの仲間でゲイであることを隠していなかったエルンスト・レームと握手せねばならない場面では、さらに不快感を抱いた。

ヒトラーは激怒した。ヒンデンブルクの執務室を出た廊下で、彼は怒りのあまりナチ党の作戦の一部を口走った。弾劾か公訴かでヒンデンブルクを脅す計画をパーペンとマイスナーに示し、自分が政権につくかヒンデンブルクを追い払うかだと告げたのだ。実は、この脅迫の話はオットー・マイスナーの手記には記載があるが、ヒトラー側の記録には残されていない。ヒトラーは、パーペン政権に対するナチ党の敵対は激さを増すだろうとつけ加え、その結果について責任はとらないと警告した。

ヒトラーは、シュライヒャーは八月五日の会合で首相の地位を約束したのに、今になって裏切ったと考えた。一方でパーペンも、シュライヒャーが自分の知らぬ間にヒトラーと話を進めていたと、いら立っていた。両者の恨みは、秋の間ずっとくすぶり続けることになる。

シュライヒャー、表舞台へ

パーペン政権は、政治危機にどう対処するかという問題に二週間以上取り組んでいたが、対策を考えついたのはシュライヒャーと彼の部下の国防省職員だった。のちにナチ党の「桂冠法学者」と呼ばれ、ナチ党政権下のドイツで広く知られるようになる憲法学者、カール・シュミット*1の協力も大きかった。八月三〇日、ヒンデンブルクの所領、ノイデックで開かれた会合で、大統領、マイスナー、パーペン、シュライヒャー、内相ヴィルヘルム・フォン・ガイル男爵は、非常事態を宣言する方針で同意した。ヒンデンブルクは法を破ったと見られるのを嫌ったため、彼のために問題点を目立たなくする手が打ってあった。憲法第四二条が定めるドイツ国民の障害を除くという大統領の義務は、総選挙は議員の任期終了後六〇日以内に行わねばならないと定める第二三条に優先するという法律上の見解を、すでにシュミットが政府に出していたのだ。ヒンデンブルクはこの見解を受け入れ、議会の解散と、六〇日を超える選挙の延期を正式に許可した。閣僚たちは、経済回復の兆しが見え出していると考えていた。経済がさらに回復すれば、それにつれてナチ党の支持は薄れていくだろう。彼らはナチ党に対してただ時間を稼ぐだけでよかった。

少なくとも、計画ではそうなっていた。しかし例によって例のごとく、パーペンの無能ぶりが妨げとなった。新たな国会は八月三〇日に開かれたが、主要閣僚たちはノイデックに集まっていた。彼らは、連立交渉をさらに進める間に議会は休会となるだろうと軽く考えていた――実際にそうはなったが、その間にヘルマン・ゲーリングが新議長として選出されていた。ゲーリングもまた、ナチ党の戦略を示唆する言葉を漏らしている。新たに選出された国会は、「ナショナリストが極めて多くを占め、十分に機能する」と口にしたのだ。この時点では、「非常事態の法的要件」は到底満たされていなかった。おそらくゲーリングやナチ党のメンバーは、ヒンデンブルクと閣僚たちがノイデックで議論している内容を知っていて、非常事態宣言という方法を取るのなら、それこそが、野党がヒンデンブルク弾劾に動くのに必要な正当な理由になると警告を発したわけだ。

二週間後の九月一二日、国会は再開された。共産党はパーペン政権への不信任案を提出した。議会は一時休会となり、その間に共産党以外の政党が協議をして、最終的に不信任案を支持すると合意した。このような事態になる前に政府が解散宣言を出せると考えていたパーペンは、信任投票の備えがまったくできておらず、ヒンデンブルクの解散命令書さえ持ってきていなかった。パーペンは、急いで執務室から命令書を持ってくるよう命じなければならなかった。

＊1【カール・シュミット】一八八八～一九八五年。ドイツの思想家・政治学者。議会制民主主義や自由主義に批判的で、ナチ党の法学理論を支えた。政権が成立する前に失脚。戦後戦争責任を問われたが不起訴に。『政治的ロマン主義』『政治的なものの概念』など多数の著作がある。

議会が再開されると、ゲーリングは共産党の動議の採決を求めた。毒舌で知られるアンドレ・フランソワ＝ポンセは、そのときのようすをこう書き記している。

「パーペンは椅子からひょいと立ち上がり、手にした書類を振り回して発言の機会を求めた。ゲーリングは首相の慌てたようすに気づき、パーペンが振っている書類が解散命令書であることも明らかに理解していた。しかし彼は、見えていないふりをして、別の方向に目を向けた。ゲーリングは頑として首相に背を向けたまま、直ちに投票を行うよう促した」

フランソワ＝ポンセは、パーペンがゲーリングに近づき、解散命令書を彼の机の隅に置くのを見た。

信任投票の結果は、五一二対四二というパーペンにとって屈辱的な敗北だった――実際、ドイツの政権としては過去最大の議会での敗北だ。パーペンを支持したのはドイツ国家人民党とドイツ人民党だけで、両党とも支持者の多くがナチ党に流れ、勢力が大幅に弱まっていた。投票終了後、ゲーリングは今初めて解散命令書に気づいたというふうに装った。彼は命令書を議員たちの前で読み上げ、「合法的に退陣させられた内閣に副署されているため」無効だと皮肉ってみせた。

シュライヒャーは、議会を解散して選挙を延期する計画をあくまで継続するように、ヒンデンブルクを説得しようとした。しかしパーペンの敗北は、非常事態の根拠とするにはあまりにも壊滅的だった。ここに至ってヒンデンブルクは選挙の延期を拒否し、次回の選挙を一一月六日に行うことが正式に決まった。

一一月の選挙は、二度の大統領選挙、四月下旬の州議会選挙、七月三一日の国会総選挙を経て、この年五回目の大規模な選挙となった。疲労も生まれつつあった。七月に八四パーセントだった投票率は、一一月には八〇・五パーセントまで低下した。政党は選挙資金の枯渇に苦しんでいた。

怒りと恐怖は高まり続けていた。八月にヒトラーの首相就任を拒絶されて激怒したナチ党は、この選挙でパーペン、ヒンデンブルク、ドイツ国家人民党に、容赦ない攻撃キャンペーンを仕かけた。要するに彼らは、同じ票を奪い合っていた。「これより、われわれは攻撃を開始する」。ゲッベルス率いる党宣伝部は、そう命令した。攻撃の要点は、パーペン内閣は「封建的集団」だと見せつけることだ。突撃隊員は、共産党に向けていた暴力をいくぶんか国家人民党へと向けた。一〇月、国家人民党の国会議員オットー・シュミット＝ハノーファーとの討論で、ゲッベルスは敵意を含む声で言った。

「ベルリンでは二六人の突撃隊員が墓の下に眠っているのです。あなたの党の殉教者はどこにいるのでしょう?」

シュライヒャーの部下は内戦の計画を作成中で、ナチ党への先制攻撃まで考えていた。ある会議の走り書きメモから、シュライヒャーがヒトラーの政党を――彼らしく別の可能性も視野に入れて――どう見ていたかがうかがえる。「協力する気があるのか?」と記し、こうも書き加えている。「さもなければ、戦いになる」。

こうした空気の中、選挙は期待外れな結果しかもたらさず、政治の行き詰まりは何も解消されなかった。ナチ党は第一党を維持したが、得票率は三七パーセントから三三パーセントまで低下した。支持者の一部が流出し、今なお中流階級のプロテスタントを基盤とするドイツ国家人民党へ戻ったのだ。

だがそれでも、政治には変化が訪れようとしていた。

パーペンは、いよいよシュライヒャーの神経に障るようになっていた。「貴族騎手」は、名誉ある首相の地位を満喫しながらも、仕事への情熱がほとんどなかった。あるときなど、彼の内閣が憲法手続き上の重要問題と内戦の脅威に取り組んでいるというのに、本人は会議に二時間も遅れたうえ、ボタン穴にカーネーションを挿したパーティー用の装いをしていた。「この程度の些細な問題は、私がいなくても処理できるでしょう」。閣僚たちに陽気にそう言うと、彼はホッペガルテンで開かれる競馬に向かった。

シュライヒャーは、パーペンのこの手の失態を初めから予想していたはずだ。シュライヒャーとしては、言われるがままに動き、操り人形の立場で満足する首相を望んでいたのだから。問題は、権力のうまみを知ったパーペンが権力を行使し始めたことだった。「どう思うかね?」。シュライヒャーは友人宛ての手紙に、残念そうに書いている。「幼かったフランツ君は、自分を見つけてしまった」。シュライヒャーから見れば、ナチ党を政府に引き入れるのはパーペンに託した重要な政治任務の一つだったのに、彼はチャンスを逃してしまった。一一月になると、主要政治家の多くは、ナチ党がさらに崩壊するのを待つだけでよいと考えるようになったが、おかげでシュライヒャーにとっては、ナチ党を味方につけることが一層の急務となった。ナチ党が完全に崩壊すると支持者たちは共産党へ流れ、共産党が制御不能なほどの勢力になってしまうかもしれないと危惧したからだ。一一月六日の総選挙で、ナチ党が後退して、共産党がさらに議席を増やした（一七パーセント近く票を獲得し、中央党に大差をつけて第三党となった）結果から、その事態はすでに進んでいるとシュライヒャーは考えた。

おそらく最も大きかったのは、ナチ党の有力幹部、グレゴーア・シュトラッサーの態度を、シュライヒャーが耳にしていたことだろう。シュトラッサーは、あくまで首相の地位を求めるヒトラーのやり方には反対で、ヒトラーの計画が実を結ばなければ「自ら突破口を切り開く」つもりでいるということだった。

こうした問題が一二月一日にやま場に達した。その夜ヒンデンブルクは、パーペンとシュライヒャーを呼び、息子のオスカー、およびオットー・マイスナーとともに会議を開いた。ヒンデンブルクはまずパーペンに、自分たちは何をすべきかと尋ねた。パーペンは、ヒトラーはあらゆる連立の可能性を拒否しており、彼を政府に引き入れるには首相にするしかないと話した。ヒンデンブルクは八月一三日にヒトラーと会談をして、その手段はあまりに危険すぎると感じていた。ナチ党がその日以来見せてきた「民衆扇動と節度の欠如」により「ヒトラーの政治家たる能力についての信頼はけっして深まらない」――ヒンデンブルクはポテンパ村の殺人事件とその後に続いた混乱に触れてそう述べた。ナチ党と手を組めないのならば、唯一なすべきことは非常事態の承認だ。パーペンは、国会を再開せずに、自分の政権を継続させる方法を提案した。新しい憲法を起草して国民投票で採決するか、特別召集した国会で審議するというのだ。これは現憲法に違反するが、ちゃんと前例があるとパーペンはヒンデンブルクに請け合った。他ならぬドイツ統一の立役者、オットー・フォン・ビスマルク侯爵が、一八六〇年代にこれと似た手法を用いていたからだ。

そこでシュライヒャーが口を開いた。パーペンには驚きだったが、ヒンデンブルクの憲法を守るという誓いを破らせずにすむ案があるという。シュライヒャーは、ヒンデンブルクが自分を首相にすれば、次の国会ではナチ党を分裂させたうえで多数派をまとめ上げられると話した。グレゴーア・シュトラッサーがシュライヒャー内閣に加わり、ナチ党の議員六〇名を引き連れて来る。彼らの力によって、シュライヒャーは中道政党から社会民主党にまでおよぶ「統一軸」を作り上げることができる。この連立が完成すれば、世界恐慌と失業危機の解決に取り組めるようになるというのだ。

パーペンは仰天した。指導者をことさら重んじる政党をシュライヒャーが分裂させられるとは思えないと答えたが、シュライヒャーの方が自分よりもナチ党の有力者に通じているのは事実だと認めた。パーペンにとってさらに気に入らなかったのは、ヒンデンブルクの計画ならば強力で独立した行政府となるはずだったのに、シュライヒャーの計画は議会制度へ回帰する動きを含んでいることだった。

ヒンデンブルクは何も言わず、真剣に耳を傾けていた。パーペンは、ドイツの大統領が「長い人生のなかで最も難しい決断」を迫られていると察した。ヒンデンブルクは、どの論点についても、パーペンやシュライヒャーと話し合ったり意見を交わしたりしなかった。彼はただ立ち上がり、こう述べた。「フォン・パーペン君の案を支持する」。ヒンデンブルクはパーペンに、彼の計画を実行できる内閣を直ちに組閣するように命じた。

今度はシュライヒャーが驚く番だった。パーペンの回想によれば、友好的だったシュライヒャーの態度が、数週間前から目立って冷たくなっていた。この会議で、われわれは大統領を守らなければならないとパーペンがシュライヒャーに説明しようとすると、シュライヒャーは理解できないという否定の表情でパーペンを見た。そして、彼らのような政治家が口にする宗教の言葉を引き合いに出して、パーペンに言った。「未熟な僧侶よ、汝は苦難の道を選びたり」――マルティン・ルターがカトリック教会との対立を選んだときに浴びせられた警告の言葉だった。

いよいよ、シュライヒャーとパーペンの対抗意識と不満が表面化した。シュライヒャーは、パーペンを排除して自分の手で仕事を進めると決意していた。早くも翌日、シュライヒャーはより強力な攻撃材料を携えて閣議に現れた――オイゲン・オット中佐が国防省で行っていた「オットのプランシュピール演習」と呼ばれる軍事シミュレーションの報告だ。このシミュレーションのシナリオでは、ナチ党と共産党が手を組んで一斉蜂起し、内戦が生じるという状況が想定されていた。オットの報告は、このような暴動と外国からの攻撃に同時に直面すれば、陸軍は秩序を維持して国を守ることができないだろうと結論づけていた。シュライヒャーは極端な想定だとは認めたが、少なくともこの時点で、オットのシナリオの一部はさほど非現実的だとは思えなかった。実際、ナチ党と共産党は一一月一日に共闘して、ベルリンで非合法の交通ストライキを実行していたからだ。内戦とナチ党内の潜在的共産主義者の両方に不安を抱いていたシュライヒャーのような人々は、このストライキを警報と受け取った。オットの報告が内閣に与えた衝撃は大きかった。パーペンでさえ、それを聞いて嘆いたという。閣僚のなかには、陸軍が非常事態に対処する能力について、パーペンが嘘をついていたと感じた者もいた。彼らもまた、シュライヒャーが正しいのかもしれないと考え始めた。ひょっとすると、シュライヒャーは本当に大規模な連立をまとめ上げ、中道左派を完全には遠ざけずに、ナチ党を「国家のなかに」引き入れるかもしれない。

パーペンは、オットの語った内容をヒンデンブルクに報告した。そして、大統領が決断を下すべきだと説明した。つまり、ヒンデンブルクはパーペンを政権に留めておくこともできる。その場合、パーペンは新たな国防相のポストを望む――当然ながら、パーペンはこれ以上シュライヒャーと一緒には仕事を続けられないと考えている。そしてヒンデンブルクは、シュライヒャーに首相になるように要請することもできる。

「陸軍元帥は何もいわずに私の説明を聞いていた」。パーペンは数年後に回想している。やがてヒンデンブルクは立ち上がり、震える声で言った。「親愛なるパーペン君、もし私がいま考えを変えるようなことがあったら、君は私を卑劣漢と見なすことだろう。いずれにせよ、人生のたそがれ時に、内乱の責任を負うにしては私は老い過ぎたよ。さて、神の名においてシュライヒャー氏に運試しをさせてやらねばなるまい」。ヒンデンブルクと握手をするとき、パーペンは「二つの大粒の涙」がヒンデンブルクの頬を伝うのを見た。

クルト・フォン・シュライヒャー将軍は、長年すごしてきた政治の舞台裏から今や完全に足を踏み出した。一二月三日、五〇歳のシュライヒャーは、ドイツ国首相就任の宣誓を行った。彼は大連立をまとめる運試しに挑むことになる。それは内戦を回避し、右派を中心に政治に安定をもたらそうとするシュライヒャー最後の奮闘だった。シュライヒャーはオットの演習を使い、パーペンに大きな打撃を与えた。彼はまもなく、その威力が自分にはね返ってくるのを知る。

6

ボヘミアの上等兵と貴族騎手

──五歳のメリタ・マシュマンは、両親への反発からナチ党に心を惹かれていた。一月の終わりのある日、メリタに合わせてドレスを仕立て直すため、ベルリンのマシュマン家にいつもの仕立て屋がやってきた。背中が曲がり、脚を引きずる仕立て屋は、上着の下襟の内側に鉤十字をつけていた。メリタの母は、労働者階級の人間が政治について意見を持つなんておこがましいと思ったが、仕立て屋は、世の中は変わりつつあるのだとメリタに話した。「いよいよ」と彼女は言った。「使用人だからって、さも下等な人間のように台所で食事をしなくてもいい時代になったのです」。

その晩、両親はメリタと弟のハンス・ヘルマンを連れて、ベルリンの中心部へパレードを見に出かけた。「あの夜の一種異様な感じがいまだによみがえります」。長い年月を経て、メリタはそう振り返った。「とどろく靴音、華やかながら陰鬱な赤と黒の旗、人々の顔を照らして揺れる松明の明かり、勇ましくも感傷的なメロディの歌」。

行進する若者のなかに自分と変わらない歳頃の者がいると、メリタは気づいた。彼女は、若者たちがうらやましく、彼らのような目的意識がほしいと憧れた。子どもだからと、自分は何の意味もない人生、どうでもいい人生を送らされている。目の前を列をなして行進する少年や少女の人生には、意味がある。若者たちが近しい死者の名を記したバナーを持っていることにも、メリタは気づいていた。

暴行の瞬間を目にしなかったわけではない。突如列を離れた一人が、自分からわずか数十センチメートルのところに立っていた見物人に殴りかかるところを見た。その見物人が、何か敵意のある言葉を浴びせたのだろうと彼女は思った。叫び声とともに倒れたその男性の顔には、血が滴っていた。メリタの両親は子どもたちとその場を離れたが、その晩の光景は何日も頭から離れなかった。

だがメリタは、自分の恐怖に「酔うような喜び」が混じっているのに気づいた。松明を手に行進する若者たちは、大義のためならいつでも死ねると歌っていた。それに引きかえ、「着るものと食べるものと学校の作文」しかない自分の日常の味気ないこと。彼女は「生きるか死ぬかの瀬戸際にいるあの人たちの仲間になりたいという、燃える思い」にかられた。

その夜、メリタと同じように気持ちを高ぶらせたドイツ人は大勢いた。ヨーゼフ・ゲッベルスは、ホテル・カイザーホーフで松明の行列を待っていた。「午後七時、ベルリンの街路は人でうずまる」と彼が記した行列は、〇時を過ぎてもまだ続いた。しっくりとくる強い言葉が見つからなかったのか、「ひきも切らずに」、と彼は続け、「何十万の群衆が同一歩調で窓の下を通り過ぎる……（中略）……ドイツは目覚めた。民衆の自発的な爆発だ。おのずからの爆発の内に国民はドイツの革命を承認したのだ。名状しがたい思いがこみあげる」と書いている。

一方で、かなり冷ややかな視線を投げる人たちもいた。保守派の知識人、エドガー・ユリウス・ユングと編集者のルドルフ・ペシェルは、嫌悪感を抱きながら行列を見ていた。やがてユングがペシェルの方を向いて言う。「ドイツの国民を大いに愛している僕らが、そのなかで完全に孤立しているなんて、実にひどい話じゃないか」。誰よりも的を射た反応を示したのはドイツ印象派の偉大な画家、マックス・リーバーマンだ。ウンター・デン・リンデン沿いの自宅アパートの窓から行列を眺め、こう言った。「ろくに食べていないのに、吐き気がする」。

一九三三年、一月三〇日のことだ。

その日の午前、ドイツ国大統領パウル・フォン・ヒンデンブルクは、アドルフ・ヒトラーを首相に指名し、宣誓させた。夜になって、支持者たちがベルリンの中心部で松明を持って行進し、ヒトラーの首相就任を祝っているのだ。ナチスの準軍事組織、突撃隊（SA）と、黒い制服のエリート集団、親衛隊（SS）も目立っていた。もっとも、ヒトラーの新政権は連立政権で、鉄兜団など同じ右派の議員たちも行進に参加して祝っていた。

ヒトラーの政治運動をそれまで維持してきた原動力は、ドイツで信じられていた二つの「伝説」、すなわち、一九一四年八月の団結と一九一八年一一月の裏切りの大きな落差だった。ナチ党にとって一九三三年の一月は八月だ。松明を掲げた人々がヒトラーの首相官邸の窓の前を通り過ぎていく間、ヘルマン・ゲーリングはラジオの聴衆に向かって、この高揚感に「匹敵するのは一九一四年のあの雰囲気以外にはない」と語った。ナチ党の機関誌『フェルキッシャー・ベオバハター』はこう記した。「われわれの記憶は一九一四年八月の心高ぶる日々に舞い戻る。あのときも、今日と同じように人々が立ち上がる兆しが見えた」。ゲッベルスやロベルト・ライなどのナチ党員は、自分たちの「革命」が本当に始まったのは、一九一四年八月なのだとさえ言った。

団結は、この日のできごとの意味においても、重要な要素の一つだ。一九二九年以来、ブリューニングも、シュライヒャーも、パーペンも、ヒンデンブルクも、一枚岩になれないドイツの右派を団結させる道を探してきた。政権上層部の支えとして、ナチ党を味方に引き入れる道も探ってきた。なかでも、ヒンデンブルク大統領にヒトラーを首相として任命させるためには、時間をかけた説得が必要だった。今、ヒンデンブルクは、当時大統領府にもなっていた（大統領宮殿改築のため）首相官邸の窓辺に立ち、ナチ党の突撃隊員たちが彼に向けてセレナーデを奏でていた。突撃隊のある楽団は、プロイセン王国の兵士が陸軍元帥に敬意を表する伝統的な行進曲「デッサウ老公」を演奏してヒンデンブルクを讃えた。「ラインの守り」のような、愛国的な歌も歌われた。これが、ヒンデンブルクの求めていた国家の統合だった。一月三〇日の熱気は、ヒトラーを首相にしたのは正しかったとヒンデンブルクを安心させた。数週間後、ヒンデンブルクは娘に宛てて書いた。「愛国心が大いに高まっているのは実に喜ばしい。

二　神よ、われわれの団結を守りたまえ」。　二

クルト・フォン・シュライヒャーが首相に就任したのは、一九三二年一二月のことだ。その年の秋以降、ドイツが陥っていた政治危機の解決策を携えていた。

シュライヒャーの計画は「横断戦線」という構想を軸としていた。横断戦線は、社会民主党や労働組合からナチ党内の「シュトラッサー一派」に至るまで、本来なら完全に敵対するはずの勢力を結びつける政治連合で、もともとは、ギュンター・ゲレケという保守派政治家が広めた雇用創出のアイディアだった。ゲレケは、公共事業とインフラ整備に公的資金を投入し、およそ五〇万人の雇用を生み出そうと計画した――現在では一般的な考えだが、当時、一九三一年から三二年の段階では独創的だった。

横断戦線の構想は、ドイツのメディア上で熱心に議論された。一一月下旬に、シュライヒャーの副官フェルディナント・フォン・ブレドウが、シュライヒャー宛てに残した二つの辛辣なメモには、ブレドウが横断戦線の代表者と呼んでいた人たちが、訴えを聞いてもらうためにシュライヒャーに会いに来たと記されている。ブレドウは、訪問者たちを重要視していなかったが、彼らはブレドウに、首相としてパーペンではなくシュライヒャーを強く支持したいと話した。彼らのなかに、シュトラッサー、シュライヒャー、ゲレケらと親交のあった、ライ

ンホルト・コルデマンというナチ党の活動家がいた。コルデマンは、ヒトラーとパーペン内閣、ヒンデンブルクとの交渉の経過に不満があると話した。彼は、ナチ党内の「非常に強い勢力」は、党が「実を結ばない野党」に戻ったら後悔するだろうし、ヒトラーが「失敗した」場合は、政権が「国家の仕事」としてナチ党を味方に引き入れる努力をすべきだと考えていた。コルデマンは、党内の全員が従わないにしても、「かなりの者」が応じると見込んでいた。

シュライヒャーの頭にも、パーペン政権の実績を上回るための考えがあった。横断戦線にかかわる人々はシュライヒャーを支持する一方でパーペンは支持しないため、議会のわずか一〇パーセントの支持しか得られなかったパーペンの失敗に引きずられずにすむ。その後、「国家のなかに」ナチ党を引き込めば、内戦を防げるだろう。

横断戦線の要

この戦略の要となるのが、グレゴーア・シュトラッサーだった。一九三二年になってからずっと、シュトラッサーは、すべてか無かというヒトラーの政治的権力追求に不満を募らせ、徐々に自由思想の国家保守主義者に変わっていった――仲間のナチ党員よりもシュライヒャーに近い考え方になっていったのだ。シュトラッサーは、アルトナやポテンパの殺人事件の残忍性に加え、ポテンパの殺人犯たちをヒトラーが弁護したことを不快に思い、次第にナチ党の暴力崇拝を拒むようになった。一九三二年の夏、シュトラッサーは、横断戦線提唱者の一人であるジャーナリスト、ハンス・ツェーラーの自宅で初めてシュライヒャーと対面した。ツェーラーは、シュライヒャーとシュトラッサーだけではなく、シュトラッサーと労働組合をも結びつけようとしていた。一一月にブレドウのもとを訪れた横断戦線の支持者たちは、シュトラッサーが「自ら突破口を切り開く」心積もりをしたとブレドウに伝えていた。

一一月二八日、シュライヒャーは、オットー・マイスナーが開いた晩餐会で、アンドレ・フランソワ＝ポンセに会った。二人は友好的に歓談し、翌日フランソワ＝ポンセは、シュライヒャーが「政治情勢についてまったく遠慮なく」話してくれたとフランス政府に報告している。シュライヒャーは、「ヒトラーの最も聡明な副官」であるシュトラッサーに、自分の内閣の内相になってもらえないかと頼んでいると語った。シュライヒャーが言うには、シュトラッサーは、ヒトラーから許可を得たいが、拒否されたら、「ヒトラーの敵に回るかもしれない」と答えた。そうなればナチ党の上層部に「新たな混乱がもたらされ」、それは「未来のために非常に重要」になるとシュライヒャーは話した。シュライヒャーは、シュトラッサーが入閣を決めてくれたら、自分が首相となって組閣する「義務がある」と感じていた。シュライヒャーは、自分が首相になるという構想に「私が会った人のほとんど」が肯定的に反応した、とフランソワ＝ポンセに語ってもいる。社会民主党は争いを控えるのは難しいかもしれないとシュライヒャーに警告したが、節度を持って対立してもらいたいと求めたところ、「彼らは、そこは拒否しなかった」ようだ。またシュライヒャーは、「真剣で前向きな人々」である複数の労働組合も、非常に好意的に接してくれたと話した。

そういうわけでシュライヒャーは、シュトラッサーから社会民主党まで幅広いイデオロギーの人々の支持を得て、議会の過半数を獲得できると確信していた。彼は一二月七日の閣議で、「中央党、バイエルン人民党、いわゆる技術的労働共同体（小規模な中道政党の緩やかな連合体）、それにナチ党が要所で団結できれば、国家人民党を含まずとも過半数を実現できるだろう」と語っている。

シュライヒャーはいかにもシュライヒャーらしく、同時進行でいくつかの可能性を追求していた。彼は、ナチ党と協力する危険性がまったく見えていなかったわけではない。シュトラッサーにしても、唯一の頼みの綱ではなかった。一二月一日、シュライヒャーは内戦シミュレーションの作成者であり信頼をおくオイゲン・オットを、ヒトラーが地方選挙の活動を行っているヴァイマル市へ送った。オットの任務は、ヒトラーに副首相の地位を提案することと、ナチ党がシュライヒャー政権を容認するかどうかの見極めだった。ヒトラーはその両方を断固として拒否した。オットは警告した。「あなたがベルリンの交通ストのときのように共産党と手を組むなら、ヒトラー殿、あなたは確実に陸軍の機関銃の前に立つことになるでしょう」。

シュライヒャーがオットにこの任務を命じたのは、奇妙にも思える。実は、シュライヒャーとヒトラーはわずか一週間前の一一月二三日に会って、シュライヒャーはすでにヒトラーに同じようなことを尋ねていた。

「今とは異なるメンバーと、おそらく異なる首班から成る内閣に参加する気はあるか?」

「いいえ《ナイン》」。

「あなたが首相ではない内閣に、あなた以外のナチ党員が加わるのを許可するか?」、再び断固とした「いいえ《ナイン》」。

「シュライヒャーが率いる内閣に敵対するか?」、ヒトラーは「その避けられない戦いを実に残念に思うでしょう」と丁重につけ加えたものの、「はい《ヤー》」と答えた。

したがって、シュライヒャーはヒトラーの見解を承知しており、一週間後に違う答えが返ってくるとはまず考えていなかった。つまりオットの任務の本当の目的は、十中八九、ヒトラーに「機関銃」の警告を届けることだった。

現実には、緊迫した政治的膠着のなかで、シュライヒャーもヒトラーも巨大なプレッシャーにさらされていた。どちらも圧力をかける武器を持ち、どちらも時間切れが近いと感じていた。一二月に入り、シュライヒャーは仲間の一人にこう話している。「ヒトラーがいつまでも考え続けるのなら、国会《ライヒスターク》を解散するまでだ。ヒトラーには、もう選挙資金はない」。シュライヒャーの脅迫だった。ヒトラーも内戦をたてに脅迫することはできたが、オットがヴァイマルへ派遣されたのは、脅迫をさせないためでもあったのだろう。ヒトラーは、自分の政治運動は勢いを失いつつあり、速やかに政権を獲らなければ、勢いが完全に消滅しかねないという心配もしなければならなかった。矛盾するようだが、すでに述べたように、それはそのままシュライヒャーの懸念材料でもあった。ナチ党が権力への道を断たれて崩壊してしまえば、唯一の勝者は共産党になってしまうからだ。

首相に就任したシュライヒャーは、直ちに慣行通りの政府発足の宣言を行ったが、その演説には彼の表現力と政治力の高さがはっきりと現れていた。この政権を引き受けることにはためらいがあった、とシュライヒャーは言った。それは単に（ブリューニングと同様に）、自分が大いに賞賛していた友人のパーペンに取って代わるのを望まなかったというだけではない。国防相が首相になれば、軍事独裁の懸念を呼び、陸軍を政治に引きずり込む可能性があることも理解していたからだ。ただ、この思い切った手段が「一部の厄介な人々」を「冷静に」させ、そうなれば国内の武力衝突に陸軍を派遣するような事態は避けられるという思いのみが、自身の疑念に打ち勝った。シュライヒャーは「国民の同士たち」に、自分を「単なる兵士」ではなく「社会の将軍」、すなわち、社会の全階級の利益のため、ほんのわずかな期間だけ仕事に就く「超党派の管理人」とみなすように訴えた。自分は「剣ではなく、平和をもたらすために来た」のだ。

シュライヒャーは、「社会の将軍」という触れ込みに、全ての人が納得するはずはないと理解していた――聴衆の多くが「疑念を持ち、さらには馬鹿にして肩をすくめる」光景を想像できた。彼は「（戦前の）一般兵役義務による陸軍ほど社会性のある組織はなく、貧しい者も富める者も、将校も一兵卒も」国に仕え、戦場においては「同志の意識と一体感」を明確に示したと主張した。

さらにシュライヒャーは、自分の計画を構成する要素はただ一つ、「雇用の創出」だけだと語り、またしても融和を図った。「私は完全に異端であり、資本主義の信徒でも社会主義の信徒でもないのです。『民間経済か計画経済か』というような考えは、私には意味をなしません」。シュライヒャーは、「経済に関しては定説をめぐって考え抜く」よりも「その時局で理にかない、国民と国家に最良の結果をほぼ確実にもたらす方策をとるべき」だと考えていた。演説は「政党、団体、協会」への遠回しな警告で締めくくられた。こうした集団はそれ自体に価値があるのではなく、「国家への協力」を拒否すると存在の正当性を失う。シュライヒャーの政府は、尊敬するドイツ帝国軍司令官、大ヘルムート・フォン・モルトケの言葉に従う所存だ。「まず熟慮し、しかるのち断行する」。

シュライヒャーはパーペンの権威主義とは距離を置き、パーペンが発出した政治犯に対する過酷な緊急命令を無効にするなど、いくつかの重要な措置を講じた。しかし、横断戦線構想は瞬く間に失敗した。シュライヒャーは、ヒトラーもシュトラッサーも政権に引き入れられなかった。一二月五日には、ナチ党と社会民主党が、シュライヒャー政権を「寛容」に扱うつもりはないと発表した。社会民主党は、国会が開会したら直ちに不信任案を提出すると言ったが、実は、次に選挙があれば共産党に議席数を抜かれると恐れていたので、動議を出しても否決されるのを望んでいたらしい。共産党も不信任案の提出を表明したが、社会民主党とは違って、実際に可決を望んでいた。現実には、国会は一二月初旬に数日間開かれたものの、細かな法律の議論が多少行われた後、信任投票は行わずに閉会した。

ヒトラーはシュライヒャーの入閣の要請を、またもきっぱりと断った。ヒトラーの考えでは、自分が首相にならない限りナチ党の政権参加はありえなかった。シュトラッサーは、ヒトラーがすべてか無かの方針で、政権掌握の最後の可能性を断ち切ってしまうと心配した。一二月初旬になると、他の党幹部たちはヒトラーの方針を固く支持していたため、シュトラッサーは党内で相手にされなくなっていった。ゲッベルスの日記には、会議で不利になったシュトラッサーの顔が「次第にこわばっていった」と記されている。一二月八日、シュトラッサーは党の役員を辞任し、休暇のためにイタリアへ向かった。彼はヒトラーに手紙を出し、自分の考えについてシュライヒャーのような言いまわしで説明した――「建設的な人々」の幅広い戦線を築いて、その人たちを「国家に」統合しなければ過ちを犯す。ヒトラーは、支持者の多いシュトラッサーがナチ党を危機に陥れていたと把握していた。ゲッベルスは「ヒトラーはやけに青ざめていた」と記し、「必要なら、戦いだ」とも書いている。ヒトラーと忠実な側近たちは、シュトラッサーの辞任は「宮廷革命」の第一歩だとみなした。

このナチ党の危機は、一一月の国会議員選挙で党が票を減らし、一二月初旬のテューリンゲン州の選挙でも再び同じ事態が起きた後という、ヒトラーにとって極めて悪いタイミングで起きた。彼のナチ党掌握力は危機にさらされていた。この状況で、ヒトラーはできる限りのことをした。党内の特に重要な幹部を集め、二時間にわたってシュトラッサーの方針を批判し、切々たる言葉で忠誠を訴えた。芝居がかった巧みな説得で党をまとめ上げたヒトラーは、その後数週間かけて再び支持者への影響力を強めていった。結果から言えば、シュライヒャーとシュトラッサーは、ナチ党内のシュトラッサーの支持勢力を過大に評価していた——少なくとも、ヒトラーとの対決についてはそうだった。ヒトラーとの決裂という代償を払ってシュトラッサーが連れ出した党員の数は、問題にならないほど少なかった。シュトラッサーにしてみれば、のちに自分の弟に語ったように、党幹部のなかで次第に疎外されていく状況は耐えがたかった。「ゲーリング、ゲッベルス、レームらの後塵を拝する気はない」とも語っている。シュトラッサーはそのように見下されることを「拒絶であり、自分という人間への受けるに値しない侮辱」だと感じていた。

不可解なのは、シュトラッサーが戦おうとさえしなかったことだ——結局、彼にはヒトラーに対抗しようという気がなく、一九三三年三月までは国会の議席を維持していたが、何もしないまま政治活動から身をひいた。これにはいくつか理由が考えられる。シュトラッサーは、この時点でナチ党を掌握することの戦略的重要性を理解していなかったようだ。それまでの数年間、彼はナチ党以外の人とも幅広く交流していたが、そのような関係の方がより重要だと考えていたのかもしれない。辞任後間もなく友人の一人に書いた手紙によれば、彼は「新しい考えに基づいて、もとの所属に関係なく、建設的な考えを持つすべての人が団結するのを支援したい」と考えていた。さらにシュトラッサーは「扇動と分裂の時代は急激に消え去りつつあり、これより先は、勇気と責任感を持って政権に就く覚悟のある人が求められるようになると確信している」とも書いていた。けれどもシュトラッサーは、他の側近たちと比べれば常にヒトラーから独立して動いているように見えていたものの、最後の最後になって、指導者《フューラー》と完全に決別する意志を奮い立たせることができなかった。

一月に入ってしばらくしても、シュライヒャーはシュトラッサーを交えた何らかの政治解決策に漠然と期待を抱いていたらしく、シュトラッサーの方もシュライヒャー政権への参加をまだおぼろげに考えていたようだ――特に、イタリアでの休暇を終え、一二月末にベルリンに戻ってからはそう考えていた。しかし、党の役職を辞任したシュトラッサーは、政治基盤も自身の影響力を行使する最大の機会もなくしていた。ドイツが憲法を守ろうとして陥った膠着状態の解決が、一層見えなくなったという意味でもある。ヒンデンブルクは依然として、けっしてヒトラーを首相にしないと決めていた。だとすれば、膠着状態を解決できるのは誰か？　その人物はどのように過半数の支持を得るのか？　解決策は、陸軍の力に頼って内戦に立ち向かう可能性がある「闘争内閣」以外にないのか？　シュトラッサーの離反には耐えたものの、どうやって政権につくかという答えの出ない問題に直面する、力強いナチ党の運動には何が起きるのか？　クリスマスイブ、ゲッベルスは、一九三二年は「不運つづき」だったと記した。

再び、パーペンか、シュライヒャーか

ヒトラーを政権に引き入れる方法を見つけて政界の混乱を収めることができそうな人物は、おそらくドイツに一人しかいなかった。その人物とは、フランツ・フォン・パーペンだ。

一九三二年の後半、パーペンは首相の地位を満喫していたが、この年の終わりになると、かつて友人だったシュライヒャーに強い恨みを抱いていた。ゲッベルスは三三年一月に、「パーペンはシュライヒャーに対して辛らつだ」と書いている。「シュライヒャーを倒し、完全に排除したいのだ」。

一九三二年一二月一六日、パーペンは「ヘレンクルプ」、すなわちドイツの財界、政界、各専門分野のエリートたちが集う「紳士クラブ」で演説を行った。演説の後、彼はケルンの銀行家クルト・フォン・シュレーダーに話しかけた。シュレーダーは、もともとグスタフ・シュトレーゼマンが率いるドイツ人民党の支持者だったが、シュトレーゼマンの死後はナチ党を支持するようになっていた。シュレーダーは、経済界からナチ党の資金を集めることを目的とした「フロインデスクライス・デア・ヴィルトシャフト（経済友の会）」という団体の共同創設者の一人だった。パーペンは、以前シュレーダーが、ナチ党の協力を得る方法は必ず見つけられると言っていたのを覚えていた。パーペンは、自分もシュライヒャーも失敗したが、もう一度やっ

てみるつもりだと話した。シュレーダーが思い出してくれたおかげで、パーペンは積極的な行動に出られた。「フォン・パーペンに会ったとき、彼は『私たちを隔てているこうした相違点を解消するために、近いうちに一緒に会議を行いたい』と言った」とシュレーダーは回想している。

シュレーダーは、ケルンにある自宅で一九三三年一月四日にパーペンとヒトラーが密会できるように手はずを整えた。ヒトラーは、近くのリッペ州で行われる地方選挙の選挙運動に出かけることになっていたため、それを隠れ蓑として使った。ゲッベルスはもちろん、ヒトラーの同行者の一部でさえ、密会が終わるまで何も知らなかった。だが、この情報はシュライヒャーには漏れていて、シュレーダー家の前でタクシーから降りようとしたパーペンの驚く顔をカメラマンが撮影している。次の日、この話はあらゆる新聞に掲載された。

当初、会談はうまく進まなかった。ポテンパの事件について「ヒトラーは非常に激しい怒りを私に浴びせた」とパーペンは回想している。パーペンはヒトラーに、その件について話すのは時間の無駄だと言った。パーペンが来たのは、ヒトラーが再び政府と接触する機会を持ち、近い将来の話をしたがっていると聞いたからだ。数日後、ヒトラーはゲッベルスに密会の模様を語った。ヒトラーによれば、パーペンは「今もご老体（ヒンデンブルク）に話を聞いてもらえる」立場にあり、シュライヒャーを打ち倒したいと強く望んでいたという。パーペンとヒトラーはそのための「協定」を作り上げた。「首相か、権力のある大臣の地位――国防相や内相」

とゲッペルスは書き、「耳をすましておく」とつけ加えている。この新しい陰謀の立案者たち――シュライヒャーを陥れようとするパーペンとナチ党――は、ヒンデンブルクの側近とよく通じており、ある決定的な内部情報を手に入れていた。政府に対する不信任投票を防ぐために国会の解散命令を出してほしいというシュライヒャーの要請を、ヒンデンブルクが拒否していたというのだ。つまり、次の国会が開かれるまでシュライヒャーは身動きがとれず、やがて時間切れとなる。ゲッベルスは上機嫌で「シュライヒャーの地位ははなはだ危険になった」と記している。

パーペンとナチ党の同盟の鍵は、パーペンが築いたヒンデンブルクとの親密な関係にあった。ヒトラーを首相にするという考えをヒンデンブルクに納得させられる者がいるとしたら、それはパーペンだ。一月を通して、パーペンとヒトラーは交渉を続け、互いに相手の裏をかこうとした。それぞれが首相の椅子を狙っていた。どちらが折れるのか？　ヒンデンブルクは、最後にはヒトラー政府に同意するのか？　そしてシュライヒャーはどう反応するのか？　シュライヒャーは背後に陸軍を従えていると思われていた。ヒトラーやパーペンを権力から引き離すため、シュライヒャーはどこまでやるつもりか？

シュライヒャーは事態の深刻さを把握していなかったようだ。安定した連立を組まずに議会に臨むのが不可能だとはわかっていて、一月六日には早くもプロイセン州首相である社会民主党のオットー・ブラウンに、議会を解散して規定の六〇日より後に選挙を行うことをヒンデンブルクは認めないだろうと話していた（国事裁判所はパーペン・クーデターの数ヵ月後に、権力を限定してではあるが、ブラウンをもとの地位へ復帰させていた）。にもかかわらず、他の場面ではより楽観的で、一月一六日の閣議では、ヒンデンブルクが解散を許可してその後の選挙の延期も認めると確信しており、ヒトラーに関してはもはや首相になるのを望んでもいないと考えていた。この方法は完全な憲法違反で、一二月にはシュライヒャー自身が、内戦のきっかけになりかねないと主張した方法であるにもかかわらず――まさにその主張で彼はパーペンの座を奪った――ヒンデンブルクが態度を変えて同意すると考えたようだ。ヒンデンブルクにとって内戦は重大な問題で、シュライヒャーと内戦について話して以来、そのことが頭から離れなかった。

シュライヒャーは、引き続きシュトラッサーと話し合いを続け、フランス大使フランソワ＝ポンセに向かってシュトラッサーを絶賛し、ナチ党で唯一の器量ある人物だと話した。一月初めの時点では、シュトラッサーが党内で力を失っていることに明らかに気づいておらず、シュトラッサーがなおも自分を支持し、議会で自分の政府に反対票を投じるようなことは「友人たち」とともに拒否してくれると確信していた。さらにシュライヒャーは、国会を解散した場合、シュトラッサーはヒトラーに対抗する選挙運動を行うとまで考えていた。一方でシュライヒャーは、パーペンを相変わらず軽視していた。フランソワ＝ポンセに、一月四日のパーペンとヒトラーの会談について尋ねられたときも、どうやら彼は、パーペンがヒトラーを説得してシュライヒャー政権を支持させようとしたが失敗した、という程度にしか思っていなかったふしがある。パーペンは自分で自分をだめにしたのだ、とシュライヒャーは続けた。「特に（パーペンの）やり方に衝撃を受けたフォン・ヒンデンブルク陸軍元帥の心証を悪くした」。シュライヒャーは、友人パーペンのミスを大目に見ると話した。「彼に言ってやろう。親愛なるフランツ君、また失敗をしでかしたな、と！」。会話の後、フランソワ＝ポンセは、シュライヒャーが明るく自信たっぷりで「顔が青ざめているにもかかわらず」健康そうだと思ったという。シュライヒャーが自分の状況をどれほど見誤っていたかは、すぐに明らかになる。

あらゆることが、最後はヒンデンブルク次第だった。一月、シュライヒャーはその関連の問題にも直面する。シュライヒャーは、失業者を東プロイセンの破産農家の地所に移住させるというブリューニングの政策を復活させようとしていたが、この案は、そうした農地を所有する貴族の間で依然として著しく不人気だった。一九三三年一月、ヒンデンブルクの所領の隣人である貴族たちは、再びこの政策に対する不満をヒンデンブルクに訴えた。また、プロイセン州の農家を対象にした東部救済政策の資金が不正に使用されていたというスキャンダルも発生した。農場の競争力を高めるために土地所有者たちに配分された資金が、彼らの私生活を快適にするために使われていたと明らかになったのだ。さらに、東プロイセンの所領にからむ腐敗の疑惑は、ヒンデンブルク本人にも迫っていた。一般にシュライヒャーの考えを代弁する新聞と見なされていた『テークリッッヒェ・ルントシャウ』紙が、ノイデックにあるヒンデンブルクの所領の名義が、相続税を回避するために息子のオスカーの名で登録されていると報じた。自分のイメージをたいそう気にするヒンデンブルクには、とんでもない不名誉だった。報道したのがこの新聞だっただけに、シュライヒャーがヒンデンブルクに圧力をかけようとしているとも受け取られた。ヒンデンブルクは、シュライヒャーを取るか、自分のイメージと隣人の貴族たちを取るかの二者択一を強いられていると感じたに違いない。すなわち、ヒンデンブルクにしてみれば、シュライヒャーはますます無用の存在としか見えなくなる。

それでもヒンデンブルクは、一九三三年の一月には、前年の八月と一一月に断言したのと同じように、ヒトラーにはけっして政権をわたさないと側近たちに繰り返していた。一九三一年の夏以降、彼は右派が多数派を占める政府を模索してきたが、それには何らかの形でヒトラーとナチ党を関与させるしかない。この要件は八月も一一月も、そしてこの一月になっても変わっていない。しかし一九三二年を通して、ヒンデンブルクは、右派政権をつくる代償としてヒトラーを首班とすることは拒んでいた。ところが一九三三年一月、突如としてそれが変化した。何が変わったのか？

ヒンデンブルクの心変わり

一つの変化は、一月一五日に行われたリッペ州の州選挙だ。リッペ州は人口一七万三〇〇〇人の小さな州で、通常であれば、この州の地方選挙が国政に大きな影響を及ぼしたりはしない。

しかし一一月の国会議員選挙とそれに続くテューリンゲン州の州選挙で敗北し、さらにシュトラッサーが離反して逆境にあったナチ党は、この選挙で勢いを回復することが心理的にも大切だと考えていた。ナチ党はリッペ州に全力を注ぎ、徹底した選挙戦を展開した。この作戦はうまくいった。ナチ党は四三パーセントの得票率で勝利を収め、対する社会民主党は三九パーセントで、国家人民党は八パーセントにも満たなかった。国政レベルの政治状況にはさほど影響はなかったが、この結果は当時のナチ党が喉から手が出るほどほしかったプロパガンダの起爆剤となり、シュライヒャーの戦略に大打撃を与えた。常に明敏で情報にも通じているアンドレ・フランソワ＝ポンセは、リッペ州の選挙によって、ナチ党の結束を揺るがしかけたシュトラッサーの脅威は、完全に終止符を打たれたとフランス政府に報告している。彼は、「シュトラッサーは一月一五日に事実上の敗北を迎えた」と書いた。この選挙結果により、シュライヒャーは、副首相とプロイセン州首相のポストをシュトラッサーに与えるという構想を断念した。シュライヒャー内閣の政務官エルヴィン・プランクがフランソワ＝ポンセに語ったところでは、政権はシュトラッサーがナチ党から多数の党員を引き連れてくるという望みを完全に失い、こういう状況となったからには、むしろ対立を招く要素として、シュトラッサーが党内に残留することを望んでいたという。

しかし、ヒトラーとシュライヒャーの政治的運命を変えたより大きな要因は、弾劾か公訴かによってヒンデンブルクを脅迫しようというナチ党の戦略だった。一月最後の週に起きたいくつかの劇的なできごとによって、この戦略ははっきりと見えてくる。ちょうどこの時期、のちにヒトラー政権の外相となるヨアヒム・フォン・リッベントロップの仲介で、ヒトラー、パーペン、ヒンデンブルクの相談役オットー・マイスナー、オスカー・フォン・ヒンデンブルクが行っていた交渉が、予想外の緊迫した展開をたどっていた。

リッベントロップは第一次世界大戦に従軍したが、負傷で前線から外れてトルコに派遣され、そこでフランツ・フォン・パーペンと知り合った。この二人のつながりに価値があるとわかったのは、一九三二年八月、首相の座を望むヒトラーの要求をヒンデンブルクが拒絶した直後だ。パーペンはヒトラーとの仲介役になってもらおうと、旧友のリッベントロップに連絡を取った。リッベントロップはナチ党内に何人か友人がいて、本人もその時期に入党していた（幹部の大多数よりずっと遅い）。リッベントロップは、ベルヒテスガーデンまで出向いてヒトラーと会い、「非常に強い感銘を受けた」とのちに回想している。やがてリッベントロップは「彼（ヒトラー）と彼の政党だけがドイツを共産主義から救える」と確信するようになる。だがもちろん、当時は、ヒトラーの怒りとヒンデンブルクの頑固さを考えれば、何かが進展するとは思えなかった。

ところが、一月には状況が変わった。ヒトラーの仲間のハインリヒ・ヒムラーと実業家のヴィルヘルム・ケプラーが、ヒトラーとパーペンの会談をもう一度手配してもらえないかとリッベントロップに頼んだ。リッベントロップは自宅を提供し、そこでパーペンは一月二二日、日曜日の夜遅く、ヒトラー、ヴィルヘルム・フリック、ヘルマン・ゲーリング、オットー・マイスナー、オスカー・フォン・ヒンデンブルクと会談を行った。ヒトラーはまずオスカーをそばに呼び、二時間にわたって二人で話した後、パーペンとの会談に移った。大統領の息子オスカーに対しては、ヒトラーはいつも通り、一方的に重苦しく自分の政治方針を語ったらしく、オスカーの方は、自分は政治家ではないとだけ答えている。二人が何かで意気投合したわけではなく、数日後ヒトラーはゲッベルスに、大統領の息子は「凡人の見本」だと告げた。パーペンの方はヒトラーに、これからはヒトラーを首相にするように大統領に訴えていくと話したが、老元帥ヒンデンブルクが受け入れるという確信はまるでなかった。オスカー・フォン・ヒンデンブルクとオットー・マイスナーは、同じタクシーでベルリンの中心部へ帰った。車内で、オスカーは長い沈黙の末に口を開き、パーペンがヒトラーを首相にして、自らは副首相でよいと決着を図るつもりであれば、おそらくそれ以外に他の決着はないと話したが、彼自身はやはりその案を気に入っていなかった。

ヒンデンブルク大統領も同じだった。次の日、パーペンが面会すると、ヒンデンブルクは再びヒトラーの首相指名を固く拒んだ。彼は、シュライヒャーを政権に留めておきたかったわけではない——すでに、陸軍元帥ヒンデンブルクと将軍シュライヒャーの関係は冷え切っていた。その日のうちに、シュライヒャーもヒンデンブルクに会いに来た。シュライヒャーの部下は、「国会に対する積極的執行方針」の三つの選択肢を簡単に説明する資料を携えていた。第一の選択肢は、ヒンデンブルクが非常事態を宣言し、国会を解散して次の選挙を延期するという方法。第二は、シンプルに国会の休会を強制的に延長し、「友好的な多数派との友好的な議会運営」について議員の合意が得られたら、そのとき初めて議会を再開するという方法。第三の選択肢は最も斬新だ。この案の土台には、ヴァイマル憲法には抜け穴があるという考えがある。憲法には不信任投票に関する規定があるが、この手段に訴える議員たちが過半数を獲得できる政権を指名する義務はない。憲法の起草者たちは、ナチ党や共産党のような「敵対的」多数派が原因で国会が膠着状態となる可能性を想定していなかった。一九三三年当時、この敵対的多数派はわずかな差で過半数を確保していたが、獄中の自党の活動家の恩赦を申し立てる以外、ほとんど何の合意もできなかった。したがって、この敵対的多数派がシュライヒャーに不信任票を投じたとして、その多数派が自分たちの手で新たな政権を立てるまで、ヒンデンブルクがシュライヒャー内閣に「暫定」政権として無期限に存続するよう要請しても、憲法上の問題はないと考えられる。

シュライヒャーの右腕オイゲン・オットは、大統領緊急令を要請するようシュライヒャーに助言し、シュライヒャーはヒンデンブルクと会談してその通りにした。けれども、「暫定政権」のシナリオは提案しなかった。暫定政権案は、シュライヒャーが政権を維持するには、最も妥当で憲法的にも許容されるため、彼がこの方法を推し進めなかった理由ははっきりしない。これに先立つ一月一三日、ベルリンで開かれた記者団との夕食会で、シュライヒャーは、このシナリオでは、内閣が出す大統領緊急令を敵対的多数派が投票で覆して経済に打撃を与える可能性が残るため、結局、政権は他の選択肢を選ばなければならなくなると指摘した。しかし、裏には他の要因があったのかもしれない。シュライヒャーが首相を務めていた間、彼と話をした人の多くは、彼は消耗して過剰なストレスにさらされ、とにかくこれ以上首相を続けたくないのだろうと感じた。ある記者は一月半ば、シュライヒャーの顔色が悪く「以前よりかなりやつれた顔つき」になっていたと書いている。シュライヒャーは自分自身について、いつもの皮肉な言い回しで「誇大妄想癖がないのが残念だ」と語っていた。彼は諦観の念、あるいは安堵感さえ持って、一月末の終局へ近づいていた。

一月二三日、ヒンデンブルクは、議会の解散は認めるが選挙の延期は認めないとシュライヒャーに伝えた。ヒンデンブルクは、選挙の延期という手段は「あらゆる陣営から憲法違反と見なされるだろう」と言い、そのような措置を取れと言うのなら、緊急事態であることを認めて大統領の行為を違法だと訴えない約束を、すべての党の党首から事前に得てもらわねばならないと話した。パーペンによれば、ヒンデンブルクはある重要な指摘も行っている。「一二月二日、君は私がパーペン君の提案に従えば、内戦が起きるだろうと予告した。君の考えによれば、陸軍と警察は内乱に対処する状況にはないということだった」。それから七週間、国内の対立は激しさを増すばかりで、ナチ党と共産党は一層過激になっていたが、陸軍と警察には何の補強も行われていなかった。「あのとき、内戦の可能性があったとして——その可能性は現在どれだけ大きくなっているのかね？」とヒンデンブルクは尋ねた。

一月二六日になっても、ヒンデンブルクはヒトラーの首相指名に強く反対していたようだ。その日、陸軍総司令官クルト・フォン・ハンマーシュタイン＝エクヴォルトは、パーペンとフーゲンベルクが新しい政権を組織するかもしれないという噂に不安を募らせていた。そのような内閣はほぼすべての国民に反対され、陸軍にとっては「最高レベルの懸念」となるだろう。ハンマーシュタイン＝エクヴォルトは、この不安を直接ヒンデンブルクに訴えた。彼が二年後に記したところでは、大統領は「いかなる政治の影響力も及ばないように、最大限に気を配る」と答えたという。「しかしそれから、おそらくは私を安心させるためだろう、オーストリア生まれの上等兵を国防相や首相にすることは全然考えていないと言った」。

もちろんヒンデンブルクは、ハンマーシュタイン＝エクヴォルトのパーペンに対する懸念を受けてそう答えたわけではない。本心ではパーペンの首相復帰を望んでいたヒンデンブルクは、エクヴォルトの懸念をはっきりとは認めたくなかったのかもしれない。あるいは、それより前にパーペンと話した内容を、うっかりと口にしてしまったのかもしれない。いずれにしても、ヒトラーに対する老元帥の拒否反応は、この時点でも明確だったと思われる。同じ時期、ヒンデンブルクはある貴族の友人との個人的な会話で、ヒトラーはせいぜい郵政相止まりだと話したとも言われている。

しかし、ヒンデンブルクの考えは変わりつつあった。一月二五日にリッベントロップとオスカー・フォン・ヒンデンブルクが会談し、その後リッベントロップの妻アンネリースが、ヒトラーを首相とした連立案に「可能性がないわけではなさそう」だと記している。交渉はさらに続き、三日後に大きな進展があった。一月二八日の朝、パーペンが再びヒンデンブルクと面会すると、老元帥は態度を和らげた。その後パーペンに会いに行ったリッベントロップによると、パーペンは「私の顔を見るなり『ヒトラーはどこにいる?』と尋ねた。ヒトラーはたぶんもう出かけたが、ヴァイマル市に着いたら連絡が取れるかもしれないと答えると、パーペンは、即刻戻ってもらわねばならないと言った。というのも……(中略)……彼、つまりパーペンは、ヒンデンブルクと長い間話して、ヒトラーが首相になる可能性が出てきたと考えたからだ」。同じ日、ヒンデンブルクは迫りつつある憲法の危機について意見を聞くため、経験豊富な保守派の政治家エーラルト・フォン・オルデンブルク゠ヤヌシャウと、この後に新国防相となるヴェルナー・フォン・ブロンベルクを呼び寄せた。両者ともヒトラー政権が唯一の解決策だと大統領に述べた。その見方は、ヒンデンブルクと側近たち――息子オスカー、パーペン、マイスナー――の会議で固まった。側近たちは「ヒトラーの指導力の下、ナチ党の優勢に対して可能な限り強い対抗力を持つ政府を組織する以外、憲法上可能な解決策は見あたらない」とヒンデンブルクに告げた。最終的に、不承不承ではあったが、ヒンデンブルクは承知した。

なぜヒンデンブルクが突然このように心変わりしたのかは、ヒトラーの権力獲得の物語のなかでも極めて重要な問題の一つだ。決定的な何かが一月二六日から一月二八日の間に起きている。当時からずっと、東部救済スキャンダルや、ヒンデンブルクの脱税疑惑、あるいは東プロイセンの隣人たちからヒンデンブルクへの圧力など、さまざまな憶測が取り沙汰されてきた。だが本当の答えは、ヒンデンブルクが弾劾と公訴を恐れたことにありそうだ。

一月の最終週、ヒンデンブルクは緊急事態宣言の合法性について、メディアから厳しく攻められた。一月二四日、フランソワ＝ポンセは「議会の活動すべてを抑圧する公然たる独裁の可能性」に「リベラル派、カトリック、社会主義者の報道機関」が警鐘を鳴らしたと報告している。同じ日、社会民主党の地方紙『ハンブルガー・エヒョー』は、「緊急事態の宣言には憲法上の根拠がない」と書いた。この記事はさらに、このような行為を試みる者は憲法に違反し、「駆け引きがどう始まるかを知っていても、どう終わるかは知らない」のではないかと述べていた。

次の日、社会民主党の全国指導部は声明を発表し、緊急事態の宣言は「あらゆる抵抗行為が許され、必要とされる無法状態」を生むクーデターであると断言した。一月二六日、中央党の党首でモンシニョール〔聖職者〕の称号を持つルートヴィヒ・カースは、同じ趣旨の手紙を書き、ヒンデンブルク宛ての同文の手紙とともにシュライヒャーに送った。さらに、その手紙は三日後、カトリックの新聞『ゲルマニア』の紙面で公開された。また、プロイセン州首相のオットー・ブラウンも違うアプローチで責めた。一月二九日に『ゲルマニア』紙で公開されたシュライヒャー宛ての手紙で、暴力によって憲法を変更しようという試みは、刑法第八一条が定める大逆罪にあたると主張した。緊急事態の宣言はその種の試みに相当する。つまり、国会を解散して選挙を延期するように大統領に求めることは大逆罪の誘因となり、大統領への要請自体が一〇年以下の懲役刑を科される可能性があるというのだ。

このようなメッセージや同様の訴えが、狙い通りの効果を上げたことは間違いなさそうだ。一月二三日にヒンデンブルクがシュライヒャーと面会したとき、緊急事態宣言についてヒンデンブルクが最も強く懸念したのが、自分の違法性が問われかねないという点だったのは明らかだ。何年かのちのハインリヒ・ブリューニングの回想によれば、一月下旬に首相の政務官エルヴィン・プランクが訪ねてきて、「ヒンデンブルクが公訴を恐れるせいで政府は苦しい状況にある」と不満を漏らしている。ヒンデンブルクが最終的にヒトラーの首相任命に同意した理由の一つが、この公訴されるという不安なのだと――誰によってかは明らかにしていないが――「確信させられた」とブリューニングは語っている。

現代の視点で見ると、あらゆる党派の民主派政治家が緊急事態宣言よりもヒトラー政権に賛成したのは、驚くべきことだと思える。理由の一つは、内戦が起きればナチ党か共産党が勝者となって絶対的な権力を握るかもしれないという政治家たちの不安で、社会民主党の特徴的な考え方でもある憲法厳守の呪縛――この傾向は、党内の識者からも近視眼的だと痛烈に批判された――も理由の一つとされる。

一月二七日、国会長老評議会――各党のベテラン議員から成る手続きに関する調整委員会

――は、国会休会を終了し、一月三一日から開会することで合意した。時計の針は、その瞬間へ向かって刻々と時を刻んでいた。国会が始まれば、直ちにシュライヒャーの不信任投票が行われるのは確実だった。

一月二八日の朝、シュライヒャーは閣議を開き、ヒンデンブルクが解散命令を出す見込みがないのに国会に出席するのは無意味だと説明した。彼は、最悪の事態を恐れていると閣僚たちに話した。「大統領閣下がヒトラーを首相に任命するつもりなら、問題はさほど大きくならないだろうが」。しかしシュライヒャーが知る限り、ヒンデンブルクはいまだにそれを拒んでいた。したがって唯一の代案は新たな大統領内閣の組閣で、その内閣にはパーペンと国家人民党の党首フーゲンベルクが含まれると予想された。そのような闘争内閣は「国家と大統領の危機」を生む可能性がある。閣僚たちもそのシュライヒャーの考えに強く同意し、ヒンデンブルクが解散を許可しない場合、内閣は総辞職することにした。

シュライヒャーは閣議室を出て、ヒンデンブルクに報告しに行った。彼は、三つの方法があるとヒンデンブルクに伝えた。第一は、ヒトラーを首相とし、議会過半数の支持を得る議会内閣（シュライヒャーはヒトラーが過半数の支持を得ることに懐疑的だったが）。第二は、ヒトラーが率いる大統領内閣。第三は、解散命令によってのみ可能となる現政権の維持。国家人民党だけを支持基盤とする内閣――すなわちパーペンとフーゲンベルクの内閣――を立てれば、危機が起きるだろう。

ヒンデンブルクは頑なだった。解散は「今の状況で私にできることではない」と、シュライヒャーに告げた。「君がナチ党を引き込んで、国会の多数派を作り出そうとしたことは感謝とともに評価している。しかし不幸にもそれはうまくいかなかった。ならば、他の可能性を試してみなければなるまい」。ヒンデンブルクはシュライヒャー内閣の辞職を受け入れた。シュライヒャーと閣僚たちの最後の仕事は、大規模な雇用創出計画の資金の承認だった。その後の六ヵ月で、失業していたドイツ人二〇〇万人が再び職に就いたが、それはシュライヒャーではなくヒトラーの功績だと見なされるようになる。

シュライヒャーが辞任すると、ヒンデンブルクはすぐにパーペンを呼び、「ヒトラーを首班とする政府の人選を検討する」ようにと、正式に要請した。しかし依然として、これから何が起きるのかをはっきりと知る者はいなかった。一月二八日、ゲッベルスはロストックでシュライヒャー辞任の知らせを聞いた。さらに、今後の方針について各党と話し合うようにと、ヒンデンブルクがパーペンに命じたことも耳にした。ゲッベルスも、パーペンが首相に返り咲くようなことがあれば「革命が起きるだろう」と考えていた。彼はまた、ヒンデンブルクと歴代の首相との関係についても鋭く洞察していた。「忠義にもとるとして有名なご老体は（シュライヒャーを）首にするだろう……（中略）……でも、シュライヒャーがそうなっても構いはしない」。ゲッベルスは、これから政党間の主導権争いが始まるが「あのご老体は予想できない」と記している。仮にヒンデンブルクがパーペンを選ぶなら、結果的にそれが最善かもしれないとゲッベルスは考えた。「そうなれば、状況は極めて危機的になり、ぼくらなしでは何もできなくなるだろうから」。

翌二九日の日曜日、詳細のほとんどがその日のうちに解決する。ヒトラーとパーペンは午前中に会った。ヒトラーは、直ちに次の選挙を行うこと、その後、自分の政府に広範な権限を与える「授権法（全権委任法）」を成立させることを主張した。ヒンデンブルクは新たな選挙を望まなかったが、次の選挙が最後になるというヒトラーの約束でようやく納得した。その日の午後、リッベントロップとゲーリングがパーペンのところへ行くと、「障害はすべて取り除かれ、ヒンデンブルクは明日午前一一時にヒトラーを待っている」と言われた。

同じ日、ゲーリングはホテル・カイザーホーフでゲッベルスに内閣の構成を伝えた。ゲッベルスの記録によれば「首相ヒトラー、副首相パーペン、ドイツ内相フリック、プロイセン州内相ゲーリング、危機管理相フーゲンベルク（ゲッベルスが言う「危機管理」とは経済・農業相）」という内容だった。ヒンデンブルクとの約束通り、国会は選挙を行うために――「これを最後として」――今一度解散される。それでも、ゲッベルスには確信がなかった。「誰も信じようとはしていない。パーペンは正直か？　誰にもわからない」。

ヒトラーと側近たちは、シュライヒャーと国防省の仲間が軍事クーデターを企てているという噂を耳にした（将校の中には、実際にクーデターを起こす相談をした者もいたが、シュライヒャーはそれを明確に退けた）。ナチ党の幹部たちは何が起きても対応できるように、ホテル・カイザーホーフで一月三〇日の午前五時まで眠らずに待機した。何ごとも起きなかった。その後、ヒトラーは就任宣誓のために大統領官邸に向かうことになっていた。

この段階にいたっても、申し合わせは白紙に戻る寸前だった。新内閣のメンバーは、午前一一時直前にようやくマイスナーの執務室に集まった。フーゲンベルクは、新たに選挙が行われる予定を知らされたばかりで、そういうことなら入閣しないと主張した。激しいやりとりが始まった。マイスナーが、これ以上ヒンデンブルクを待たせるわけにはいかないと催促し、選挙の結果に関わらず内閣の顔ぶれは変えないとヒトラーがフーゲンベルクに真摯な態度で約束して、ようやくフーゲンベルクが折れた。

「偉大な瞬間がそこに来た！」とゲッベルスは書き記している。「まるで夢のようだ。ヴィルヘルム街はぼくらのものだ。ヒトラーはドイツの首相になった」。常に目標を見すえる彼はすぐ後に続ける。「ぼくらはすぐ仕事に戻る。国会は解散だ。ここ四週間の内に総選挙だ」。

ナチ党の下でさまざまな惨事が起きただけに、ヒンデンブルクにはヒトラーを首相にする以外の選択肢はなかったのだという意見は多い。ヒトラーの財務相だったルートヴィヒ・シュヴェリーン・フォン・クロージク伯爵は、第二次世界大戦後のニュルンベルク裁判の証言で、「議会が安定政権を成立させられなかった一九三三年、最も力のある政党の党首を選ぶ以外にどのような方法があったのか、誰一人、ヒトラーの最大の敵でさえも、これまで私に教えてはくれませんでした」と述べている。マイスナーはこの言葉に賛同して回顧録に引用しているが、このような主張は、クロージクやマイスナーのような保守派政治家にどれほど大きな責任があったかをわかりにくくしてしまう。一九二八年から三〇年にかけて、ヘルマン・ミュラー政権は安定的に過半数を確保していた。ヒンデンブルクがハインリヒ・ブリューニングを解任するほんの数日前、ブリューニングは国会の信任投票で信任を得ていた。一九三二年には、本当は選挙の必要性はなかった。一九三二年から一九三三年初頭に政治危機と議会の膠着状態が起こり、それに対する唯一の解決策としてヒトラーが浮上した状況は、国会議員の半数以上を排除したいと考え、わずかな妥協さえ拒んだ右派の政治家たちによって作り出された。一連の保守派政治家たち（フーゲンベルク、ブリューニング、シュライヒャー、パーペン、そしてヒンデンブルク）は、目的を達成するために、自分たちに都合のよい条件で権力を維持するただ一つの方法として、ナチ党を口説こうとした。その結果、ヒトラー政権が生まれたのだ。

一月三〇日の時点では、ヒトラーの地位に圧倒的な力はなかった。当初、一一人の閣僚の内、ナチ党員は三人だけだった。ヒトラー以外には、内相のヴィルヘルム・フリック、無任所大臣のヘルマン・ゲーリングしかいない。その他、鉄兜団のフランツ・ゼルテが労相として入閣し、残りは従来の上流層の右派だった——副首相パーペン、外相コンスタンティン・フォン・ノイラート、経済関係の五省を担当するアルフレート・フーゲンベルクなどだ。ノイラートや、財相シュヴェリーン・フォン・クロージク、運輸・郵政相パウル・フォン・エルツ＝リューベナッハ、法相フランツ・ギュルトナー（中央党のある議員に執務室が占有されていたという印象を与えるため、任命が数日遅れた）は、シュライヒャーやパーペンの内閣からの留任で、安定性と継続性を約束する存在のように見えた。ほとんどのドイツ人は、内閣のこうした保守派政治家の存在、ヒンデンブルクの権威、そして切り札としての陸軍が、ヒトラーが正道からはずれないようにするはずだと信じた。パーペンはいつものごとく、浅はかな自信に満ちていた。「われわれは彼を雇ったのさ」。彼は友人の一人にそう話している。「二ヵ月もしないうちに、ヒトラーは隅っこのほうへ押しやられてきいきい泣いているだろう」。

誰もが安心しきっていたわけではない。目端が利く者たちは危険を察知していた。アンドレ・フランソワ＝ポンセは、保守派の関係者たちから聞いた安心材料をすべてフランス政府に報告した後、「それでも、ヒトラー－パーペン－フーゲンベルク内閣の結成は、ドイツとヨーロッパにとって危険な実験だ」と忠告している。彼は、保守派政治家たちとナチ党の連係の性質と危険性をはっきりと見抜いていた。「ナチ党に残る力、しかもいまだに強い力を維持するのが、まさにこの危険を呼び寄せ、もたらした人々の腹づもりの一つだった。連係を保つうえで、その力を悪用したり、その力に固執したりすることがないように、これから見届けていかねばならない」。元国家主席検事のルートヴィヒ・エーバーマイアーも同じような懸念を抱いていた。彼は自分の息子に語っている。「たとえこの政権が半年しか続かないとしても……（中略）……多くの損害が、特に外交分野にもたらされるだろう」。彼は一層厳しい表情でつけ加えた。「しかし政権はきっと長く続く。これまでの内閣のように、すぐに辞職してしまう内閣ではない」。

ヒトラーの監視者たちは、ある重大な部分を見落としていたようだ。一九三二年のプロイセン州政府に対するパーペン・クーデターの結果、プロイセン州の主要閣僚のポストは国の政府関係者が占めるようになっていた。ヒトラーは手を回して、ヘルマン・ゲーリングをプロイセン州の内相に任命した。その結果、ヒトラーとナチ党は権力の大きな要素となる州警察を動かす力を手に入れた。これまでに述べたように、国防相だったシュライヒャーがパーペンにクーデターを起こさせた動機の一つは、プロイセン州警察をナチ党の手から遠ざけることだった。シュライヒャーの後継者は、彼ほどは注意深くなかった。

ナチ党にとってヒトラーの首相就任は、それ自体が目的ではなく、さらに大きな権力を手にするための第一歩にすぎなかった。「第一段階だ！　これからも戦い続けるのだ」。ゲッベルスは日記に記している。次いで彼は、ヒトラーのまわりの保守派閣僚を名指しして書いた。「こいつらは汚点だ。こすり落とさないといけない」。ゲーリングのプロイセン州警察と、「汚点」を「こすり落とす」というナチ党の目標が、それから数ヵ月間のドイツ史を決定づけていく。

7

強制的同質化と授権法

「私は、国会議事堂が焼けたから逮捕されたのです。焼けたことすら知らなかったのに」。そう話すリナ・ハークは一〇代で共産党の活動を始めた女性で、夫とも共産党青年部で出会った。

その火曜日の午後、彼女のアパートの玄関にトレンチコートにグレーの帽子という いで立ちの二人連れが現れた。「冷酷な」口元、黄色がかった顔だと、彼女は少しずつ感じ取る――「冷たくて感じの悪い」声だった。二人は急いでいた。「昼食がコンロにかかっていること、子どもがいること、私が全てを放り出しては行けないことが、彼らの目には入っていませんでした」。ハークはのちにそう振り返る。だが連中は気にも留めなかった。彼女の娘を隣人に預け、洋服掛けからコートを取って投げてよこし、「急げ、急ぐんだ！」と声を上げた。彼らは、自分たちは「信頼に足る」と新しい主に証明しなければならないのだと彼女は気づく。刑務所を満杯にしなければならないのだ。『無血』革命には必ずいけにえが要るのです」と彼女は言った。

一九三三年二月二八日のことだ。国会議事堂が炎上したのは、その前夜だった。「階段を降りていると、アパート中のドアがすべて閉まる音がしました。とても静かに、そっと。でも確かに聞こえました」。路上に出ると、急に激しい寒気がした。背中に視線を感じる。窓という窓から見られている。「確かめたわけではありませんが、間違いなく見られていました」と彼女は書いている。ゴッテスツェルの刑務所に連れて行かれ、独房に監禁された。

夫はすでに逮捕されていた。アルフレート・ハークは、ヴュルテンベルク州議会の共産党議員で、州議会では最年少の二八歳だった。リナは夫を国外に逃がそうとしたが、彼は拒んだ。「労働者たちを置き去りにしろというのか？」彼はそう言った。「それも今？」。ヒトラーが首相になってわずか数日後の午前五時、突撃隊員たちが彼を連行しに来た。「連中は衣装ケースを壊し、服をまき散らし、引き出しをひっくり返し、机を引っかき回した」とリナは回想する。彼らは特に何かを探すでもなく、破壊行為しか頭になかった。

突撃隊員がアルフレートを連れ去ろうとするとき、リナは夫に言った。「でも、あなたは州議会議員よ！」。すると突撃隊員の一人が、せせら笑いながら仲間に言った。「議員だと？　おい、聞いたか？」。そしてハーク夫妻に罵声を浴びせた。「この共産主義者《コミー》どもめ！　お前らゴミはすぐに一掃されるんだ！」。アルフレートが突撃隊員に引っ立てられて通りを行くのを、リナは窓から見ていた。連中はアルフレートを殴り始める。父親に起きていることが幼い娘の目に入らないように、娘を窓から引き離さねばならなかった。

リナはクリスマスの恩赦で釈放されることになる。だが、アルフレートはそれほど幸運ではなかった。政治犯には情報網があり、リナもさまざまなことを耳にしていた。

ゲシュタポが、彼女の旧友を赤々と燃えるストーブに押しつけて殺したらしい。アルフレートのことも聞いている。オーベラー・クーベルク強制収容所に連行され、そこでも逮捕前と同じように勇気ある振舞いをしているという。鉤十字旗に敬礼するのを拒むと、看守に激しく殴られた。丘を這って登るように命じられ、「私は極悪人です。労働者に嘘をついて裏切りました！」と叫ばされたこともある。顔は見分けがつかないほど血まみれだったそうだ。

リナ・ハークの逮捕から数週間後、突撃隊の分隊がマーリア・ヤンコフスキの家の扉を破壊する。ヤンコフスキは社会民主党員で、ケーペニックのベルリン地区市会議員だ。突撃隊は彼女をケーペニックの突撃隊本部に連行し、中庭で服を脱がせて木製の荷台に横たわらせた。そして黒赤金の共和国旗をかぶせ、二時間にわたって鞭、棒、バールで殴り続けた。殴りながら社会主義や共産主義の労働者の名前を尋ね、共和国旗を「黒、赤、クソ」と呼ぶよう強いる。さらに「お前は失業者から靴を盗んだんじゃないのか？　ナチ党の製品のボイコットリストを作ったんじゃないのか？」と尋問する。痛みで泣きわめくと、拷問者の一人が彼女の顔を古いぼろ布の束に押しつけた。

「少なくとも一〇〇回以上殴られて、私は荷台から転げ落ちました。連中が私を荷台に引き戻し、強烈に顔を殴ったので、私は隅の方に倒れ込みました」。彼女は後にそう回想している。彼女は「Deutschland über alles」（世界に冠たるドイツ）という歌詞で始まる『ドイツの歌』も歌わされた。この歌は一九二二年に正式な国歌とされたが、それ以前からドイツのナショナリズムを象徴する歌だった。

突撃隊員たちは、ヤンコフスキに、社会民主党を辞めて二度と政治活動をしないこと、そして毎週木曜日にナチ党の事務所に出頭することを記した宣誓書に無理やり署名させた。そうすると、急に「扱いが変わった」と後に彼女は語る。コップ一杯の水と服が与えられ、指揮官が部下の一人に「このご婦人を外まで案内」するように命じ、彼女に「ごきげんよう」と丁重に告げた。路上に置き去りにされた彼女を、通行人が病院に連れて行ってくれた。かろうじて生き延びた彼女は、暴行の後遺症に一生悩まされることになる。ときを置かずに、彼女は自分の「逮捕」にまつわる事実を国外の報道機関に広める手配をした。ナチ党は「ありもしない残虐行為の話を広めた」として彼女を起訴した。

これが、ナチ党の言う「国民決起」だった。一九三二年八月には、残忍なポテンパの殺人事件（二六三ページ）に対する怒りがいたる所に広がっていた。だがこの年、一九三三年の春になると、突撃隊に対する法規制もほぼすべて廃止されていた。

リナ・ハークはこう記している。「目をそらした方がいい。こんなにも醜く不幸せになったドイツを見つめてはいけない」。

国会議事堂炎上

早くもヒトラーが首相になったこと、そしてヘルマン・ゲーリングがプロイセン州警察を管轄することの意味が明らかになり始めた。二月初めから、ナチ党に敵対すると思しきもの――共産党員、社会民主党員、リベラル派、平和主義者、知識人やジャーナリスト、芸術家、人権活動家および関連する報道機関――を標的とした、法令と警察の措置が次々に導入された。二月四日、ヒンデンブルクは、政治集会の中止、結社の禁止、報道機関の閉鎖など、幅広い権限を警察に与える法令に署名した。社会民主党と共産党の機関紙は、たちまちその影響を実感し始める。二月一四日、ベルリン警察の小部隊が国会議事堂内の共産党事務所を捜索し、その一〇日後には警察が共産党のベルリン本部を閉鎖した。二月一七日、ゲーリングは「国家の敵」に対して銃を使用するようプロイセン州の全警察官に命じた。二月二二日、さらに命令が発せられ、「愛国者団体」のメンバー（突撃隊、親衛隊および鉄兜団）を補助警察官として警察に編入することが許可された。

しかし、状況を一変させたのは、二月二七日の国会議事堂炎上だった。

この火事がどれほど重要だったかは、ナチ党がとった行動でわかる。ヒトラーの政府は、国会総選挙を六日後に控えて起きた国会議事堂本会議場の火災は、テロリストの仕業であり、共産主義者による反乱ののろしだと主張した。翌朝、内閣は緊急事態に乗じて「国民と国家を防衛するための大統領緊急令」、以後非公式には「議事堂炎上令」とも呼ばれる大統領令の発令を閣議決定し、ヒンデンブルク大統領が署名した。この命令によってヴァイマル共和国の民主憲法は骨抜きにされ、言論・集会・結社の自由、信書・電信・電話の秘密、住居不可侵、人身の自由が一気にはく奪された。また、第二項により、中央政府が州政府に介入する権限も認められた。前年のプロイセン州のクーデターと同じで、反対派を排除するには効果的な方法だ。国会議事堂が燃えている最中から、政府は反対勢力を厳しく取り締まり、国内の何千もの人を逮捕した。議事堂炎上令は、ヒトラーの一二年におよぶ独裁政権の法的基盤となった。学者のなかには、これを「第三帝国の憲法」と呼ぶ者もいる。

国会議事堂の火災はヒトラー政権に都合のよい結果をもたらしたため、当時のナチ党以外の人の大多数、そして後世の人の多くは、ナチ党が自ら火を放ったのは明白だろうと考えた。しかし、火災の原因は一九三三年以降、いまだに論争の的で、この問題については歴史学者が今も議論している。

特に厄介なのは、火災現場で逮捕された二四歳のオランダ人熟練煉瓦工のマリヌス・ファン・デア・ルッベだ。ファン・デア・ルッベは午後九時一〇分頃、マッチと着火剤（ナフタレンで覆ったおがくずのボール。当時、家庭用ストーブの着火に一般的に使われていた）を所持して国会議事堂の二階の窓から侵入したようだ。彼は、暗くて人気のない国会議事堂のなかをおよそ一五分間かけ回り、いたる所に火を放った。彼が持ち込んだ道具では、オーク材の重い家具や羽目板はほぼ影響を受けず、ほとんどの火はすぐに消えた。九時二五分、警察が彼を建物内で発見し、逮捕する。上半身は裸でやたらと汗をかいていた。

ファン・デア・ルッベは、本会議場の壊滅的火災を含む国会議事堂の火は、すべて自分が、しかも単独で放ったと強硬に主張した。数ヵ月におよぶ残忍な尋問中、裁判中、そして一九三四年初頭のナチ党による死刑執行までの間、彼はこの主張をけっして曲げなかった。当時、彼の証言を信じる者はほとんどいなかったが、抜け目のないナチ党は、ナチ党の部隊が火を放ったと訴える諸外国の巧みなプロパガンダに悩まされるにつれ、彼の主張のありがた味を理解し始めた。単独犯のしわざならば、その容疑者はファン・デア・ルッベであり、ナチ党は責任をのがれられる。都合のよいことに、ファン・デア・ルッベは元オランダ共産党員だった。

しかし、現在明らかにされている証拠から考えると、ファン・デア・ルッベが一人で放火するのはほぼ不可能だったと思われる。この点は、建物火災を研究する多数の科学者が個別に行った調査によって立証されている。さらに、そうした科学的証拠を裏づける要因は他にもある。まず、ファン・デア・ルッベ自身、犯人だとは到底考えられなかった。職場で負傷し、八割方目が見えなかったからだ。しかも火災時の国会議事堂内は真っ暗闇に近い状態だった。また、ファン・デア・ルッベは一度も議事堂に入ったことがなく、議場がどんなものかさえ知らなかったらしく、「教会」と呼んでいた。さらに、警察官と専門調査官は、ファン・デア・

ルッベの単独犯説にそぐわない物的証拠を国会議事堂内で発見している――灯油かガソリンの燃焼でなければ生じない通気口のすす、そして松明の残骸だ。ファン・デア・ルッベも他の者も、誰一人として、彼が燃焼促進剤や松明を持っていたとは主張しなかった。建物内に灯油やガソリンの痕跡があるとした警察官や消防士もいたが、この証拠はやや不確かだ。さらに重要なのは、どうやって議場で大火災を起こしたのか、ファン・デア・ルッベ自身が説得力のある一貫した説明をできなかったことだ。彼自身は、火のついた布を持って議場をかけ抜け回っていたら自然と大きな炎に膨れ上がったと考えていた。彼は、実際には起こせもしない大きな炎が議場で燃え上がるのを見たと証言している。

ファン・デア・ルッベの単独犯でなかったとすれば、何者かの陰謀で彼が身代わりにされたのはほぼ間違いない。それは誰なのか？　共犯者の特定は、けっして正解が得られそうにない問題だ。とはいえ、一九三三年二月の状況では、警察が見つけそうな、あるいは少なくとも警察が見つけたがるような痕跡を残さずに、複数の犯人を国会議事堂に出入りさせるなど、ナチ党でなければできなかったのではないか。この常識的な議論を別にしても、突撃隊の特定グループの犯行を示唆する具体的証拠がいくつかある。第二次世界大戦後のニュルンベルク裁判では、一九三三年の炎上事件当時にプロイセン州政治警察の警官だったルドルフ・ディールスとハンス・ベルント・ギゼヴィウスが、放火の主犯はハンス・ゲオルク・ゲヴェーアという元突撃隊員だと証言している。ゲヴェーアはその証言を否定したが、一九三三年当時、彼は放火専門の突撃隊員として知られていた。また事件当日の夜の居場所について、彼が語る話は一貫性がなく、極めて信じがたい内容だった。そのうえ、事件後少なくとも一度は、自分の関与を自慢していたと言われている。

誰が国会議事堂に放火したかという疑問は、ただの興味本位な歴史のゲーム遊びではなく、ナチ党に関する大きな問題点を二つ示している。一つは、ナチ党が権力を握り、権力を維持するために、いかに突撃隊とその暴力に頼ったかという問題だ。国会議事堂炎上事件は、突撃隊が暴力行為を行い、責任を共産党員になすりつけようとし、多くの場合さらに暴力行為を行うという、一九二〇年代終盤以降の一連のできごととうまく合致する。一九三二年一月のフェルゼネック共同体襲撃は、氷山の一角にすぎない。国会議事堂炎上も、十中八九その流れの上にある。そして、火災が突撃隊員によるものであろうとなかろうと、数日から数週間のうちに、突撃隊の暴力はもはや際限がなくなる。そのような暴力、そして暴力への恐怖は、敵対勢力を阻んで新政権の支持を固めるうえで決定的に重要な要素で、ナチ党は政権を獲るずっと前からそのようなことを考えていた。一九三二年八月、ヒトラーとヒンデンブルクの会談の直後に、ブリューニング内閣で政務次官だったヘルマン・ピュンダーは、パーペン内閣の政務次官エルヴィン・プランクからこう聞いた。もしもヒトラーが首相になっていたら、ナチ党は「マルクス主義者たち」を追い払うために国会議事堂に突撃隊を配備すると計画していた。「さらに、ヘルドルフ伯爵（ベルリン突撃隊の指揮官）が言うには、突撃隊は数日間『解き放たれる』ことになり、それによって、リストに記載された敵対するマルクス主義者、約五〇〇〇〇人が『無害化』される予定だった」とピュンダーは書いている。彼は、この情報は正しいのだろうかと思いつつも、「確かに、多くのナチ党員はどんなことでもやりかねない」と記している。彼が書き記したことは、まさに国会議事堂炎上の後に現実となったことだ。

もう一つは、ナチ党が、権力の掌握と強化についていかに入念に、いかに戦略的に考えていたかで、歴史学者のイレーネ・シュトレンゲが「権力への合法的な道」と表現する問題だ。これまで述べたように、ナチ党は、ヒンデンブルクがヒトラーの首相就任を拒絶する状況を打開しなければならなかった。最も効果的な武器は、弾劾もしくは公訴するという脅しで、それはうまく機能した。続いて、左派や頑なな敵対勢力をいかなる権力からも遠ざけ、実質的に敵対できなくする必要があった。国会議事堂の炎上、警察のナチ党化、突撃隊の展開は、いずれもこの目的をかなえるのに役立った。ナチ党は、遅くとも一九三一年以降、突撃隊を駆使して権力を強化しようと考えていた。ナチ党政権発足から数週間で発出された数々の大統領緊急令も彼らに手を貸した。リベラル派や左派の報道機関を閉鎖し、政治会合や集会を中止させる権限を警察に与えて、反対派が活動できなくなるようにしたからだ。議事堂炎上令を含むこうした大統領緊急令は、主としてヴィルヘルム・フリックが、ヴァイマル共和制時代の先例を入念に検討したうえで起草した。そしていよいよ、国会《ライヒスターク》がすべての立法権限をヒトラーの政府に委譲する「授権法（全権委任法）」が成立する。これも、ナチ党が長い間構想を練ってきたことだった。この法律については、ゲッベルスが一九三二年八月の日記に記し、ヒトラーもヒンデンブルクとの交渉で要求の一つとして繰り返し口にしている。

ナチ党の権力掌握の計画は、確かに大雑把で場当たり的で、常にうまく機能したわけではなかった。計画の実行が不完全なこともあれば、活動の核心部分で野蛮な行為があって計画の戦略目標がおろそかになることもあった。それでも、権力しか頭にない非情な者たちは、実際にどうやって権力をつかむかを考えに考え抜いていた。

一九三一年一一月、ヘッセン州のナチ党の政治家が、ある文書をフランクフルト警察にリークした。その文書には、仮定上の共産党クーデターに対するナチ党の反クーデター後に発する声明の草案が含まれていた。一九一八年のドイツ革命のトラウマは、ナチ党にとって重要だった。というのも、あの革命がナチ党の未来の手本となるからだ——次は右派から左派への逆になるという違いはあるが。文書には「国家および州の権力者たちは、ここ数日（数週間）のできごとで凋落した」と書かれ、それは「一九一八年一一月のように」新たな法的状況が生まれたことを意味していた。そのシナリオによれば、突撃隊や他の準軍事組織が新たに権力を持ち、それぞれの指導部には「国民救済のために、放棄された国家権力を担い、行使する権利と義務」が与えられる。喫緊の課題は、公共の安全を強化し、食糧供給を管理することだった。「国民へのかつてない厳しい統制と武力による断固とした取り締まりによってのみ、こうした任務の遂行が可能になると思われる。この目的のため、突撃隊や他の準軍事組織の命令に従わない場合は、すべて死をもって償うことになる」。そして、規制違反を裁くため、臨時法廷が設置するとも記されていた。一六歳以上のすべてのドイツ人は強制労働の対象となり、従わなければ食糧を得る権利はなかった。ユダヤ人は、働く義務からも配給を受ける権利からも明確に除外されていた。

このリークされた文書を書いたのは、ヘッセン州出身の若いナチ党活動家で法律家の、ヴェルナー・ベストだった。のちに彼はゲシュタポの高官となり、悪名高い親衛隊将校ラインハルト・ハイドリヒの下で代理の任に就く。その文書は、ベストが数名のヘッセン州ナチ党幹部に文書を見せた農場の名にちなんで、「ボクスハイム文書」と呼ばれるようになった。ヒトラーがうわべをつくろって言ってきた「合法」路線とは明らかに矛盾するこの文書に、党幹部は困惑した。ゲッベルスが創刊した『デア・アングリフ』紙は、ベストが「共産主義者《コミー》による血まみれの乗っ取りを仮想して」、それを打倒するために個人的な計画を立てたにすぎないと主張した。だが一方で、ナチ党は、攻撃するのは共産主義者の側で自分たちは守る側だと常に描こうとしてきた事実があり、その前提を明確にしておきたいゲッベルスの新聞は、ベストは「モスクワから届いたかつてなく詳細な指示に従い、ドイツで暴力的に権力を奪おうとして起草された計画」に反応したのだ、とも述べている。

「ボクスハイム文書」はヴェルナー・ベストの単なる気まぐれな思いつきではないと示す、注目すべき証拠がある。一九三一年九月の初め、ベストは自分の計画についてナチ党の幹部に報告した。その後すぐに、ゲッベルスは「突撃隊問題」に関するヒトラーとの会話を日記に記している。「KPD（ドイツ共産党）が攻撃してきたら、何をすべきか。具体的な行動計画。ぼくは東部全体の警察長官に就くだろう……（中略）……（突撃隊の指揮官の）ヘルドルフ（伯爵）がわが軍の司令官。われわれは一緒にうまくやれるだろう」。見るからに、ベストのシナリオとよく似ている。その半年後の一九三二年春、ベルリン警察が、「緊急事態」が発生した場合の突撃隊の動員計画を手に入れた。想定されていた緊急事態は、民主勢力や左派勢力によるクーデターまたは逆クーデターだった。一九三三年一月二九日、ヒトラーが権力を握る前夜に軍事クーデターの噂があったとき、ゲッベルスは、ヘルドルフとベルリン警察のヴァルター・ヴェッケがともに対抗策に取り組んでいると日記に書いている。また二月一日には、こう書いている。すでに「ヒトラーとの話し合いで赤色テロにたいする闘争方針を確定する。さしあたり、直接的な対抗処置はとらないつもりだ。いずれボルシェヴィズム革命の火の手があがる」。「火の手があがる」という部分が、ナチ党の基本となる戦略方針を簡潔に示している。

ヒトラー政権の最初の数週間を振り返ると、まさにその炎上こそナチ党が準備していたものではないかと思える。秘密国家警察長官代理となったルドルフ・ディールスは、ナチ党の指導者たちは「獲物が現れたらずたずたに引き裂こうと待ち構えるトラのように」共産党の蜂起を待ち望んでいたと書いている。ディールスは、上司であるプロイセン州内相ヘルマン・ゲーリングは、ナチ党が共産党を非合法化する行動を起こすには、共産党が「巣穴から出てくる」必要があると考えていたと回想している。

だが、共産党の蜂起は起こらなかった。ドイツの共産党員たちは、ソヴィエト連邦の指導者ヨシフ・スターリンが反乱を認めないことと共産党のイデオロギーが原因で、身動きが取れなくなっていた。彼らのイデオロギーでは、ヒトラー政権の到来は、間もなく資本主義が破綻して、共産主義に勝利がもたらされる兆候だった。ナチ党の幹部が、ドイツ共産主義の弱い立場を知っていたという証拠もある。ヒトラーは二月初旬の閣議で、共産党を禁止して選挙運動中の共産主義の脅威を最小限に抑えることは「的確に心理的影響を与える」のかという疑問を口にしていた。

結局ナチ党は、国会議事堂の火災によって、必要かつ待ち構えていたもの――共産党のクーデター未遂という体裁――を得て、突撃隊を配備できた。

つまりナチ党は、自分たちの暴力を隠す口実として、攻撃を始めたのは共産主義者だとなすりつける戦略パターンに頼っていた。それには、よほどの不正とメディア操作が必要となる――ゲッベルスの得意技だ。

ゲッベルスは、一九三三年一一月にマリヌス・ファン・デア・ルッベの裁判で証人として証言した際、いつもの彼らしい話術で共産主義者の暴力とナチ党の対応について語った。彼の話は、一九三〇年にホルスト・ヴェッセルという突撃隊員が殺害された事件から始まった。ゲッベルスから見れば、ヴェッセル殺害は、労働者を勧誘して共産党から引き離すのが得意なナチ党活動家を標的とした暗殺だった。だが実際は、ヴェッセルと家主の女性の間の家賃に関する口論がそもそもの始まりだ。続いてゲッベルスは、一九三二年初めの、ナチ党によるフェルゼネック共同体襲撃事件について話した。実際は、フリッツ・クレムケという共産党員を殺害する目的で、約一五〇人の突撃隊員が軍隊方式で共同体を襲撃したにもかかわらず、ゲッベルスは共産主義者が計画した奇襲だったと主張した。ゲッベルスの物語風の証言は、国会議事堂炎上事件で幕を閉じた。

国会議事堂炎上に関して、ゲッベルスが何かを知っていようがいまいが、あるいは関与していようがいまいが、共産党が犯人だという彼のプロパガンダが計算づくの偽りだったことは、ほぼ間違いない。ファン・デア・ルッベが共産党を代表して行動したとナチ党が本気で考えていたと示唆する記述は、ゲッベルスの日記のどこにもない。警察が集めた証拠にも――警察自ら捏造した証拠とは対照的に――そのような嫌疑を裏づけるものは何一つなかった。ナチ党政権下のドイツでは世論調査が行われていないので、ナチ党版のこの筋書きを受け入れたドイツ人が大勢いたかどうかははっきりとわからないが、現在手に入るあらゆる証拠から、すでにナチ党の支持者であった人は彼らを信じ、反対派の人は信じなかったということが見て取れる。ブラウンシュヴァイク州出身のある女性は、三月の初めにオランダにいる娘宛てに書いた手紙で、ナチ党が国会議事堂に火をつけたのかもしれないと外国の新聞に話した社会民主党の編集者が逮捕されたと、肯定的に記している。「ナチ党に関するそういう間違ったニュースがいつも外国の新聞で広められているけど、もう驚かなくていいのよ」と彼女は続け、さらに「ヒトラーがどれほどドイツの国民に愛され、祝福され、尊敬されているか」、おそらく外国人には理解できないだろうとつけ加えている。ハインリヒ・ブリューニングはのちに当時を振り返り、「国会放火事件とそのいわゆる犯人とに関する報道が一般民衆に強烈な印象を与えたので、彼らは政府の暴力行使についてはもはや不感症になっていた」、民衆は「まるで麻酔をかけられたようであった」と述べている。

非合理性の勝利

ゲッベルスは大衆を説得する方法については知恵を絞ったが、ヒトラーやルーデンドルフとは異なり、それ以外の政治プロパガンダにはあまり興味がなかった。彼が手本としたのは商業広告で、広告とは単純で潜在意識に訴えるメッセージを含み、際限なく繰り返して消費者に影響を与えることを目指すべきだという一般的な考えを理解していた。心を捉える覚えやすいスローガンが何よりも大切なのだ。ゲッベルスは飲み込みが早く、ヒトラーのイメージを作り上げて売り込む手際は、当時の最先端を行く商業広告に優るとも劣らなかった。ドイツの広告業界は（仕事を失ったと思うと）多少がっかりしたが、ヒトラーが新たに設けた「国民啓蒙宣伝省」の大臣にゲッベルスを任命すると、感銘を受けた――この政府は、かつて想像もしなかった規模で政府自身の宣伝に力を注ぎ、自分たちの仕事を誇示している。業界人たちは、ゲッベルスは自分たちの仲間だと誇らしげに主張した。

ナチ党のプロパガンダの皮肉と偽りは、信奉者たちが非合理性を熱く崇拝したおかげで、大きな後押しを受けた。合理的な啓蒙思想的な基準が軽視され、事実上の革命が起きたも同然だった。一九二〇年代から三〇年代にかけて、多くの人が、そうした理性を否定する革命は、民主主義が引き起こす慢性的な病ではないかと思い始めたようだ。

一九世紀の最後の三〇年間には、関連性がある二つの重要な変化があった。一つ目は、ほとんどのヨーロッパ諸国で普通選挙が行われるようになったという変化だ。一八七一年の時点では、すべての成人男性が国政選挙の投票権を得ていたヨーロッパの主要国は二ヵ国、ドイツとフランスだけだった。比較的民主的だったイギリスでさえ、投票は依然として納税者名簿と結びつき、労働者階級の男性の多くが除外されていた。しかし改革に次ぐ改革の末、ヨーロッパの主要国の大多数が一九一四年には「成人男子普通選挙」をほぼ実現し、女性の投票権にも道が開かれようとしていた。

二つ目は、教養あるヨーロッパ人にとっては遠い中世の時代のものだった憎悪、偏見、迷信が再び現れたという変化だ。多くのヨーロッパ人は、この変化は一つ目の変化と関連していると考えた。一九世紀から二〇世紀に変わる頃、「儀式殺人」の告発が中央および東ヨーロッパで広く起こった。ユダヤ人がキリスト教徒の子どもを殺し、その血を過越の祭のパン、マッツォーを焼くときに混ぜているという非難だった。外国人に対する偏見の少ないフランスでさえ、一八九四年にアルフレド・ドレフュス大尉を反逆罪[*1]の犯人にでっち上げた事件とその後のスキャンダルで、激しい反ユダヤ主義が新たに明るみに出た。一九〇三年、ベルリンで最も著名な法廷弁護士で、本を書き定期刊行物に投稿する教養ある著作家でもあったエーリヒ・ゼロは、「なんと絶望的に軽薄なことか……（中略）……野蛮にすたれた道徳と知性を長年ため込んだ沼を覆う見せかけの文化は」と諦めたように書いている。「自分は教養人だと誇らしげに考えている」類の人々は、「魔女狩りなどはわれわれにとって古くからの邪悪な言い伝えにすぎず、啓蒙と寛容の黄金時代においてはその再来など恐れる必要のない流行病であるとして、それを嫌悪することがもはや」できなかった。

ヨーロッパの思想家は、そうした非合理性の再現、特に非合理性の政治への影響に関心を持ち始めた。フランスの社会学者ギュスターヴ・ル・ボンは群衆行動に関する理論で有名になり、影響力を持つようになった。従来型の道徳観を手厳しく分析したドイツの哲学者フリードリヒ・ニーチェ、人間の動機づけの根底にあるのは合理的な考えではなく性的欲求であると主張したオーストリアの精神分析学医ジークムント・フロイトなども同じだった。いたるところ

*1【アルフレド・ドレフュス大尉を反逆罪】一八九四年フランスのユダヤ系軍人、ドレフュス大尉がスパイとして終身刑を宣告されたが、エミール・ゾラなどの救援で無罪となった。

で人々が非合理性に傾倒するようになり、本来ならば客観的な論理的枠組みを追求するはずの、法曹界のような分野にまで広がった。

非合理性の容認は、第一次世界大戦の経験でさらに強まった。戦争は何もかもが非合理的だった。機銃掃射のなかにそろりと足を踏み入れる意味は何だったのか？　犠牲者数が当初の想定通り、割に合っていた国などどこにもなかった。すべての国で、国民は本能的な憎悪と高揚を力説するプロパガンダに四年間さらされ続けた。

ヒトラーはこうしたすべてを統合した。意図的な偽り、社会に広がる非合理性への関心、そして非合理性に耽りたいという欲求を統合した。ナチ党が強調した、歴史の鍵としての人種、あらゆる問題への回答としての人種思想は、もとをたどれば戦前の非合理性と戦時中の暴力に行きつく。ナチ党の人種思想は、故意の反知性主義だ――彼らは「血で考える」をモットーとしていた。一方、ヨーロッパの他の地域では、この種の人種イデオロギーは攻撃の的になり始めていた。「人種主義」が否定的な概念として取り上げられるようになったのは、一九三〇年代のフランスだ。ドイツのような人種主義に対するイギリスの反感はさらに強かった。けれども、多くの場合、こうした批判はそれぞれに曖昧な部分があった。優生思想を持っていたイギリスの生物学者ジュリアン・ハクスリーは、ナチ党は優生学の理念を損ねると考えた。彼はナチ党の人種政策について、容赦なく批評している。「われらがドイツの隣人」は、自分たちは「肌が白く、長頭、長身で、男性的」だとイメージするのが好きだ。そう記すハクスリーは、

「この見解の最も有名な唱道者たちから」、合成画像を作ろうと提案する。「ヒトラーのような金髪で、ローゼンベルクのように長頭で（実は丸顔）、ゲッベルスのように長身で（実は一六五・一センチメートル）ゲーリングのように痩身で（実はでっぷり型）……（中略）……これはどの程度ドイツ人の理想像に近いだろうか」。

合理性の拒否が、資本主義でリベラルな欧米諸国に対する拒否と密接に関連する場合も多かった。欧米に対する拒否は、ナチ党を含むヴァイマル共和制の極右全体の中心にあった。第一次世界大戦中、小説家のトーマス・マンはドイツの「文化」を称賛し、彼がさほど評価しないイギリス、フランスのリベラル資本主義「文明」と対比させた。のちに彼は考えを変えるが、変えない人もいた。ナショナリストで保守的な作家エドガー・ユリウス・ユングは、ヴェルサイユ条約と国際連盟は「一七八九年の勝利の象徴」、すなわちフランス革命の民主的でリベラルな価値観の象徴だと軽蔑を込めて書いている。彼にとってはヴァイマル共和制も同じで、「啓蒙思想によって遅ればせながらヨーロッパの真ん中へ踏み出す突破口」だった。ユングによれば、ドイツ人は「伝統、血統、歴史的精神」で啓蒙主義に対抗するべきだった。

当時の社会を注視していた人たちは、ナチ党が非合理性を魅力的に見せていかに利を得ているかをはっきりと認識していた。とりわけ鋭く注視していたのが若きピーター・ドラッカー、のちに経営学の専門家としてアメリカで有名になる人物だ。一九三〇年代、ドラッカーはジャーナリストとして働きながら法律を学ぶ学生だった。ウィーンのユダヤ人家庭の生まれで、オーストリアの知的エリート層とのつながりが深かった。著名な経済学者のヨーゼフ・シュンペーター、フリードリヒ・ハイエク、ルートヴィヒ・フォン・ミーゼスは家族ぐるみの友人で、著名な法学者のハンス・ケルゼンは彼の叔父だ。

ドラッカーは、数十年が経過しても歴史学者がなお解明の努力を続けるナチズムの要素の一部を直感的に把握していた。彼は、ナチ党とファシストの基本原則は、資本主義だけでなく社会主義も信用しなくなるという社会的風潮のなかで発展したと考えた。ナチズムは、さまざまな社会問題に対する有効な答えを持っていなかったため、あらゆるものに反対することしかできず、つじつまの合わないものにさえ反対した――反リベラルでありながら反保守でもあり、反宗教でも反無神論でもあり、反資本主義であると同時に反社会主義で、そしてなによりも反ユダヤ主義だった。ドラッカーはとりわけ鋭い観察力で、ナチズムは、国民が彼らのメッセージを信じたから成功したのではなく、信じなかったという事実にもかかわらず成功したと述べた。さらに彼は、ナチ党の成功は「ナチズムのいうことが嘘であり矛盾であること、ナチズムの公約の実現は不可能であること、ナチズムの道は危険であり愚かであることを絶え間なく指摘していた反ファシズムの新聞、ラジオ、映画、教会」、政府も目の当たりにしていたと指摘した。そして、「ナチズムの公約を理性をもって信ずることが入党の条件であったとするならば、誰一人ナチスの党員にはなれなかったに違いない」と結論づけている。

ドラッカーが知る限り、ナチズムの説明として最も的確だったのは、ナチ党のある扇動者の言葉だ。「かなり前のことだが、私はこの耳で」その男が「熱狂した農民を前に、『われわれはパンの値下げも、値上げも、固定化も要求していない。われわれは、ナチズムによるパンの価格を要求する』と演説するのを聞いたことがある」。ナチ党の論理的に矛盾した怒りと憎しみは、満足な社会的進歩をもたらすことができないため、ナチ党の唯一の頼みはこの種の非合理性だった。ナチズムが「課された要求に応えることのできるのは、奇跡によって」のみだった。高いパンの値段、安いパンの値段、変わることのないパンの値段の「いずれも実現はしなかった。唯一残された希望は、これらのいずれでもないパンの値段、誰も知らないパンの値段、合理に反するパンの値段である」。

結果として、貧しい人や恵まれない人のために大変な苦労をして戦ってきたはずのドイツ人たちが、往々にして一般人の民主主義の能力に大きな幻滅を感じるようになった。一九三〇年にナチ党が最初の躍進を遂げると、プロイセン州のオットー・ブラウン首相は、失敗したのは民主主義の考え方ではないと断言した。彼によれば、むしろ失敗の責任は「相当数のドイツ国民」にあり、国民は「突然肩にかかった責任」を果たす能力があると証明できなかった。一九三三年の初め、経験豊富な弁護士で社会民主党の政治家でもあるヴォルフガング・ハイネは、友人のカール・ゼーフェリンクへの手紙にこう書いている。「労働者階級も、この民主主義の志を行使するほどにはまだ成熟していないように思える」。ゼーフェリンクは、「言うまでもなく」その通りだと同意した。そして、この結果はヴァイマル憲法のせいではないと続け、問題は「政治的に無学な人々だ。彼らは自分たちに与えられた権利の正しい使い方を知らなかったのだ」と述べた。また革新的な社会主義者のエルンスト・トラーは、一九三三年に亡命した後に書き終えた重苦しい自叙伝で同じような考えを述べている。「人々は理性に飽き、思考と熟考にうんざりしている。彼らは、この数年間に理性は何をしたのか、洞察と知識が私たちにどう役に立ったのかと尋ねる」。

洞察力に優れる政治記者、コンラート・ハイデンも、ナチ党が真実を軽視していると読者にわかってもらうのが難しく、ナチ党の嘘にうまく反撃できないと不満を感じていた。

あるとき彼は「ぜい肉を減らすために（山岳リゾートに）行くユダヤ人」について語るヒトラーの弁舌に感心した。ヒトラーが言うには、この人物は「真新しい黄色のブーツ」と「今までほとんど何も入れたことがない美しいリュックサック」を持って来たのに、けっして山歩きをしようとはしない。列車が停まったところにとどまり、喜んでホテルのバーに長居をする。「われわれ労働者階級には、ありえないことだ」。さらにヒトラーは、一九一三年製や一九一四年製の用具で間に合わせるしかない、働きすぎで痩せ細った、貧しい「ドイツ人たち」を引き合いに出して比べた。ハイデンはヒトラーの腕前についてコメントし、「反論は無意味だろう。真新しい黄色いブーツを履いた太ったアーリア人だって、登山鉄道の駅周辺から好き好んで遠くへ行きはしないという事実を持ち出してもしかたがない」と嘆いた。無意味なのは、「反論は聞いてもらえるだろうし、おそらく信じてもらえるだろうが、確実にまた忘れられてしまう」からだ、とハイデンは続ける。しかし、ヒトラーが「まばゆいばかりの腕前」で描いたイメージは、「しっかりと印象に残る。一度聞いたらけっして忘れない」。

のちに西ドイツの大統領となるテオドーア・ホイスは、一九三二年刊行の『ヒトラーの道』というナチ党運動に関する本で、ナチ党指導者のプロパガンダの技術に同じく悲観的な賛辞を送った。ホイスは、『わが闘争』のプロパガンダに関する一節が他の部分よりも「うまく、正確に書いてある」ことに気づき、「ここは、肝要を知る男が語っている」と述べている。

世界恐慌によって、ハイデンのような記者や、社会の現実を合理的に掘り下げ、なおかつ民主派や中道派の政治に力を注ごうとするドイツの報道機関は、直接的かつ物質的な意味で生活や経営が成り立たなくなっていた。ヴァイマル共和制は、『フランクフルター・ツァイトゥング』紙、『フォシッシェ・ツァイトゥング』紙、『ベルリーナー・ターゲブラット』紙といった、リベラルで優れた新聞があることで特に有名だった。だが、こうした新聞は、中道民主派の購買層とともに破綻した。たとえば、『フランクフルター・ツァイトゥング』紙は、一九一八年には一日の発行部数が平均で一一万部だったが、一九三二年には部数は半減していた。他の二紙も同様で、年間数十万マルクの減収にはとても耐えられなかった。ただし、『フランクフルター・ツァイトゥング』紙は、化学産業の大コングロマリットIG《イーゲー》・ファルベンを中心とする産業界から資本注入を受けたおかげで、「救われた」。

だがこの資金調達によって、新聞の記事は予想どおりの影響を受けた。一九三〇年、この新聞に記事を書いて生活していた小説家のヨーゼフ・ロートは、メルゼブルクにあるIG・ファルベンのロイナ化学工場が引き起こした公害問題を記事にした。すると、IG・ファルベンの取締役が新聞の編集長宛てに、「汚い手段を含むあらゆる手」を使って「大企業に対する恨みを発散させる」ような「分子」を「君は報道記者のなかから排除できなかったということだ」と苦情を書いた。また、『フランクフルター・ツァイトゥング』紙は、コンラート・ハイデンを「図版ページ」や「女性版」担当に追いやった。当時の男性ジャーナリストにとっては、手ひどい左遷だった。

実際、真実と理性を軽視するナチ党の姿勢が最も如実に現れたのは、報道と司法（証拠の合理的評価が最も重要となるはずの二分野）だった。すでに述べたように、一九二〇年に作成した党の綱領においても、すでにナチ党の報道機関に対する計画はあまりにも細かい。ナチ党は、政権につくとすぐに反対派の新聞を閉鎖していった。批判的で左寄りのジャーナリストは、刑務所や強制収容所に送られた可能性が高い。週刊誌『世界舞台』の編集長で平和主義者のカール・フォン・オシエツキー、「カフェ誇大妄想《メガロマニア》」の常連だった調査ジャーナリストのエゴン・エルヴィン・キッシュも同様の運命をたどった。投獄されなかったジャーナリストはすぐさま協力を余儀なくされ、何をどのように書くべきか日々指導を受けた。一九三三年の半ばには、ドイツのすべての新聞が基本的に同じ内容となった。他国の特派員は引き続きドイツ国外の読者に真実を語ることができたが、彼らでさえ脅され、苦しめられ、ときには逮捕された。通信もたびたび妨害を受けた。アメリカの特派員エドガー・アンセル・マウラーは、こうしたジャーナリストのなかでも屈指の存在だったが、ついに国外退去を強いられた際、いつ戻ってくるのかとゲシュタポの将校に訊かれた。「二〇〇〇万人の国の仲間と一緒に来られるときだ」とマウラーはふてぶてしく答えた。その意味を理解したゲシュタポの男は、そんなことあるわけがないと言い張った。「指導者《フューラー》ならやれるんじゃないか」とマウラーは言った。「指導者《フューラー》には何だって起こせるんだから」。

ヒトラーは、首相になるとすぐにナチ党機関紙の代表者と会い、「『民族』に奉仕するという理念を最重要原則として、ドイツのすべての報道機関を教育して」くれるものと期待していると話した。さらに、報道機関は「ドイツ人の生活と精神を真に反映して」いなければならないが、「今日の報道の大部分は」この使命よりも「頻繁に他の利益を優先してきた」と述べ、「反国家的な扇動」を行うために「自由を悪用するような報道機関」には、自分の考えを注ぎ込むつもりだと語った。一九三四年になるとゲッベルスも、報道機関は何をすべきかを言われなくても、できごとに「正しく」対処すると満足するようになっていた。それでも日記には、いかにも彼らしく「自尊心のかけらがまだ残っている者がジャーナリストにならないように細心の注意が必要」と書いている。

ヒトラーは、裁判官、弁護士、法律も、心底見下していて、彼の政権は、法の合理性、予測可能性、整合性を長きにわたって侵し続けた。ヒトラーが政権を獲得した年の最も目を引く訴訟といえば国会議事堂炎上事件で、マリヌス・ファン・デア・ルッベだけでなく、ブルガリア人三人とドイツ人一人の共産党活動家が大逆罪で告訴された。最高裁判所の判事は四人の共産主義者を無罪として、ささやかながら勇気を示した。有罪を裏づける証拠は存在せず、あったとしても警察の手でばかばかしいほどあからさまに捏造されていた。ヒトラーはこの無罪判決に激怒し、政治犯罪を裁く新しい裁判所、人民法廷を設けるように命じた。第三帝国の判事は絶えず非難の的となり、ヒトラーの機嫌を損ねる判決を下すと解雇されることもあった。権利と義務に関する明確で予測可能な体系という法そのものの考え方は、ヒトラー政権下では覆された。かつてパーペンおよびシュライヒャーの政権下で法律アドバイザーだった悪名高いカール・シュミットをはじめ、ナチ党の法学者たちは、なぜヒトラーが法律を思い通りにできるのか説明がつけられないという苦境に立たされた。彼らは、従来の合憲の概念に代えて「総統」という新しい法的概念を持ち出した。ナチ党は、ドイツの主要な法律、特に刑法と民法の全面改定を口にしていたが、それは実現しなかった。実際のところ、そうした彼ら独自の法でさえ、拘束力のある法律として成立すれば、ヒトラーの独裁権力をかなり大きく侵害しただろう。

恐るべきスピードで

ヒトラーが首相に就任してからも、ナチ党は、最後の選挙と公言する一九三三年三月五日の国会総選挙で勝たねばならなかった。またしても激しい暴力を伴う選挙運動が行われ、野党の活動はより一層阻まれ、結果として、ナチ党は四三パーセントの票を確保した。ナチ党と共闘したドイツ国家人民党は八パーセント獲得し、連立与党としてどうにか国会の議席の過半数に届いた。しかしヒトラーはもっと多くを期待していた。ゲーリングの報道担当官マルティン・ゾンマーフェルトは、ヒトラーが投票日の夜に「あの老人が生きている限り、やつらと縁を切ることはできないだろう」とゲーリングに語ったのを聞いたと断言している。「老人」はもちろんヒンデンブルクのことで、「やつら」とはパーペン、フーゲンベルク、そしてドイツ国家人民党を意味していた。

ヒトラーは、すべての立法権を四年間ナチ党政権に与える「授権法」を成立させようとしていた。可決には憲法改正に必要な、国会の三分の二以上の賛成票が要る。賛成票を得るには、他党を脅迫する、もしくは丸め込む必要があった。

新しい国会は、いわゆる「ポツダムの日」から始まった。ベルリンの南西にある小さな町ポツダムは、プロイセン王国の歴代の王が長らく居城を置いた地で、プロイセン王国に愛国心を抱く保守派の心のふるさとだった。保守派の有力者たちは、一九二九年以来ヒトラーの運動を自分たちの計画と結びつける方法を探していた。ポツダムの日は、「民族的団結」というべきものの実演として企画された。初めにカトリックの典礼とプロテスタントの礼拝がそれぞれの教会で行われ、その後、国会の開会式が、プロイセン州の保守的愛国主義の聖地ともいえるポツダムの衛戍《えいじゅ》教会で行われた。この教会には何といっても、プロイセン王国の二人の偉大な王、フリードリヒ・ヴィルヘルム一世と息子の「大王」、フリードリヒ二世が眠る墓がある。「民族的団結」という考えは、「一九一四年の精神」という伝説とずっと肩を並べ、ポツダムの日に起きたあらゆることに一九一四年の影がはっきりとつきまとっていた。ルター派の礼拝では、教区長のオットー・ディベリウス博士が聴衆にむかってこう話した。一九一四年八月、「大衆の呼び声は、一つの帝国、一つの国民、一つの神であった」が、それは今も「切なる思い」のままだ。彼は締めくくりに、「何十万もの同胞がまだ他国の奴隷となってうめいている。自由のために再び戦うことが、ドイツ国民に常に課せられてきた運命なのです」と語った。

礼拝の後に国会の正式な開会式が行われ、呼び物として、ポツダムの国防軍だけでなく、警察部隊、ナチ党の突撃隊に親衛隊、さらには「ドイツ女子青年団」までもが参加した軍事パレードでポツダムの日は閉幕した。ヒトラーはモーニングを着て演説に立ち、わざわざヒンデンブルクの席に歩み寄って彼を称賛し、民族的団結を求めた。陸軍元帥の軍服に身を包んだヒンデンブルクは、出席していたヴィルヘルム二世の息子に仰々しく敬礼した――君主制の復活を支持するジェスチャーだった。

ポツダムの日はまた、ヒンデンブルクとヒトラーがそれぞれに望む団結の限界を示してもいた。ヒトラーは教会の礼拝には出席せずに、突撃隊員の墓を訪れた。社会民主党も礼拝を回避し、共産党は誰一人、危険を冒してまで顔を見せたりはしなかった――大多数が、すでに逮捕されているか、国外逃亡しているかだった。ディベリウスまでが「政府による政治と個人による専制を混同してはならない」と言い、彼の「一つの帝国、一つの国民、一つの神」という願いは、最後の部分を「一人の指導者」と変えたナチ党のスローガンとは著しく異なると強く主張した。ポツダムの日に現実に示された構図は、国民の三分の一を除外した右派が望む統一で、それにはナチ党以外の政党も明らかな懸念を抱いていた。

その二日後、実際の国会が開催された。通常なら審議を行うはずの議場が火事で焼失していたため、代わりに近くのクロル・オペラハウスが使われた。ヒトラーは褐色の突撃隊の制服を着用し、突撃隊員も大勢出動していた。

社会民主党の国会議員は、危険を承知で出席するかどうかを会議開始までに決断しなければならなかった。ナチ党が激しい暴力を企てているというもっともらしい噂が広がっていて、バイエルン州選出の社会民主党議員、ヴィルヘルム・ヘグナーは「わが党の議員の半数が生きて帰れれば幸運だ」と印象的な言葉を残している。社会民主党は勇敢にも出席すると決めたが、「クロル・オペラハウス前の広大な広場は黒々とした人だかりで埋め尽くされていた」と彼は回想している。社会民主党と中央党の国会議員たちは、「『われらは授権法を欲する！』という激しいシュプレヒコールで迎えられた。胸に鉤十字をつけた若僧たちが、無遠慮にわれわれをねめまわし、道をふさいでいるも同然だった。彼らは、われわれをまさしくむち打ちの刑に処したのである。『中央党のブタ野郎』とか、『マルクス主義の雌豚』とかいった罵声が浴びせられた。クロル・オペラハウス内部には、武装した突撃隊と親衛隊がたむろしていた」。なかに入った彼らは、カール・ゼーフェリンクが逮捕されたと聞かされ、マーリア・ヤンコフスキが逮捕されて暴行を受けたと知らされた。「われわれ社会民主党が議席最左翼についたとき、突撃隊と親衛隊が配置につき、出口、それから、われわれの背後の壁に半円状に陣取ったのだ。その態度は、とても良いきざしとはいえなかった」。

団結の神話ともいえる「一九一四年の精神」がポツダムにつきまとっていたとすれば、クロル・オペラハウスを支配していたのは「背後からのひと突き」という団結とは正反対の神話だった。国会審議はヒトラーの長い演説で始まった。「一九一八年一一月の者たちが行った」約束はすべて、「意図的な欺瞞でないとするならば、いまいましい幻想でしかなかった」とわかった、と彼は雷のような声をとどろかせた。「実現したかもしれない社会生活をことごとく破壊したのは、「国家、社会、宗教、道徳、家族、そして経済の概念に対する個人の正反対のアプローチ」、すなわち多元主義と多様性そのものだ。唯一の代替策は、社会のあらゆる階級や身分における利益と対立を超えて一体となる「民族共同体の創造」だった。そこで彼の政府は、この日、それに先立って必要となる一つの問題——授権法の成立——に対する「明確な決断」を望んだ。ヒトラーは、「国会の出席者に、将来的には和解もあり得る平和的展開の可能性を提案」していた。だが、たとえ提案を拒絶されても、彼の政府は驚きはしなかったはずだ。彼はまるで脅すように演説を締めくくった。「さあ諸君、平和か戦争か、君たちが選んでくれたまえ！」。

ヒトラーが現実の議会に出席したのは、この日の一度限りだ。社会民主党の党首オットー・ヴェルスは、反対演説をするために登壇した。突撃隊と親衛隊が社会民主党議員を脅迫し、左派議員の多くがすでに投獄されて殴られ、拷問を受け、殺害される者までいた当時の状況で、ヴェルスの演説は雄弁で感動的で、しかも勇敢だった。「敵がわれわれの名誉を奪おうと狙っているのは明らかであります」と彼は言った。だが、そのようなことをしても、ナチ党に「いつか跳ね返る」だけでしょう。「なぜなら、世界的な悲劇のさなかに破壊されているのは、われわれの名誉ではないからです」。彼は続けた、「われらの自由と生命を奪おうとも、名誉まで奪うことはできないのです」。ナチ党の無法者たちがあざけり笑い、罵りと脅し文句を口々に叫ぶなかで、ヴェルスはヒトラーを正面から見据え、最後にこう述べた。「授権法を以てしても、不朽の、破壊し得ない理想を根絶する権利は、諸君には与えられないのです……（中略）……われわれは迫害された者、重い抑圧を受けている者を歓迎するであります しょう。国にいる仲間を歓迎するでありましょう。彼らが堅忍不抜であり、忠実であることは称賛に価します。その信念より来たる勇気、不滅の信念は、明るい未来を保証しているのであります」。

社会民主党は、ヴェルスの演説原稿を事前に報道陣に渡していて、ヒトラーはその写しを入手していた。彼はただちに演壇に戻った。効果的な反撃は、何にも増してヒトラーを怒りに駆り立てる。ヴェルスは彼を怒らせた。

「遅かったな――でも、よく来てくれた」。ヒトラーは、シュトレーゼマンやヒンデンブルクなどヴァイマル共和制の政治家が好んだシラーの戯曲、『ヴァレンシュタイン』のセリフを皮肉交じりに引用して話し始めた。社会民主党は、ドイツの戦争責任という「嘘」に反対することができたはずだ。賠償金支払いにも反対できたし、ヴェルサイユ条約に対して蜂起を主導することもできた。だが、彼らはそうしなかった。ヴェルスが迫害のことを言うならば、「ここにいるわれわれのなかに、諸君らが行った迫害によって刑務所に入らなかった者はほとんどいない」。社会民主党の議員が大声で抗議すると、国会議長を務めるゲーリングは、「口を閉じて、一度くらい聞いたらどうだ」とたしなめた。ヒトラーは、自分が社会民主系とみなすメディアの嘘について不満を述べ、怒りを募らせて言葉を荒げていった。そして最後に、社会民主党の議員に向けて、授権法に賛成票を投じてほしいとは思わないと言った。「ドイツは解放されるだろう、だが、諸君らによってではない！」。彼は「とどろきわたる『万歳《ハイル》！』」のなかで腰を下ろした。

その後投票が行われ、社会民主党以外のすべての党がヒトラーの授権法に賛成票を投じた。一四年にわたって共和国の拠り所であった中央党、および歴史あるリベラルな二党――シュトレーゼマンのドイツ人民党とドイツ国家党と改名した旧ドイツ民主党――は、ナチ党の成功と威嚇を目の前にして、自分たちの主義主張を放棄してしまった。

ハインリヒ・ブリューニングは第二次世界大戦後に、自分と数人のドイツ国家人民党議員は授権法という最悪の法律を回避するために土壇場まで尽力したと主張している。彼らの計画では、法律の有効期間を六ヵ月に限り、議事堂炎上令で奪われた市民の自由を回復する修正案を提出するつもりだった。ポツダムの日、ドイツ国家人民党の国会議員団長エルンスト・オーバーフォーレンが、衛戍教会の式典の直前にこの件についてブリューニングと話をした。そして翌日、オーバーフォーレンの友人オットー・シュミット＝ハノーファーは、アルフレート・フーゲンベルクとの夜の会合にブリューニングを招いた。「フーゲンベルクはいつになく分別があった」。ブリューニングはそう振り返っている。彼らは修正のひな型について合意した。

しかし、ナチ党支持を望む極右党員が主導する反乱がドイツ国家人民党の議員集会で起こっていた。ブリューニングは、授権法が二度目に読み上げられる〔第二読会〕までそのことを知らなかった。「すべての座席の列の背後には親衛隊が立ち並んでいた」と彼は回顧している。「だから、シュミット＝ハノーファーは」、昨晩の会合は漏れていた、自分も追われている、修正はないだろうと「通りがかりに私にささやくしかなかった」。

授権法の本当の意味は、国会がヒトラー政権に四年間の立法権を与えた点ではなく、ヒトラーが大統領に依存せずに使える権限を手に入れた点にある。保守派がヒトラーを抑える頼みの綱としていた重要な保証の一つが一気に消え去った。その後の四ヵ月で、権力は驚くほど速く、容赦なく集約されて行き、同時に、自由の保証と法の支配はほぼ一掃される。

ナチ党はそれを「強制的同質化（グライヒシャルトゥング）」と呼んだ。電子工学から借用した言葉で、あらゆるスイッチが同じ回路上に置かれることを意味する。政府への大衆の熱狂が急激に高まるなか、ナチ党は連邦制度に手をつけ、各州政府を急速に「同質化」して、長年反目してきたバイエルン州のように、個々の州が反旗を翻さないようにした。あらゆる分野の職業団体も解散させられ、党の付属団体とされた。ラジオ局と新聞社は、新設されたヨーゼフ・ゲッベルスの国民啓蒙宣伝省の監督下で「同質化」されることになった。

四月には「職業官吏再建法」が制定され、ヒトラー政権は、「国民国家のために何をおいても決起する」ことについて、本人の行動を見て「信用のおけない者」と「非アーリア人」をすべて公職から追放できるようになった。当時のドイツでは、大学教授や弁護士などもその条件に該当したため、この法律の対象は極めて広範囲に及んだ。

政党は一つまた一つと――ドイツ国家人民党までも――禁止されたり、自発的に解散したりした。七月、ヒトラー政府は政党新設を禁止する法律を公布し、ナチ党をドイツで唯一の合法政党とした。

授権法が可決された一週間後、ヒトラーの政府はドイツのユダヤ人社会に対して最初の行動を起こし、ユダヤ人経営の企業、商店、専門職のボイコットを布告した。四月一日、ユダヤ人が経営すると特定した店の前に突撃隊員が立ちはだかり、「自衛せよ、ユダヤ人から物を買うな」と住民に警告した。しかし、ボイコットは大失敗に終わった。多くのドイツ人は突撃隊に従わず、彼らを押しのけて行きつけの店に入った。政府は、ボイコットに関心が払われなかったことに困惑し、ゲッベルスが中止を決めた。職業官吏再建法のように、世間の目にさらされない差別の方が効果があるのがわかった。

ナチ党は、ボーア戦争とロシア内戦から言葉を借りて名づけた強制収容所というものの設置を、すでに三月には大々的に発表していた。最初に設置されたのはミュンヘン近郊のダッハウだ。続いて、ベルリンの北にあるオラニエンブルクの醸造所、ゾンネンブルクとブランデンブルクの刑務所、オーベラー・クーベルクの要塞などが収容所となった。犠牲者の第一波は、主としてナチ党の政敵、すなわちリベラル派、左派、平和主義の政治家、活動家、ジャーナリスト、作家、法律家だった。ハンス・リッテン、エゴン・エルヴィン・キッシュ、カール・フォン・オシエツキー、マックス・フュルスト、リナ・ハークなど、本書にすでに登場した人たちも、そのなかに含まれていた。リッテンとオシエツキーは命を落とすことになる。ほぼすべてにおいて、筆舌に尽くしがたいほどの拷問と猛打が与えられた。

＊

一二年後の一九四五年四月二七日、ソヴィエトの赤軍がベルリンにあるヒトラーの地下壕に迫った。なかにいたヒトラーは、忠実な宣伝相ヨーゼフ・ゲッベルス、親衛隊少将ヴィルヘルム・モーンケと昔のことを雑談していた。大都市ベルリンはほぼすべて瓦礫と化し、ドイツの大部分は外国軍に占領され、何百万人ものドイツ人がヒトラーの戦争で亡くなっていた。モーンケは、おそらく皮肉ではなくこう言った。「われらは一九三三年に望んでいたものを、完全には成し遂げられませんでした。総統閣下《フューラー》！」。同意したようすのヒトラーは、政権に就くのが一年半早すぎたから、と驚くべき理由を述べた。旧体制はまだ充分には株を下げていなかった、と彼は言った。首相になった時点ではヒンデンブルクがまだ存命だったため、旧体制の保守派と取引きせねばならなかった。「私は次から次へと妥協を強いられた」とヒトラーはこぼした。数多くの信頼できない者を閣僚に任命せざるを得ず、そのせいで頻繁に情報の漏洩があった。ヒトラーはまた、エクヴォルト、シュライヒャー、そして「この害虫をとりまく徒党すべて」に「容赦なく責任を問う」計画だったとも述べた。だが、首相就任から一八ヵ月もするとその決意は薄れ、なんにせよドイツの経済と政治の運勢は大幅に上昇し続けていた。「寛容すぎると、後で後悔するものだ」と彼は言った。

就任当初についてのヒトラーの自己評価は（「寛容」だったかどうかは別として）完全に間違っていたわけではない。首相就任後の一八ヵ月間は、旧体制の保守派が彼の最大の心配の種だった。彼らだけが、首相の座を与えたヒトラーの、政治、経済、軍事における力を制御する本当のハンドルを握っていた。そして彼らだけがヒトラーを排除できた。

彼らもヒトラーも、それをわかっていた。

8

「あの男を追い落とさねばならない」

フリッツ・ギュンター・フォン・チルシュキーにとって、何かが起こりつつあるという最初の兆しは、午前三時半にかかってきた電話だった。男の声が鉄兜団だと名乗った。チルシュキーと副首相フォン・パーペンが在宅かどうか知りたいという。頭がおかしいんじゃないかとチルシュキーは答えた。電話がさらに二本かかってくる。さすがに不安を感じたチルシュキーは、パーペンの秘書、ヘルベルト・フォン・ボーゼに電話した。二人は、一九世紀に機関車製造で財を成したアルベルト・ボルジッヒの館、パレ・ボルジッヒにある副首相官房で会うことにした。七時一五分には落ち合う。チルシュキーが電話の件を話すと、ボーゼは青ざめて、「もうおしまいだ」と言った。チルシュキーは腑に落ちなかったが、パーペンにも電話して官房に来てもらうことにした。

チルシュキーは、知的な目が嘲るように輝くハンサムな青年だ。シュレージエンの由緒ある貴族の血を引く三四歳で、第一次世界大戦前にウィーン駐在ドイツ大使だったおじと、ベルリン駐在オランダ大使を現在務めているおじがいる。彼は、副首相フォン・パーペンの官房に採用された多くの聡明な青年の一人で、パーペンの「副官」と呼ばれていた。実は、チルシュキーの仕事は、非公式の政治諜報部を取り仕切ることだった。

午前八時を皮切りに、フォン・パーペンに代わって前年の春からプロイセン州首相を務めるヘルマン・ゲーリングの部下から、しびれを切らしたような電話が次々とかかってきた。パーペンはゲーリングに会いに来ないのか？　最後はゲーリング本人もかけてきた。すっかり動揺したパーペンはチルシュキーを伴い、ゲーリングのもとへ向かった。突撃隊がクーデターを企てている、とゲーリングがパーペンに言う。ヒトラーはミュンヘンで自ら取り締りを行っていた。ベルリンを任されているのはゲーリングだ。パーペンは、副首相として自分が指揮を執るべきではないかと文句を言う。非常事態を宣言して、国防軍を出動させるべきだ。ゲーリングは反対意見をことごとく退けた。パーペンを送り出し、チルシュキーには、副首相官房の職員をパーペンの自宅に連れて行き、状況が明らかになるまでそこにとどまるようにと命じた――身の安全を守るために。

パーペンがゲーリングと話している間、チルシュキーは廊下で待っていた。ヒトラーのエリート護衛隊である親衛隊の全国指導者、ハインリヒ・ヒムラーがゲーリングの部屋から現れ、電話に向かうのが見えた。「いよいよ始まる」とヒムラーは受話器に向かって言った。

一九三四年六月三〇日のことだ。その後二四時間のできごとは、のちに「長いナイフの夜」[*1]（レーム事件）と呼ばれるようになる。

パーペンとチルシュキーがパレ・ボルジッヒに戻ると、黒い制服の親衛隊員があたりを埋め尽くさんばかりに大勢いた。チルシュキーは、私服警官とおぼしき男に、逮捕すると言われた。そこからダークコメディーのようなやりとりが続く。チルシュキーがその警官と建物を出ようとすると別の私服の男が来て、またチルシュキーを逮捕しようとした。「すみませんが」と、チルシュキーは二人目の警官に礼儀正しく言った。「この方に今逮捕されたところです」。秘密国家警察《ゲシュタポ》の警官らしき二人は、猛烈に言い合った。だが、一人目の警官は機関拳銃を持った親衛隊数人につき添われていたので、彼が口論に勝った。チルシュキーは、プリンツ・アルブレヒト通り八番地にあるゲシュタポ本部に連行された。地下の監房は満員で、チルシュキーは、他の大勢の新参者と同じように、廊下のベンチに座って何時間もすごさねばならなかった。かなり後になってようやくわかることだが、パーペンはレンネー通りにある別邸に軟禁され、監視されていた。

パレ・ボルジッヒを掌握したのは、ヒトラー個人の護衛部隊「第1SS装甲師団ライプシュタンダーテ・SS・アドルフ・ヒトラー」だった。指揮を執っていたのは、ヒムラーの友人であるゲシュタポ上級幹部、アントン・ドゥンケルンだ。親衛隊の情報部門、「親衛隊保安部」の私服隊員もいて、親衛隊保安部ベルリン担当指導者ヘルマン・ベーレンツが彼らの指揮をしていた。親衛隊は電話線をすべて切断し、扉という扉に武装隊員を配置した。

パーペンの部下たちは、この攻撃のなかで用心深く平静を装っていた。「おれたちはみな、今日逮捕されるのさ」。ヘルベルト・フォン・ボーゼは、引かれ者の小唄のごとく沈痛なユーモアで同僚に言う。別の者は武力抵抗しないようにと釘を刺し、すべきなのはただ一つ、「取り乱さない」ことだと言った。急襲命令を出したのがハインリヒ・ヒムラー本人だと知ったボーゼは、「よい兆しではないな」と素っ気なく告げた。ボーゼが平然と落ち着いているのは、同僚を安心させるための演技だ。彼は、何が起きているのかを完全に理解していた。「最悪の場合」に備えて、ボーゼは、書類かばん、印章指輪、数枚の紙幣などを、家族にわたしてほしいと同僚に託した。

その直後、私服の男二人、ゲシュタポか親衛隊保安部の隊員が、ボーゼを事務室の一つに呼び入れて扉を閉めた。数秒後、銃声が一〇回聞こえ、少し間を置いて一一発目が響いた。男たちが部屋を出るとき、一人が「よし、すんだ」と言うのがパーペンの部下に聞こえた。男たちは、倒れたボーゼを部屋に広がる血の海と血しぶきのなかに残して去っていった。午前一一時四〇分頃だった。

第二次世界大戦後のドイツ警察でも、ボーゼを殺した者を特定するのは不可能だろ

*1【長いナイフの夜】一九三四年に行われたナチ党の突撃隊粛清事件のこと。レームをはじめ幹部たちのほか、シュトラッサー、シュライヒャーも裁判を受けずに殺害された。

う。

　午後一二時三〇分、クルト・フォン・シュライヒャーは、ベルリンの西にあるノイバーベルスベルクの自宅にいた。二人の男が正面玄関に立って料理人のマリー・ギュンテルと言い争い、元首相に会わせるように求めた。シュライヒャーは散歩に出かけている、とギュンテルは言う。男の一人が何かの身分証明書を見せたが、ギュンテルはほとんど注意を払わなかった。男はさらに、嘘だったらどうなるかわかっているな、と脅した。「見てきます」、ギュンテルがそう言ってシュライヒャーを探しに行こうとすると、身分証明書を見せた男がついてきた。

　シュライヒャーは、書斎で机に向かっていた。妻のエリーザベトはそばに座り、ラジオを聞いている。次に起きたことを、ギュンテルはその日のうちに警察に話した。「身分証を持った紳士」が、机に向かっているのはフォン・シュライヒャー将軍かと訊いた。「そうですが」、とシュライヒャー本人が答えた。その瞬間、身分証の男が発砲し、クルト・フォン・シュライヒャーだけでなく、エリーザベト・フォン・シュライヒャーも撃った。ギュンテルは悲鳴を上げて、部屋から走り出た。のちに現場で行われた医師の死亡宣告によれば、クルト・フォン・シュライヒャーは七発の銃弾を受けていた。エリーザベトはすぐに病院に運ばれたが、直後に死亡している。表向きは、シュライヒャーは逮捕に抵抗して撃たれ、彼の妻は巻き添えを食ったとされた。シュライヒャーは、突撃隊幕僚長エルンスト・レームやフランス大使のアンドレ・フランソワ＝ポンセとともにヒトラー政権に対する陰謀を企てたとされていた。だが、二週間後の国会《ライヒスターク》で、ヒトラーがこの一連のできごとについて大演説をする際は、シュライヒャーが「逮捕に抵抗して撃たれた」という話は省いたようだ。ヒトラーは、シュライヒャーを撃たせた、とだけ言っている。

一年後、マリー・ギュンテルは不可解な状況で溺死する。ギュンテルの家族は、「目撃者だから排除された」と確信していた。

逮捕された日の午後、チルシュキーは、看守が向かい側の監房の扉を開けて、用を足させるためにエドガー・ユリウス・ユングを連れ出すのを見て驚く。チルシュキーよりわずかに年上のユングは、すでに髪が薄く、メタルフレームのメガネをかけ、真剣で鋭い目つきをしている。ユングは、正式にはパーペンの部下ではない――スピーチライターとして契約していた――が、ある意味で、グループの中心人物だった。彼は、すでに六月二五日から拘留されていた。チルシュキーは、ユングのまなざしに込められた意味を確信した――「チルシュキーがすでにここにいるなら、もう終わりだ」と考えているのに違いない。次に看守がユングを連れ出したとき、チルシュキーにはすでに心づもりがあった。なんとかユングの後についてトイレに入り、隣に立ってこう言った。「心配いらないさ。ここでぼくたちに会ったからって。上では革命が起きている。ぼくたちは保護拘置されているけど、何も起きはしないから」」。チルシュキーには、ユングがほっとしているように見えた。のちに彼は、あのときは正直に言わないようにした、友を安心させようとした、と認めている。

チルシュキーがユングを見たのは、それが最後だ。ユングはその夜、連れて行かれた。翌日、ベルリンの北にある道路側溝で遺体が見つかった。

ユングの取調官はある一つのこと、例の演説原稿を書いたのかどうか、だけを知りたがった。

エドガー・ユリウス・ユングは天使のような人間ではない。ヴァイマル共和国初期の激動の時代には、生まれ故郷のバイエルン州プファルツで急進的なナショナリストとして活動していた。一九二四年には、あるラインラント県の分離主義者を裏切り者だと考え、暗殺団を率いて殺害した。一九二七年発表の民主主義に関する著書『劣等者たちの支配』によって、「青年保守派」運動といわれる潮流の中心人物となる。猛烈に野心的で、とりたてて好感の持てる人物ではなかった。第一次世界大戦中に空軍訓練所で担当だった指揮官でさえも、ユングの「態度には絶えず指導が必要だ」と書いていた。彼よりずっと外向的で社交的なチルシュキーから見たユングは「扱いやすいとは言い切れない」人間で、一方、ユングがヒトラーとの間に抱える本当の問題は、ヒトラーが首相でユングは違うことではないかと考える者もいた。

他の青年保守派と同じく、ユングもヴァイマル共和国と議会民主制や政党を嫌っていた。一七八九年のフランス革命によって、政治に自由と平等の原則が持ち込まれ、世界の歴史は間違った方向に進んだと思い込んでいた。ユングは、ギルドとキリスト教の価値観で構築された中世の社会構造への回帰を望んだ。それが自然と神への回帰を意味すると信じていたのだ。優れた人間が教育と天賦の才に基づいて指導者の地位に就く、実力主義の階級社会を彼は求めた。「大衆」は政治にかかわるものではない。そしていうまでもなく、自分はおのずと生じる階級制の指導者の一人になるはずだ。逆説的ではあるが、ユングは、漠然とした中世的な考えを持っていたにもかかわらず、彼のエリート意識と民主主義への敵意に好感を抱いたルール地方の実業家の間で人気を得た。鉄鋼業界の大物、パウル・ロイシュはユングの後援者となった。

ところが、ヒトラーが政権に就くと、ユングは突然転向した。ナチ党にヴァイマル共和制との違いをあまり見いだせなかったからだ。ユングから見ればナチ党政権も、教育を受けていない大衆の意見を宗教と無関係に反映しているにすぎなかった。ナチ党の暴力、無法状態、偽り、反知性主義、キリスト教の教えの軽視に対しては、軽蔑の念しか抱かなかった。有名になったあの著書を書いたのは後悔している、と彼は言った。ドイツ社会民主党員のジャーナリストに、「今は、すべてのドイツ社会民主党員を抱きしめたい」と話したこともある。最も驚くべきは、高尚な保守系雑誌『ドイチェ・ルントシャウ』の編集長を務める友人、ルドルフ・ペシェルに宛てて、一九三三年二月に書いた手紙の一文だ。「やつが政権の座に就いた責任の一端はわれわれにある。あの男を追い落とさねばならない」。

政権内の抵抗運動

事実、ユングの考えは一九二九年頃からかなり前向きに発展してきた。ヨーロッパ社会のなかの少数派の権利の問題に対する解決策として、確信を持って連邦主義を支持するようになり、さらに驚くことに、熱烈なナショナリストだった一九二四年とはうって変わって、ヨーロッパ大陸に平和と安定をもたらす方策として新たな形の連邦制ヨーロッパを頭に描き始めた――フランスの外相アリスティード・ブリアンが望んだ連邦構想と大きな違いはないが、ユングとしては単なる一つの政治連合ではなく、連邦国家の連合となるヨーロッパを想定していたようだ。ユとはいえ、ユングの考えには以前の名残もまだ見られ、性格は相変わらず攻撃的だった。ユングがナチ党を嫌ったのは、大衆運動としてはあまりにもリベラルで民主的すぎると思ったからでもあった。彼は、キリスト教がドイツとヨーロッパの政治をまとめる指針となるべきだと考えていた。ナチ党の暴力的な反ユダヤ主義に反対してはいたが、自身の考え方も啓蒙主義とはかけ離れ、ドイツ系ユダヤ人が迫害される原因は本人たちにあると思っていた。また、鉄鋼業界の大物から経済支援を受ける身として、政治関係の著述では業界関係者をいつもぬかりなく擁護していた。しかし、ユングは恐れを知らず執拗で、容赦のない皮肉でたびたびナチ党を批判した。一九三三年七月、ユングとカトリック教徒の友人エドムント・フォルシュバッハは、ベネディクト会のマリア・ラーハ修道院で開かれたカトリックの学者の会合に出席して、法学者のカール・シュミットが、ナチ党の「全体主義」の手法や、議会制民主主義と政党を排除してきたやり方を称賛するのを聞いた。ユングは声を上げ、すべての政党が廃止されるのなら、ナチ党も廃止したらどうかと言った。国に政党が存在しなくなったのだから、もはやナチ党も意味がないのではないか。ナチ党幹部の誰かが、「この男はダッハウ行きだ」と言うのが聞こえた。

ユングが最終的にたどり着いたのは、フランツ・フォン・パーペンを取り巻く集団だった。首相時代のパーペンは、ドイツの主だった実業家に人気があり、そうした実業家のなかにはヒトラーの急進主義を懸念する者もいた。その一人が、フリッツ・ギュンター・フォン・チルシュキーのシュレージエン時代からの友人、ニコラウス・フォン・バレシュトゥレムだ。バレシュトゥレムはチルシュキーと同じくまだ若かったが、裕福なうえに人脈が広かった。中央党で活動するカトリック教徒で、パーペンと同じく中央党の新聞『ゲルマニア』の主要株主でもあり、パーペンともブリューニングとも親しくしていた。彼はこうした強みを生かして、政府内に少人数の抵抗運動組織を作ることにした。

バレシュトゥレムはチルシュキーに、パーペンの官房で働く「明敏で勇敢な青年」のチームを作り、パーペンの表面的には強い立場を反ナチ運動の拠りどころとして利用してはどうかと提案した。パーペンの庇護下にあるもう一人の青年、弁護士のヴィルヘルム・フォン・ケッテラーが、チルシュキーがパーペンに会って慎重に探りを入れられるように段取りをした。チルシュキーが見たところ、パーペンには「独自の方針や現実的な目標」がなかった――ナチ党がいずれは暴力を控え、自分とヒンデンブルクが緩和効果をもたらし続けると単純に思い込んでいるのだ。チルシュキーがむしろ感心したのは、パーペンの「明敏で勇敢な」妻、マルタの方だ。ヒトラーを「まぬけ」呼ばわりし、第三帝国のどこにいても、たとえヒトラーが目の前にいても、ナチ党式の敬礼をするのを露骨に避けている。チルシュキーは、目の前の男は無能で信頼できないと感じて、パーペンとの会話を打ち切った。

それでもケッテラーとチルシュキーはあきらめず、すぐに戦略を変更した。チルシュキーは、ブレスラウで開かれる集会でパーペンが演説する手配をした。集会はうまくいき、パーペンは満足していた。チルシュキーはベルリンに戻る列車で、自分はここに来る前に諜報活動を行っていたとパーペンに話し、そういう仕事を信頼して任せられる男を現在の官房にも配置してはいかがかとアイディアを売り込んだ。そして二人は、まさにチルシュキーこそその男だと、合意した。これが新しい職務体制のはじまりだった。チルシュキーは一九三三年三月末に仕事を開始した。

パーペンの官房は時間とともに拡大し、変化していった。当初、パーペンがプロイセン州首相だった時代には、チルシュキーは官房の外部で働いていた。一九三三年四月にパーペンが州首相の地位を失うと、パーペンは独立した権力基盤を完全に失うかもしれないと、チルシュキーは考えた。チルシュキーはヒトラー政権の財務相ルートヴィヒ・シュヴェリーン・フォン・クロージク伯爵を知っていたため、どうにか交渉を進め、資金を出してパレ・ボルジッヒに「副首相官房」を設置する手配をしてもらった。チルシュキーとケッテラーは人材を少しずつ増やしていったが、そのほとんどが法学部卒業の若者だった。

この集団の中核は、ユング、ボーゼ、ケッテラー、チルシュキーだった。パーペンの報道担当秘書で元情報将校のヘルベルト・フォン・ボーゼは四〇歳で、最年長だったため、仲間内でのリーダーになった。ユングは、パーペンの側近のなかでは確立した立場になく、ミュンヘンに家を残していたが、明晰な知能の面で先頭に立ち、ナチ党と闘う決意の点で誰よりも毅然としていた。ケッテラーは報道担当のボーゼの下で働き、チルシュキーは本来の職務を隠すために、パーペンの「副官」という肩書きを手に入れた。

彼らは誰一人としてパーペンを高く評価せず、自分たちのたくらみを徹底してパーペンに隠していた。エドガー・ユングはこう話している。「パーペンはヒトラーのドアマンだったが、今後は私のドアマンになる」。ユングはまた、ヒトラーの政権獲得を手助けした際のパーペンの説得力のない言い訳について、「このバカは本当にそう信じているのさ」と解説したこともある。ボーゼは、パーペンの乗馬好きを茶化し、ブリンカー〔馬の目の外側に装着して前方しか見えないようにする馬具〕を装着しないと頭が働かない「哀れなサラブレッド」と軽蔑した。最も偏りのない評価をしていたのはチルシュキーだが、一緒にいて「気の滅入るような体験を何度もした」だけに、パーペンに対して客観的でいるのはむずかしいと認めた。彼が思うに、パーペンには「騎兵連隊の若き将校」と「守旧的な貴族の外交官」、「敬虔なカトリック教徒」という三つの顔が混在していた。また彼には、周囲の状況や他の人間に行動を迫られない限り、自らの地位を生かす能力がなく、自分の善意を信じ切っているので、「自己中心的で浅はかな自らの行動が何度も招いてきた損害」には気づいていない。「われわれにとって、彼は煙幕でしかなかった」、チルシュキーはそう述べている。

パーペンは若い部下のたくらみに気づかなかったが、ナチ党と秘密警察は違った。初めからパーペンの部下を疑い、すぐにゲシュタポが尾行や電話の盗聴を行うようになった。一九三三年四月、ゲーリングがプロイセン州のすべての警察を任せていた古くからのナチ党員、クルト・ダリューゲは、国会議事堂に放火したのはナチ党だと主張する文書を入手した。文書の出所は知らなかったが、パーペンの官房で作成されたのではないかとダリューゲは疑った。また、ナチ党の思想学者アルフレート・ローゼンベルクは、ある日首相官邸の庭で、パーペンの官房からメディアへ情報が漏れているとヒトラーに不満を伝えた。ヒトラーは身振りでパレ・ボルジッヒの方向を指し、「ええ、あそこがすべての出所です。いつか、官房を一掃します」と答えた。ユングとチルシュキーが、自分たちの考えを無節操に公表したのもまずかった。ユングは、さまざまな報道機関に大量に寄稿し続け、ナチ党のメディアでますます批判されるようになった。

初めのうち、パーペンの部下たちは、政権獲得直後からのナチ党の蛮行に苦しむ人々の支援に専心していた。突撃隊やゲシュタポに捕らえられた人を解放したり、社会的立場の弱い人に逮捕が差し迫っていると警告したり、場合によってはその人たちが他国へ移住できるように金や書類を用意したりもした。政治、宗教の環境が一九三二年までとは違っていても、人々を助けようとする彼らの意欲はまったく揺るがなかった。保守派の彼らが、共産党員、社会民主党員、労働組合の指導者、プロテスタント、カトリック、ユダヤ人のためにできることをした。ゲッベルスが日記に繰り返し書いているように、パーペンの官房は「民主的苦情処理室」と呼ばれるようになった。

彼らは、「強制的同質化」の進行にも抵抗しようと努めた。エドガー・ユングは、授権法に反対票を投じるようにと国会議員数人を説得しようとした。ユングは、ドイツに「全体主義」の危険が迫っていると気づき、全体主義に反した行動を取りたいという願望を強めていった。彼らはヒンデンブルクを促して、ナチ党支持のヴァルター・フォン・ライヒェナウではなく、ナチ党に懐疑的なヴェルナー・フォン・フリッチュを陸軍最高司令官に任命させた。また、ドイツの国内情勢に関する情報を外国メディア、特にイギリス、フランス、アメリカの報道機関に提供した。

しかし一九三三年の夏になると、パーペンの部下たちは、さらに積極的で危険な抵抗運動へ移行し始めた――ヒトラーと彼の政権をじわじわと弱体化させて最終的には政権交代させるためだった。戦略の第一段階は、ユングの才覚から生まれた。ヒトラーは、民主主義体制のなかでナチ党をうまく戦わせ、充分に力をつけてから民主主義体制を破壊した。それと同様に、ヒトラーの体制内に入り込み、ヒトラーの手口をそっくり真似するというのがユングのアイディアだった。彼らは、ヒトラーが一一月一二日に実施すると決め、ナチ党の公認候補しか出馬しない国会議員「選挙」を利用する計画を立てた。ユングと共謀者たちは、その策によって体制内にいる自分たちの立場が守られ、結果としてクーデター決行までに自分たちの準備を整えられると思っていた。またユングは、自立して活動する議員が国会に迎えられれば、ヒトラーも彼らを「忠誠心ある対抗勢力」と認めざるを得ないとも考えた。

ユングたちは、約八〇人の候補リストをまとめて内相のヴィルヘルム・フリックに送り、フリックがそのなかからナチ党の承認を諮《はか》る一二人を選んだ。ユング本人もリスト入りしたかったが、フリックは彼を選ぶほどばかではない。それでも、ユングの友人エドムント・フォルシュバッハは選ばれた。

ユングらは、抵抗運動をしそうな活動家の幅広い人脈作りも積極的に行った。ユングは、グレゴーア・シュトラッサーの弟で反体制派のナチ党員、オットー・シュトラッサーと、リベラル派の政治家テオドーア・ホイスに接触した。さらに、元首相のハインリヒ・ブリューニング、オットー・シュミット＝ハノーファー、ライプツィヒ市長のカール・ゲルデラーといったドイツ国家人民党員、オットー・ブラウン、カール・ゼーフェリンクら有力なドイツ社会民主党員、テオドーア・デュスターベルクなど鉄兜団の幹部、カトリックの枢機卿クレメンス・フォン・ガーレンやポツダムの日に説教をしたものの以降は反対派に転じたプロテスタントの牧師オットー・ディベリウスなどの教会関係者とも関係を築いた。オットー・シュトラッサーは、一九三四年の初めにユングと会った際、ユングが「ヒトラー内閣で高まる緊張、軍と突撃隊の不和、突撃隊と親衛隊の軋轢……（中略）……悪化するテロ行為に対して募る国民の反感」について語ったとのちに振り返った。ユングが「有力者たちが行動を起こさず、永久に傍観するわけはない」と「わからせてくれた」とシュトラッサーは語る。この男たちが体制内で働きながら、広い人脈を構築して編み出した先駆的な手法は、一九四四年七月のヒトラー暗殺計画、「ヴァルキューレ作戦」〔ヒトラー暗殺未遂事件に使われた、第二次世界大戦中の国内予備軍を結集、動員する命令〕でも用いられる。しかも、一部は同じメンバーだ――カール・ゲルデラーは、ヴァルキューレ作戦の市民側のリーダーとなり、一九三四年にユングが近づいた痕跡がある人物、ドイツ社会民主党員のユリウス・レーバーは、ヴァルキューレ作戦の中心人物となる。

主要人物の多くが説明を残さずに若くして急死したので、彼らが歩んだ道のりを遡って調べるのは必ずしも容易ではない。とはいえ、ユングとボーゼは一九三三年秋に、シュライヒャーと彼の国防省時代の同僚、フェルディナント・フォン・ブレドウに接触し、抵抗運動グループに勧誘したようだ。一九三三年一二月四日にシュライヒャーの友人アルノ・フォン・モイツィシェヴィッツの家でユングとシュライヒャー、ブレドウが会っていた明らかな証拠がある。一九三四年四月一六日、シュライヒャーはモイツィシェヴィッツに、読んだばかりのユングのメモについて手紙を書いている。「少し前に、このすべての問題についてメモの筆者と雑談しただけに、興味深かった。パーペン時代にこの男と出会わなかったのは残念だ。おそらく今とは大いに違っていただろう。運命ってやつだな!」。まさに運命だった。ブレドウは間もなくシュライヒャーと同じ運命をたどることになる。ブレドウも、一九三四年六月三〇日に殺された。

パーペンによるユングの演説

一九三四年の初めには、副首相官房の集団は、ヒトラー政権下のドイツの状況を緩和しようとするだけにとどまらず、ヒトラーを政権から排除する手段を探るようになっていた。ユングは暗殺を目論んだ。「彼は抹殺されるべきだ」。ユングは友人のレオポルト・ツィーグラーにそう語った。ツィーグラーが、殺人を犯せばユング自身が首相になる見込みがなくなると警告すると、納得したユングはもっと穏健な路線を取る気になった。

計画の詳細では、パーペンがヒンデンブルクに、ドイツの状況について悲観的な報告をするとされた。パーペンが突撃隊の過激主義の脅威を強調すれば、当然ながらヒンデンブルクの関心の中心にある軍はそれに対応しなければならなくなる。ヒンデンブルクは大統領の権限を利用して戒厳令を発令し、領地のノイデックにヒトラーとゲーリングを呼び出して、軍が突撃隊を解散させると告げる。ヒンデンブルクが軍の最高司令官として権力を握る間、憲法は停止され、パーペン、ブリューニング、ゲルデラー、並びに陸軍司令官のフリッチュ、ゲルト・フォン・ルントシュテットなど、保守派の有力者の下で暫定政府が設けられる。ヒトラーとゲーリングは、他のナチ党員の抵抗を阻止するためだけに存在することになる。ユングはそこまで考えて、再びヒトラーをすぐに殺す案に傾いたが、他の者が説き伏せて思いとどまらせた。戒厳令発令後、ヒトラー政権の大管区指導者や警察署長の力が弱まるまのを待ってから、新憲法を起草する国会が開かれることになる。

彼らのこうした考えや計画が練られていったのは、一九三四年に入ってからの数ヵ月で、その頃の政権は政治的苦境に立たされていた。ヒトラーが政権を取って一年あまり、ナチ党にとって事態はあまり好転していなかった。ヒトラーの権力強化を歓迎して、紛れもなく自然発生していた熱狂の波は消えうせ、ドイツ国民は突撃隊の無法な蛮行にとことんうんざりしていた。労働者は労働組合の解散に不満を持ち、経済状況は国民の不満を抑えられるほどは改善していなかった。ゲッベルスの検閲によって、新聞雑誌と娯楽の多くは、活気も独創性も失っていた。ナチ党は、あらゆる宗教団体の権利や伝統について、最善の場合には冷ややかに無視し、最悪の場合には本格的に弾圧した。五月になるとゲッベルスは、「不平家やあら探し屋」が非常に多いので、そういう連中に対抗する大々的な宣伝活動を開始せざるを得ないと感じた。

ナチ党の指導部は、特定の政治的脅威についても心配しなければならなかった。ナチ党指導部と突撃隊の関係は以前から複雑で、対立も多かった。一九三四年の初めには、多くの突撃隊員が、政権が堕落して主流派に迎合していると見て不平を言い、単なる「ナショナリズム」の革命ではなく「第二革命」、あるいは「国民社会主義」革命を求める者も現れた。その頃には突撃隊員は三〇〇万人を超えていたため、彼らの不満は政権にとって深刻な問題に発展しかねなかった。とはいえ、保守的右派からの圧力の方が、もっと憂慮すべき状況ではあった。陸軍最高司令部は突撃隊に対する懸念をますます募らせ、突撃隊を服従させよとヒトラーへの圧力を日に日に強めていた。

一方、大統領のフォン・ヒンデンブルクは八六歳で、一九三四年春には、それまでずっと壮健だった身体がついに衰え始めた。ヒンデンブルクが死去したらどうなるのか？　保守派の多くは、ヒンデンブルクの死という好機を利用して君主制を復活させたがっていたが、それは、君主制であれば少なくともヒトラーの権限に永続的に歯止めがかかり、ことによっては彼の排除につながるかもしれないからだった。そしてもちろん、ナチ党は、パーペンの官房内で行われている政府転覆計画について知っていた。

このような緊張と不満のなかで、パーペンの官房にいるメンバーは、抵抗のそぶりを一つ示せば、革命に火がつくかもしれないと期待した。そこで彼らは、パーペンに露骨で辛辣な体制批判を含む演説をさせようと、計画を立てた。演説内容が広まり、ラジオで放送され、印刷物がどこでも手に入るようにするのだ。演説がきっかけで、パーペンの勇気を認める声が急激に大きくなり、体制批判が高まるだろう。それを追い風に、パーペンがヒンデンブルクのもとへ行き、報告書を渡して、ヒンデンブルクに戒厳令を発令させるという寸法だ。

演説原稿を書くのはエドガー・ユングだ。四月、ユングは手始めにドイツとヨーロッパの政策の基本方針に関するメモを下書きし、友人や仲間で広く回覧した。パーペンさえもメモの内容には満足した。ユングのメモは、ナチ・ドイツにいる反対派による初めての計画的な声明となる。これまで述べたように、ナチ党はそもそもヨーロッパおよび世界の統合に異議を唱えていた。ユングのメモの主題は、他国を受け入れてより緊密な関係を築く必要性であり、ナチ党への異議としてはまったく矛盾がなかった。

ユングはまず、ヨーロッパの産業構造を土台として白人以外の国を「白人が支配」する世紀はもう終わったと宣言している。工業化が進み、植民地解放が順調に進行すれば、ヨーロッパは経済体制を見直さなければならなくなる。これまでは、原材料を外国で調達するために、最も競争力の高い製品をヨーロッパ以外の国に輸出し続けなければならなかったが、今後ヨーロッパ人は、ヨーロッパの市場同士で大量の輸出品をやりとりし合うように改めるべきだ。共通の経済圏も作る必要がある。個々の経済空間は自然発生的に構築されるが、国境線の多くは人為的に引かれている——経済空間は国境の制限を受けるべきではない。二〇世紀のユートピアの夢は、自給自足経済なのだ。ユングには優れた先見の明があったのがわかる。第二次世界大戦後、ヨーロッパ諸国は現実に海外領土を失ったり明け渡したりして植民地市場を失ったが、その代わりにヨーロッパの国同士で向き合い、現在の欧州連合（EU）の前身である欧州経済共同体（EEC）を設立した。ユングも、統合されたヨーロッパ連合ができれば「絶滅戦争」が不可能になると考えたが、この点においても彼は、一九五〇年代の世界の思考を予見しており、間接的にではあるが、一九四〇年代の大量虐殺を見抜いていた。

ユングの主張によれば、ドイツ人はいくつかの理由から「ファシスト体制」を拒絶すべきだった。ファシスト体制はあまりにもイタリア的で、ローマ・カトリック教会の影響力になぞらえれば、「指導者至上主義《ウルトラモンタニズム》的ファシスト様式」になる恐れがあるという。これほど先見の明があっても、ユングは、ドイツのプロテスタントがカトリックに対して古くから抱いてきた疑念を、完全には払拭していなかった。ユングに言わせれば、ファシズムはもう長い間、ドイツ人のような読んで考える教養人を満足させていない。また、報道の自由などの抑制機能がそがれるため、腐敗を防げない。ユングは、ファシズムは「政界のエリートを保証するものではなく、政界のエリートがいなければ、誰も前向きなエネルギーを発揮できない」とつけ加えて、彼らしさを示した。

おそらく最も注目すべきは、ドイツには、「ヨーロッパ流の正義」を生み出して国家の分断を克服できる外交政策が必要だ、とユングが書いた点だろう。ドイツ人は文化や知性に関して他国を受け入れる必要があるという意味だ。ナチ党は「人種的・民族的排他性」を主義とするだけに、それができない。「われわれを取り巻く敵意の輪」を打破する「決定的な前提条件」は、「不寛容なイデオロギーを通じて自ら進めた知的孤立をやめることだ」とユングは結論づけた。

メモの次の段階は、演説の原稿だ。パーペンは、六月一七日にマールブルク大学で開かれる会合で基調演説を行うことになっていた。パーペンの部下たちは、うってつけの機会になると判断した。もちろんパーペンには計画について何も話さなかったが、言ってもらいたいことをパーペンが省略できないように手はずを整えた。事前に『ゲルマニア』紙の印刷所が演説原稿の複写を一〇〇〇部刷り、パーペンの部下がそれを報道機関に渡した。そして、六月一六日夜のぎりぎりの時間になってから演説の概要をゲッベルスの宣伝省に提出し、当局の許可がないからと中止させられないようにした。パーペンには、マールブルク行きの列車に乗るまで原稿を見せなかった。同行したチルシュキーは、のちにそのときのようすを語っている。

「しばらく席を離れて、客室に戻ると、フォン・パーペン氏が演説の原稿に手を入れている最中だった」。チルシュキーは、何をしているのかと尋ねた。演説の一部のせいで「クビが飛びかねない」ので数ヵ所変更しなければならない、とパーペンは答えた。チルシュキーは「現在の文面の複写が数百枚、国内外の報道機関にすでに渡っているので、もう変更できません」と言った。「激しい口論」の末、パーペンは「こうした状況下では、現在の文面で演説を行うのは避けられないだろう」と渋々認めた。

パーペンは、マールブルク大学の大講堂で約六〇〇人の聴衆に向き合った。学生や教職員とともに大勢の地元の要人がいた。ユングは、植民地の役人だった友人のハインリヒ・シュネーとラジオで演説を聴いた。ユングには、パーペンが原稿通りの演説をしないかもしれないという心配があった――削られるのではないかと危惧するくだりが数ヵ所あるからだ。シュネーの記憶によれば「最初のそういう部分に差しかかると、ユングはうれしそうに興奮して叫び、身を乗り出して、テーブルを何度も強く叩いた。『パーペンが言った、言ったぞ!』」。興奮したユングには、自分の死刑宣告を聴いていると冷静に考える余裕がなかった。

パーペン（というよりもユング）の真のメッセージは、ヒトラーと現体制への丁寧に尽くされた礼儀という煙幕に包まれていた。パーペンは、「国の同志の心を射止めてきた、世界大戦の無名兵士」であるアドルフ・ヒトラーに対する自身の「精神的献身」を強調した。そして、だが、と言葉を続け、私には「大多数のドイツ人よりも注意深く」成り行きを観察する義務があると言ってくれる人もおり、その義務から逃れるつもりはない、と述べた。

さらに、パーペンはこう話した。「熱狂はすでに冷め、ここまで浄化を進めると、スラグ〔鉱石の精錬で生じるかす〕が生じる」ことも次第に明らかになってきた。スラグは「物質面でも精神面でも、生活のあらゆる場面」で現れている。

演説の内容はさりげなく、反ヴァイマル共和制の保守思想の喚起からナチ党の政治への批判に移っていった。パーペンは宗教の話から始めた。新しい国が「キリスト教国」なのか、「宗教をないがしろにする物質主義にのめり込んでいる」のかについては、論争がある。「暴力的な宗教革命」を起こすつもりがないのであれば、それに越したことはない。というのも、宗教問題に政治が干渉すると、「宗教的見地から、自然の摂理に反するという理由で、一体性の求めを拒絶しがちになる」からだ。カトリック教徒として、「良心の自由に基づく宗教的信念が、心の奥底の信仰のなかにある政治に支配されるのを拒む」のは理解できる、とパーペンは言った。

宗教問題は、欧州共同体か国家的孤立かという話に絡んでいく。「特定人種の新しい宗教連合を望む社会では」と語ったパーペンは、ナチ党の「哲学」長官ともいわれるアルフレート・ローゼンベルクなど一部のナチ党員は、キリスト教よりも異教信仰を好むと引き合いに出し、「自発的にキリスト教世界から外れた場合、ヨーロッパにおけるドイツの使命はどうなると思うかを問うべきだ」と述べた。ここから、話はユングのメモに登場したヨーロッパ共通の価値観と文化の称賛へと続く。

革命の希望と現状の隔たりが広がっている事実を否定しても無駄だ、とパーペンは続けた。隔たりの理由の説明では、ユングのエリート意識がまた頭をもたげる。「ドイツ革命」の「精神面の変化」は「貴族的な自然の原理」に触発されたが、同時に、マルクス主義により近い

「社会的大躍進」が起きた――この発言で、パーペン、というよりもユングが本当に言わんとしたのは、原動力となったのは政治から排除したかった下層階級だったという点だ。それがナチ党の反知性主義に対する不満につながっている。「知性がわずかしかない、あるいはまったくないからといって、知性を打倒することを正当化はできない」。独善的なナチ党に不満を言うドイツ人が本当に言いたいのは、多くの場合、「ナチ党員ではないからと、世界的に有名な科学者から生活手段を奪いたがる」者たちへの不満だ、とパーペンは言った。

パーペンは続いて、反ヴァイマル共和制の保守派の多くが受け入れやすそうな言葉で巧みに包みつつ、自由と合法性に関するナチ党の考えを痛烈に批判した。ナチ党員のなかには、本物の人道主義は「リベラル」だと考える者がいる。人道主義は古代からキリスト教文化のなかにあるというのに。またナチ党は、自由はリベラルの概念だとも考える。本来、自由は太古からドイツの概念であるのに。同じことは法の下の平等にも当てはまり、法の下の平等はリベラルではないが、すべての公正な判決の前提条件となる。「このような者たちが、リベラルの時代にとどまらず常に正義である国家基盤を、抑えつけている」。ナチ党による攻撃は、ドイツ人が数世紀にわたる闘いで勝ち取った私生活の「安全と自由」に向けられているのだ。

自由は人間が基本的に必要とするものだ、とパーペンは続ける。国民全体にどの程度まで軍隊式規律を課すかについては限度があり、「恐怖によって国民を統一できるという考えは、非難されるべきである」。すべての恐怖は「やましい心の産物である」。真の教育が拠り所にすべきは道徳だけであり、「愛国心、献身、犠牲を厭わない気持ち」は、そのような美徳が「神の命令」だと教えられた場合にのみ存在する。

そしてパーペンはもう一度、体制、とりわけゲッベルスと彼が行う低レベルのプロパガンダをやり玉に挙げた。国民の賢明さを過小評価してはならない、とパーペンは言った。ドイツ人は、自分たちが置かれている状況が深刻だとわかっている。「偽りのきれい事で騙そうとする下手な試み」をただ笑っている。声高なプロパガンダでドイツ人の信頼を勝ち取れなかったのは、「権利をはく奪された国民には、信頼する心がもうない」からだ。

演説は、汎ヨーロッパという論調で締めくくられた。ドイツ人は「ヨーロッパの真ん中でさまざまな国民に囲まれている国民だ」、とパーペンは述べた。受け継がれてきた文化と三〇〇〇年にわたるヨーロッパの歴史をおろそかにすれば、二〇世紀が与えてくれる好機を逃すだろう。

副首相の言葉を聞いた聴衆は「疑うような、唖然としたような、信じられないと言わんばかりの表情」を浮かべていた、とパーペンは後に振り返った。演説の締めに割れんばかりの拍手が起こったのは、パーペンが聴衆の共感を呼んだ証だった。チルシュキーは、パーペンが演説を終えると数十人の聴衆が興奮して彼を囲み、「率直な話しぶりを褒め称えた」と記憶していた。一方、会場にいた二人の突撃隊隊員は、わざとらしく立ち去った。

パーペンの部下たちは世間知らずではなく、自分たちの挑戦にナチ党幹部がどう反応するかについて誤解してもいなかった。ゲッベルスはすぐに、印刷物やラジオで演説が広まるのを阻止した。パーペンがマールブルクにいた日、ヒトラーは首相として初めて外遊し、イタリアのベニート・ムッソリーニを訪問して帰国したばかりだった。イタリア訪問は成功とはいえなかった。ムッソリーニは、この粗野な新参者が自分と同じ独裁者なのかという軽い軽蔑を隠しもしなかった。それでなくても不機嫌だったヒトラーは、パーペンの演説の知らせを聞いて激怒した。そして、その同じ日、テューリンゲン州にある小さな町、ゲーラで開かれた大管区指導者の集まりで演説を行った。パーペンを名指しはしなかったが、発言の矛先は明白だった。「今後数年、数十年で」国民社会主義の勝利は一層確かになり、「阻止するために何でもできると空想している小人どもは、われわれの共同の理念の力によって一掃されるだろう」とヒトラーはとどろく声で言った。小人どもは「自分たちがどのような間違いを発見したと信じるにせよ」、ナチ党の体制に勝るものはないことを忘れている。「そんな小さな虫けらが、このように強力な国民の再生と闘おうとするとは、笑止千万だ。そんな小人が、わずかな空疎な言葉で国民のとてつもない再生を妨げると夢見るとは滑稽だ」。エドムント・フォルシュバッハの記録によれば、ヒトラーの聴衆は、「虫けら」と「小人ども」が誰を指すのかわからなかったようだが、それでも同意の叫びを上げた。

その夜、ゲシュタポは『ゲルマニア』紙の印刷所に踏み込み、演説の複写の残りを押収した。ヒトラーは、パーペンやヒンデンブルクと一体となって仕事を続けるわけにはいかないというメッセージとともに、報道官のヴァルター・フンクを大統領のもとに派遣した。こうした迅速な反応に遭い、副首相官房グループの計画はすでに崩れ始めていた。パーペンとヒンデンブルクという、まるで信頼できない二人に賭けたのが問題だった。演説が大成功を収めた副首相のパーペンは、にわかに行く先々で群衆の称賛に浴した。果敢で勇敢な男だったなら、有権者の支持の急増を利用して、ヒトラーを権力の座から引きずりおろせたかもしれない。だが、パーペンはそういう男ではなかった。

ヒトラーはパーペンを巧みにあしらった。ゲッベルスが演説を出版禁止にしたとパーペンが不満を言うと、激怒したくなるのもわかるとヒトラーはその場では答えた。だが、パーペンが内閣を辞すると脅しても、ヒトラーは認めなかった。いつもの演技力を発揮して信頼できる同志を演じ、パーペンの軍人らしい義務感に訴えて彼を抱き込んだ。そしてもちろん、こういう微妙な問題は内輪だけで話し合うべきだと言い、パーペンの演説の全面的な公表はやはり許さなかった。

副首相官房のメンバーの計画をうまく進めるには、パーペンがすぐさまヒンデンブルクを訪ねなければ話にならない。しかしヒトラーは、ノイデックにいるヒンデンブルクを訪問するのを遅らせるようにと、パーペンを説得した。パーペンの部下たちは気が気でなかったが、上司は屈服したうえに、演説をこれ以上広めるなと命じさえした。パーペンはそれから数日間ベルリンを離れ、東へ行ってヒンデンブルクに会うのではなく、北のキールとハンブルクへ向かい、その後ヴェストファーレン州であった家族の集まりに参加した。後から振り返って自分が犯した政治の過ちを認めたりはしないパーペンが、一九三四年六月にチャンスをつかまなかったのは失敗だったと認めているのは印象深い。

ただし、パーペンがヒンデンブルクに会えていたとしても、おそらく結果は変わらなかっただろう。一九三四年には、ヒンデンブルクに共感する保守派の間で、ヒンデンブルクはヒトラーに対して幻滅を強めているという根拠のない話が広まっていた。パーペンも回顧録に、五月にヒンデンブルクと最後に会ったときのことを書いている。「恐ろしいことになりつつあるよ、パーペン君。準備を整えておくようにしよう」という言葉を残してヒンデンブルクが去ったというのがパーペンの主張だ。だが、パーペンの回顧録は正直でない部分が多々あり、ヒンデンブルクが言ったとされるその言葉がでっち上げだったのはほぼ確かだ。ヒンデンブルクの他の数々の発言や、彼の日頃の方向性と矛盾しているからだ。ヒンデンブルクの基本的な政治目標は、大衆の支持を得た右派の統一政府の樹立だ。ヒトラーがそれを実現してくれたので、ヒンデンブルクは自らの任期中の最後の首相にただ大満足していた。六月一八日、ヴァルター・フンクは、パーペンの演説とゲッベルスが発禁措置を取った件についてヒンデンブルクに報告した。ヒンデンブルクはゲッベルスの措置を承認し、パーペンへの共感はみじんもなかった。「規律を守れないのなら、パーペン君は結果を受け入れなければならんだろう」とヒンデンブルクは言った。ヒトラーもフンクの三日後にヒンデンブルクを訪問したが、「あのご老体はいつになく好意的」だったとアルフレート・ローゼンベルクに語っている。パーペンの部下たちは知らなかったが、さらに悪い知らせがあった。六月二六日、陸軍最高司令官のヴェルナー・フォン・フリッチュが、突撃隊との問題についてヒンデンブルクに簡潔に伝えた。フリッチュとヒンデンブルクは、何が起きようと陸軍は手を出さず、警察と親衛隊で突撃隊に対処すべきだと合意した。その合意は、内政問題で軍を展開したくないという二人の希望にはかなっていたが、副首相官房グループの計画は台無しになった。

政界に通じている者は誰一人として、パーペンにあのマールブルク演説の原稿が書けたとは思わなかった。ナチ党でさえ、パーペンはそういうレベルの思考や弁舌能力を備えていないと理解していた。「誰が彼のために書いたのか?」。ゲッベルスは日記のなかで訝った。

答えをあれこれと探す必要はなかった。内部関係者ならば、過去一年間ほぼずっと、パーペンが考えるべきことを代わりにエドガー・ユングが考えてきたのを知っていた。そもそもパーペンの演説の考え方や論調は、ユングの著作物と驚くほど似ていた。六月二〇日、アルフレート・ローゼンベルクは、その方向性で大きなヒントを示した。「反動主義者」に関する論説を『フェルキッシャー・ベオバハター』紙に書いたのだ。「ドイツ革命の意味と解釈について」というユングの最新の著作にそっくりな、あけすけなタイトルがつけられ、答えはユングだとあからさまに示していた。ヒトラーは、実は自分も同じことを考えていたと、二人だけの席で打ち明けた。ユング本人は称賛を得たがっていて、マールブルク演説を自分が書いたことについて慎重さに欠けていた。

ほぼ二週間、ドイツの政治は不気味なほど停滞しているように見えていた。六月二七日、ベルリンにあるフランス大使館の代理大使は、この一週間、ドイツ政府は危機的状況にあり、「いくつか影響が出ているが、全体的な重大性についてはまだ判断できない」と母国に打電している。何らかの暴力事件の発生がほぼ確実に迫っていたが、差し当たって政治家は、すべて普段通りというように仕事をこなしていた。ゲッベルスとヒトラーが副首相官房の攻撃準備をしているのはほぼ間違いなかった。六月二二日、ゲッベルスは「パーペン問題」についてフンクと話した。「指導者《フューラー》が介入せねばならない」とゲッベルスは書いている。「パーペンは妨害工作を行っている。軍を引き込んでさえいる。私からも指導者《フューラー》に手短に説明する」。

緊迫したこの数日間、パーペンとゲッベルスは現実離れした手際で互いを避け合った。六月二一日、ライヒスバンク総裁のヤルマール・シャハトは、外国のジャーナリストや外交官が大半を占める招待客を前に、宣伝省で講演を行った。講演の最後に、アメリカ人記者がゲッベルスに直接質問をした。「大臣、マールブルク演説が理由で、フォン・パーペン副首相との関係がきわめて緊迫しているというのは本当ですか?」。

ゲッベルスはすぐさま、パーペンを部屋の前方に呼んだ。パーペンが従うと、ゲッベルスは数歩近づき、両腕を差し出して抱きしめた。「親愛なるフォン・パーペン君。今のを聞いたか? 私たちは緊迫した関係だと思われている。よりによって親友同士の私たち二人が!」。

パーペンはとても心を動かされたようすで、話ができず、ただうなずくだけだった。その場にいたほとんどの者は――どうやらパーペンは例外らしかったが――外国の報道陣向けの演技でしかないと思った。

それから三日後の六月二四日、日曜日、両者はハンブルクのダービーに出かけた。さまざまな信頼できる記録によれば、群衆はパーペンに熱狂的な拍手と歓声を送り、ゲッベルスには冷たく反応し、その差は著しかった。フランスの代理大使は、「国民の多く、それも富裕層の多く」が副首相の側につくと決めた兆候の一つだと書きとめている。ゲッベルスは、ライバルの方が多く支持されているのを受け入れられず、耐えられなかった。彼は、ナチ党の実態をちらちらと露わにしながら、日記にこう書いている。「国民はパーペンにはっきりと背を向けていた……（中略）……戸惑うほどの大喝采だ。最後にパーペンと連れ立って進んだ。国民は完全に私を支持している。私は人々の間を行く。拍手喝采だ！　混乱が起きるとしたら、哀れな紳士クラブよ」。

*

同日夜、ブリューニング内閣時代の閣僚ゴットフリート・トレフィラヌスとイギリス人ジャーナリストのジョン・ウィーラー＝ベネットが、ホテル・カイザーホーフでユングに会った。二人はユングに、逮捕が差し迫っているという情報をイギリスの諜報機関がつかんだと警告し、その夜のうちに国外へ脱出するように強く勧めた。だがユングは、自分はパーペンと軍の保護下にあると言い張った。一説によると、その後ユングはスイス行きに同意したが、その晩、親衛隊保安部員の女性にうっかりと計画を漏らしたらしい。

翌日、ゲシュタポがユングを逮捕し、彼のアパートを捜索した。パーペンが支払うべき演説原稿の謝礼についてユングとパーペンがやり取りしている紙が見つかり、ユングがパーペンのマールブルク演説の原稿を書いた証拠とされた。ユングの逮捕を知ったパーペンは、ヴェストファーレン州から飛行機で戻って釈放を強く求めたが、ヒトラーもゲーリングもパーペンと会おうとしなかった。ヒトラーはローゼンベルクに「ユング博士のために」パーペンが会いたがっているとさげすむように言い、ユングの逮捕は自身が直接命令したと明かした。ゲシュタポ長官のハインリヒ・ヒムラーは、君主制復活を提唱する「オーストリアの君主主義者」グループとユングを結びつける、証拠文書が見つかったとパーペンに告げた。理由は明らかになっていないが、ユングは数日以内に釈放されるとヒムラーは約束した。

長いナイフの夜

一九三四年六月三〇日に起きた「長いナイフの夜」は、保守派の有力者と急進的な突撃隊の板挟みになって抜け出せなくなった苦境に対するヒトラーの答えだった。保守派のなかでも特に陸軍最高司令部は、何よりも重要視すべき存在で、彼らはすべてを見聞きして知っていた。レームと彼が指揮する突撃隊は、巻き添えになったにすぎなかった。

突撃隊の隊員たちはもう長い間、自分たちが新しいドイツの「国民軍」の中心となり、貴族の将校を抱える国軍に取って代わるのだと思っていた。そういう話が軍の最高司令部の警戒心を招き、一九三四年初めには、突撃隊幕僚長のレームを制圧すべきだとヒトラーへの圧力を強めていた。しかし、レームがクーデターを起こす恐れがあるという話はでっち上げだった。そのようなクーデターが起きる可能性はまったくなく、それどころか、レームはそういう懸念を静めるため、当てつけのように、七月に入ったら突撃隊員に一ヵ月の休暇を取らせることにしていた。クーデターが差し迫っているという話は、レームがいなくなれば恩恵を受ける者、特に陸軍最高司令部の面々のでっち上げで、実は間もなく起きる事件の共犯者でありながら、それを覆い隠すのが狙いだった。

レームは、突撃隊員の一ヵ月間の休暇が始まる前に、ミュンヘン近郊のバート・ヴィースゼーで開く会合に突撃隊の全指揮官を招集していた。六月三〇日、ヒトラーは自らバート・ヴィースゼーに赴き、突撃隊指揮官の逮捕を取り仕切った。レームは翌日に射殺された。国内各地、特にベルリンで、大勢の突撃隊員が逮捕され、九〇人もが殺害された。

ヒトラーはこの機会を利用して、クルト・フォン・シュライヒャーなど、恨みがある相手への仕返しも果たした。シュライヒャーの無礼な発言（「ヒトラーが正気でないとは気の毒だ」）は忘れていなかったし、一九三二年にはシュライヒャーがグレゴーア・シュトラッサーをヒトラー政権に引き入れようとしたと腹を立てていた。またヒトラーは、シュライヒャーが一九三三年一月に軍事クーデターを目論んでいたと思い込んでもいた。当然ながら、シュトラッサーも粛清された。チルシュキーはゲシュタポの地下室に収容されていたとき、シュトラッサーの身に何かが起きるところに遭遇した。トイレでユングと話し、通路にあるもとのベンチに戻った直後、「長身で体格のいい男が鎖でつながれ、機関銃を持つ三人の男に囲まれている」のを見た。チルシュキーはすぐに、その男がシュトラッサーだと気づいた。男たちがシュトラッサーを連れて行った別の通路には、独房がいくつかあった。『扉を見張れ！』という命令が聞こえ、私たちの所からその廊下に通じる扉が閉められた。銃声が五回して、直後に親衛隊大尉が機関銃を手にして扉から現れ、こう言った。『豚野郎は始末された』」。

ヒンデンブルクは、ヒトラーの六月三〇日の措置に大満足していた。ヒトラーに電報を打ち、「決然たる行動」と「身を挺しての勇敢な干渉」により「反逆を芽のうちに摘み」、「ドイツ国民を重大な危険から救った」と褒めた。七月六日、ヒトラーは大統領との会合についてゲッベルスに語った。「ヒンデンブルクはすごかった。あの老紳士には威信がある」。ゲッベルスはそう書き留めている。

突撃隊の厄介者たちはヒトラーにとっても多少の心配の種ではあったが、一九三四年には自身の支配に対する脅威ではなくなっていた。ヒトラーが心配したのは軍であり、突撃隊を制圧した結果、最大の実力部隊のリーダーを安心させることができた。ヒンデンブルクはやはり重要な存在だった。一九三四年の初夏には、ヒンデンブルクは自分に残された時間がほとんどないと自覚して「政治的遺言」を書いたと、政界の誰もが知っていた。内容について何がしかを知る者はほとんどいなかったが、大統領が逝去すれば君主制に戻るべきだというヒンデンブルクの提言は、ヒトラーとしては何としても食い止めたかった。突撃隊を無力化すれば、ヒトラーが首相の地位にとどまりながら大統領を兼任するのがふさわしいと、ヒンデンブルクも思い直すかもしれないし、実際にその気にはなったようだ。シュライヒャー、パーペンの部下、突撃隊司令部、フランソワ＝ポンセ大使が一緒になって政府に対する陰謀を企てたという複雑な話をでっち上げた結果、ヒトラーは、保守有力者のなかにいるさらに危険な敵を同時に攻撃する口実を得た。陰謀に関与した疑惑で苦しんだと思われるフランソワ＝ポンセは、例によって、ヒトラーが提示した証拠とナチ党の問題解決の手法について酷評した。「貧弱な手がかり、偶然の一致、根拠のない憶測が、事実の証拠であるかのように示された」と本国に電報で報告している。これは、国会議事堂炎上事件の裁判で共産党員に嫌疑をかけたナチ党の手法と同じだ、とフランソワ＝ポンセは続ける。そして、あのときから見れば「この手法の完成度は高まった」とも書いている。一九三三年、ナチ党は、証拠不充分だとする判事に国会議事堂炎上事件の裁判を委ねるという間違いを犯した。今回は判事が訴訟手続きから外され、何も口出しできなかった。「被告人を（判事から）遠ざけるという予防措置が講じられ、すぐに殺害した」と、フランソワ＝ポンセは辛辣に述べている。

それでも、ナチ党流のやり方はうまくいった。主な理由は、突撃隊が本当に嫌われていたからで、「長いナイフの夜」によって政権の国内の人気はかなり回復し、保守派の抵抗運動は打ち砕かれた。

ヒンデンブルクと同じく、軍も結果に満足していた。ユングやボーゼなど、抵抗運動を主導していた勇敢な者たちは死んだ。チルシュキーはイギリスに亡命した。ヴィルヘルム・フォン・ケッテラーは、オーストリア駐在の外交官に任命されたが、一九三八年三月、ナチ党政権がオーストリアを併合した際に殺された。ゲシュタポか親衛隊が手を下したのは、ほぼ確かだ。

六月三〇日以降のパーペンの話はあまりにも不名誉で、彼の伝記作家の言葉を借りれば「モラルが低い」。部下を逮捕され、あるいは殺害され、パーペンはヒトラーに取り入ろうとこびへつらった。七月三日にはヒトラーに手紙を出し、「とてつもなく大きな危険から祖国を救った軍人らしい決断力」に感謝の意を示した。そして「国民にとってはきわめて必要であり、貴殿にとっては心が痛む」この道筋を「温かい心」を抱いてヒトラーに従った者は、自分、すなわちパーペンをおいて他にいないと主張した。ヒトラーは、ヒンデンブルクの影響もあって、パーペンを自宅軟禁から解放して生かしておいたが、パーペンの副首相時代は終わった。パーペンはドイツ大使としてウィーンに派遣され、その後、駐オーストリア大使のポストがなくなるとトルコに派遣され、第二次世界大戦が終わるまでトルコに駐在した。一九四六年のニュルンベルク裁判では、戦争犯罪について無罪判決を得た。

これでもまだ、卑怯者と断じるには不充分だというのなら、一九五二年に出版された回顧録を見てみよう。パーペンは、自分の知らないところで部下たちが実行していた勇敢な抵抗運動について、すべて自分の功績だと強調している。エドガー・ユングが果たした役割を特に小さく見せようとして、ユングがマールブルク演説を自らの手柄にしたと虚栄心を批判した。ユングとボーゼは独善がすぎて殺されたが、本当は自分が狙われていたのだと主張する始末だった。

＊

一九三四年八月二日、陸軍元帥でドイツ国大統領のパウル・フォン・ヒンデンブルクが腎不全で死去した。ヒトラーはすぐに大統領の権限を引き継ぎ、ヒンデンブルクの代わりは誰にも務まらないので、大統領府そのものを廃止すると説明した。ヒトラーは「総統《フューラー》およびドイツ国首相」という正式な称号を獲得し、国軍の軍人と官吏は全員、ヒトラー個人に忠誠を誓うように義務づけられた。

ヒトラーの独裁的支配はこれで完成形となり、彼を操ったり「手なずけたり」しようとする試みは、ことごとく失敗に終わっていた。政敵として戦うには、組織化された基盤が必要となる。一九三四年の夏の終わり頃には、そうした基盤は一つも残っていなかった。政党も労働組合も、国会も内閣も、州も突撃隊も、すべて同質化させられていた。国軍には、まだ抵抗勢力が現れる可能性があったが、ヒトラーがヴェルサイユ条約を破棄して軍拡する限り、兵士と将校は満足していた。一九三四年八月、戦争の準備が整った。それは、東ヨーロッパの内陸に大帝国を築いて、イギリスとアメリカによる世界経済の支配を打破し、ドイツを経済大国にするための戦争だった。

だがそれでも、ユングとボーゼが払った犠牲はまったくの無駄ではなかった。彼らによる先例に触発されて、一九三八年に同じような集団（軍人と保守の文民政治家）のなかで抵抗運動が始まり、やがてヴァルキューレ作戦へとつながていった。

ヴァルキューレ作戦のリーダーの一人が言った言葉は、ユングやボーゼ、彼らの仲間にもそのまま当てはまる。一九四四年六月、連合軍のノルマンディー上陸*2後、クラウス・フォン・シュタウフェンベルク伯爵は、ヒトラー打倒の試みにまだ意味があるかどうかを知りたいと思った。そこで彼は、同僚の共謀者ヘニング・フォン・トレスコウにその疑問を書き送る。トレスコウの答えは明快だった――計画したクーデターは起きなければならない、「いかなる犠牲を払っても。失敗に終わるとしても、それでもクーデターは試みられなければならない」。実際の結果は重要ではない。重要なのは、「ドイツの抵抗運動のメンバーが断固たる一歩を、世界の前で、歴史の前で、命がけで恐れずに踏み出すことだ。他のことはすべてどうでもよい」。

シュタウフェンベルクとトレスコウもしかり、ユングとボーゼもしかり。彼らは確かに、階級、経歴、時代のおかげでさまざまな偏見を持つ、不完全な英雄ではあった。それでも彼らは命を危険にさらし、ヒトラーを排除するという目的のために命を落とした。そこまでできる人間はごくまれだが、ヒトラーを権力の座に就けた責任を感じて罪滅ぼしをした。暗い時代に、彼らの勇気は、よりよい未来に向けた道徳の基盤を国に示した。

誰が民主主義を終わらせるのか？

ジャーナリストというものは、政治の複雑な動きを単純な公式に当てはめようとして、「変化を求める選挙」、「抗議票」などという言葉を使う傾向がある。だが、ヴァイマル共和制のドイツで民主主義が失敗し、ヒトラーとナチ党が権力を握った理由を説明できる単純な公式はない。ナチ党運動は、第一次世界大戦の経験と大戦間のヨーロッパで起きた複数の危機に起因している。似たような運動は当時、ヨーロッパ全土、特に第一次世界大戦の敗戦国（及び、敗戦したかのように感じていたイタリア）で起こった。しかし、ナチ党はその時代の典型例ではあったが、ヒンデンブルクの死後にヒトラーがどれほどの権力を握るかを予見できた者は、一九三二年でも

＊2【連合軍のノルマンディー上陸】一九四四年六月六日に行われた連合軍の作戦。ドイツ占領下であったフランスのノルマンディーにドーバー海峡を渡って多数の兵士が上陸。戦線の状況を変える転機となった。

ほとんどいなかった。ヒトラーの権力奪取の結果を切望した者はさらに少ない。本書で取り上げたように、その時代には誤算と近視眼が、激しい怒りや憎しみと同じく大きな部分を占めていた。

第一次世界大戦がなければナチ党は考えられなかっただろう。だが、本書の初めで私たちが理解したように、理由はそれだけではない――敗戦が心の傷となったせいで数百万のドイツ人が、明らかな真実だからではなく、気持ちの上で必要だから、第一次世界大戦に関するある特有の物語を信じてしまった。一九一四年、八月の日差しのなかで国民は美しくも団結した。大多数のドイツ人はそう思っていた。ところが一九一八年、一一月の冷たい雨のなかで、国内の裏切りとひきょうな行い――「背後からのひと突き」――が戦場での敗北をもたらした。この話はどちらも正確ではないが、ナチ党は八月と一一月を繰り返し対比させて、一一月の裏切りを打倒すれば八月の団結を取り戻せると約束した。国民が過去について信じることは、少なくとも、その過去が実際にどうであったのかということと同じくらい重要だ。

実際には、ドイツは、イギリス、アメリカ、フランスの圧倒的な経済力に負けた。戦後何年もの間、ドイツ人には、自分たちは欧米の世界秩序に合わせるのか、刃向かうのかという疑問がついて回った。ドイツの外面と内面は、コインの裏表のように結びついていると誰もが理解していた。世界秩序に統合され、近隣諸国と平和を保つドイツなら、民主主義国となる。世界秩序に刃向かうドイツなら、かつてないほど非情な独裁国家とならねばならない。

ハイパーインフレで終わる五年間の政治経済危機と一九二三年一一月のヒトラーによるビヤホールプッチの後、ヴァイマル共和国の新しい民主主義は安定し始め、かつてのように、ドイツは欠かせない国となって国際社会に戻った。それは、グスタフ・シュトレーゼマンのような政治家の勇気と手腕がなければ、起こりえなかったことだ。とはいえ、シュトレーゼマンは、国内には復古的なナショナリストが存在すること、いわば平和な世界でドイツの地位を守るために越えねばならない「氷河」が存在することも、忘れはしなかった。

反民主主義のナショナリストを次第に追い詰め、激しい抵抗運動に駆り立てたのは、民主主義によるドイツ再生の成功そのものだった。大企業は、組合を弱体化させて、国が義務づける賃金調停制度を廃止したがった。軍は、武器を買う資金をもっとほしがった。農家は、ドイツの農業全体を破綻に追い込むと思える輸入の停止と貿易協定の破棄を求めた。このような人たちのあらゆる不満の根は共通していた――第一次世界大戦の敗北と英米の経済力によって定められた、世界のなかのドイツの地位だ。結果として、彼らが向かった解決策も共通だった。ドイツ最大の政党であるドイツ社会民主党――反軍国主義者で、国際指向で、民主主義と労働者と都市の守護者――に権力を一切持たせないという解決策だ。現実には、社会民主党が築いてきた民主主義を廃し、農家、兵士、企業家のなかに新たな政治基盤をつくることを意味していた。

ヴァイマル共和国で渦巻く憤りや憎しみは、他にもあった。ドイツ国民は、ありとあらゆる領域で激しく分裂していたからだ。地方の住民は、宗教の伝統や性自認とモラルを捨てたかに見える大都市を嫌っていた。多くのドイツ人は、戦後次第に増加する特に東方からの難民に、警戒心を持っていた。ドイツのカトリック教徒とプロテスタントは、宗教改革以来ずっと、互いに不信感を抱いていた。戦争と革命のストレスにより、キリスト教の両教派で反ユダヤ主義が強まり、やがて、とりわけ人数の点で優勢なプロテスタントの間で、こうしたさまざまな不満が一つにまとまった――ヴァイマル共和国はあまりにもユダヤ人的で、カトリック教会寄りで、現代的で都会的でありすぎ、全体として道徳的に堕落しすぎているという不満だ。しかし、「この文化的な記号」は、もっと広い意味での不満を表している。反ユダヤ主義は、ドイツの民主主義の終焉やヒトラーの到来を告げるものではなかったが、反民主主義者に、彼らが毛嫌いする民主な世界秩序を批判できる言葉を与えてしまった。

ヴァイマル共和国に反対する集団に、ヒトラーのような人間による無法で野蛮な独裁を求めた者はほとんどいなかった。彼らはただ、自分たちにとって重要な問題を解決する一番手っ取り早い策を求め、敵との妥協を断固としていやがった。ナチ党が、自分たちは不満を抱く人、とりわけ地方のプロテスタントの憤りを誰よりもうまく受け止めると証明してみせると、それまでの政治的均衡が変化した。一九二九年以降は、ヒトラーとナチ党を除外して反民主主義連合を組むことはできなくなった。

この事実は、企業家や軍の司令官に深刻な問題を突きつけた。民主主義が彼らの役に立っていなかったのは、彼らの利害が有権者の大多数どころか、過半数の支持さえ得られなかったからに他ならない。一方、ヒトラーの運動は、労働組合を潰して国軍を立て直すのにかなり貢献していた。だが、代償は？　次第に、ドイツ政界の保守派エリートたちは、ヒトラーと協力する方法を模索するしかないと腹をくくるようになった――彼と彼の運動を利用するのだ。そうしないと、自己の利益をあまりにも多くあきらめねばならなくなる。

「長いナイフの夜」は保守派の有力者とヒトラーの蜜月の結末だった。保守派は一人、また一人と、いつの間にか裏をかかれて脇に追いやられた――フーゲンベルクに始まり、ブリューニング、パーペン、シュライヒャー、そしてユングとボーゼも。彼らは少なからず、ヒンデンブルクにも裏切られたが、それは、大統領のヒンデンブルクが「偉大な司令官」、「統一をもたらした者」という自身のイメージを何としても守りつつ、しかもナショナリストの右派の政府を樹立するという、包括的な目標を追い求めていたからだ。結局、ヒンデンブルク自身が、かつて「ボヘミアの上等兵」と拒絶した男に取り込まれてしまった。ヒンデンブルクは、ヒトラーが一九三〇年代初めの政治の分断を克服してくれたおかげで自分の名声が守られたと信じ、心安らかに逝去した。これもまた皮肉だ。ヒトラーを首相に任命した結果、ヒンデンブルクが常々それほどまで注意して守ってきた名声は、決定的かつ永久に台無しになった。

ヴァイマル共和国の民主主義の終焉についてこのように考えると、つまり、強引な作り話と非合理に陥りがちな文化のなかで、大きな抗議運動と複雑に絡み合うエリートの私欲が衝突した結果だと考えると、鉤十字の旗とガチョウ足行進をする突撃隊の異質でエキゾチックな外観が剥げ落ちる。ふいに、すべてが身近で馴染みがあることに見えてくるのだ。ヴァイマル時代のドイツの政治は悪意が大部分を占めていたが、同時にちぐはぐな無知も存在した――最悪の可能性を想像できた者がほとんどいなかった。教養ある国民はヒトラーに投票などできないと考える者もいた。それでもヒトラーが首相になると、国民の多くは、彼の政権は長続きせず、大した仕事はできまいと思った。ドイツは教養の高い国であると同時に、何が何でも法律を遵守する国として知られた。なぜドイツ政府は、自国民に対して組織的にむごい仕打ちをしたのか？　ドイツ系ユダヤ人は同化傾向が強く、愛国心も強かった。事態が悪化の一途をたどっても、多くの者が国を去るのを拒んだ。「私はドイツ人で、ドイツ人が戻るのを待っている。彼らはどこかに姿を消した」。とどまることを選んで奇跡的に生き残った、ラビの息子で第一次世界大戦の古参兵であるヴィクトーア・クレンペラーは、日記にそう書いた。

トレブリンカ強制収容所、アウシュヴィッツ強制収容所、バビ・ヤール大虐殺、第二次世界大戦の最後の数ヵ月にあった死の行進、そのような未来を想像できるドイツ人は、一九三三年にはほとんどいなかった。考えつかないことを予見しなかったからといって、彼らを責めることは到底できない。だが、彼らの無知は過ちにつながり、彼らは自分たちの将来を破滅的に見誤った。後から登場した私たちには、彼らと比べて有利な点が一つある。彼らの前例があるという点だ。

訳者あとがき

本書は、ヴァイマル共和国の成立から崩壊までを丁寧に研究し、分析した、臨場感のあるノンフィクションです。ドイツ人はなぜヒトラーを選んだのでしょうか。なぜナチ党に投票したのでしょう。答えは単純ではないようです。本書にもある通り、第一次世界大戦後、経済危機にあったドイツで、多くの庶民はとにかく暮らし向きをよくしてほしいと思い、生活苦を民主主義のせいにしていました。また、多くの上流層は自分たちの生活、仕事、立場を守るのが第一で、民主主義に反感を抱いていました。そして国内は、宗教、階級、職業、地域、人種など、さまざまな面で分断されていました。そのような社会状況のもと、ナチ党は多くの国民の意識にじわじわと入り込み、心をつかんでいきました。

第二次世界大戦後にドイツ人にインタビューを行った著名なジャーナリスト、ミルトン・メイヤーの著作 *They thought they were free : The Germans 1933-45*（『彼らは自由だと思っていた』）で、ある言語学者が、ナチ党の「一つ一つの措置はとても小さく、些細なもので、うまい説明があり、ときには『遺憾の意』も表明されたので、プロセス全体を初めから客観視していなければ」わからない、と述べています。彼は続けます。「農夫が日々畑の作物の成長を見ているのと同じなのです。ある日気がつくと、作物は頭よりも高くなっています」。

この言語学者は、当時の大勢のドイツ人の偽らざる気持ちを語っていたのでしょう。一人一人のドイツ人は、ナチ党を「選んだ」つもりはなかったのかもしれません。窮屈だけれど日々の暮らしが大きく変わるわけではなく、隣の家族が突然いなくなったとしても、自分の家族は大丈夫。かつての自分の一票が何か恐ろしいことを招いたとは、想像できません。社会全体が変わり、みんなが一緒に変わっていけば、面倒を起こさない限りは平穏です。

この本は、非常にわかりやすい詳細な記述で今現在の私たちにある種の警鐘を鳴らし、平和に見える日常を別の角度から見る機会を与えてくれます。一九三〇年代のドイツは遠い昔の国ではありますが、まさに現代の多くの国、世界と酷似しているように思えます。けれども、最後に著者が述べているように、現代の私たちには有利な点があります。前例から学ぶチャンスがあるのです。そのチャンスを逃す手はないと思います。

本書の訳出にあたり、秀明大学学校教師学部・助教の衣笠太朗氏に多大なるご指導をいただきました。この場をお借りいたしまして、心から御礼申し上げます。

◆ヨーゼフ・ゲッベルス『ゲッベルスの日記――第三帝国の演出者』西城信訳、番町書房、一九七四年
◆小野清美『保守革命とナチズム――E・J・ユングの思想とワイマル末期の政治』名古屋大学出版会、二〇〇四年
◆セバスチァン・ハフナー『ナチスとのわが闘争――あるドイツ人の回想：1914～1933』中村牧子訳、東洋書林、二〇〇二年
◆セバスティアン・ハフナー『裏切られたドイツ革命――ヒトラー前夜』山田義顕訳、平凡社、一九八九年
◆エルンスト・フレンケル『二重国家』中道寿一訳、ミネルヴァ書房、一九九四年
◆マーク・マゾワー『暗黒の大陸――ヨーロッパの20世紀』中田瑞穂・網谷龍介訳、未來社、二〇一五年
◆ヴォルフガング・シヴェルブシュ『敗北の文化――敗戦トラウマ・回復・再生』福本義憲・高本教之・白木和美訳、法政大学出版局、二〇〇七年
◆ヘンリー・アシュビー・ターナー・ジュニア『独裁者は30日で生まれた――ヒトラー政権誕生の真相』関口宏道訳、白水社、二〇一五年
◆ピーター・ファーディナンド・ドラッカー『「経済人」の終わり』上田惇生訳、ダイヤモンド社、二〇〇七年
◆ハインツ・ヘーネ『ヒトラー独裁への道――ワイマール共和国崩壊まで』五十嵐智友訳、朝日選書、一九九二年
◆J・W・ウィーラー・ベネット『ヒンデンブルクからヒトラーへ――ナチス第三帝国への道』木原健男訳、東邦出版社、一九七〇年
◆雨宮栄一『ドイツ教会闘争の史的背景』日本キリスト教団出版局、二〇一三年
◆リチャード・J・エヴァンズ『第三帝国の歴史　第三帝国の到来』山本孝二訳、白水社、二〇一八年
◆中島浩貴『国民皆兵とドイツ帝国――一般兵役義務と軍事言説1871-1914』彩流社、二〇一九年
◆グイド・クノップ『ヒトラーの共犯者――12人の側近たち』（上）高木玲訳、伊藤智央解説、原書房、二〇一五年
◆レオン・ポリアコフ『反ユダヤ主義の歴史　第4巻――自殺に向かうヨーロッパ』菅野賢治・合田正人他訳、筑摩書房、二〇〇六年
◆オジップ・クルト・フレヒトハイム著、H・ウェーバー新版序言『ワイマル共和国期のドイツ共産党　追補新版』高田爾郎訳、ぺりかん社、一九八〇年

著者プロフィール

ベンジャミン・カーター・ヘット

1965年、ニューヨーク州ロチェスター市生まれ。
ハーバード大学にて歴史学博士号取得。専門はドイツ史。
ヒトラーの台頭とヴァイマル共和国の崩壊を取りあげた著作、
Death in the Tiergarten : Murder and Criminal Justice in the Kaiser's Berlin と
Crossing Hitler : The man Who Put the Nazis on the Witness Stand は
広く知られ、複数の賞を受賞した。

訳者プロフィール

寺西　のぶ子

京都府生まれ。
訳書にブース『英国一家、日本を食べる』
『英国一家、ますます日本を食べる』(以上角川文庫)、
『英国一家、インドで危機一髪』『英国一家、日本をおかわり』(以上KADOKAWA)、
『ありのままのアンデルセン』(晶文社)、
リッチ『世界の半分、女子アクティビストになる』(晶文社)、
レヴェンソン『ニュートンと贋金づくり』(白揚社)、
タッカー『輸血医ドニの人体実験』(河出書房新社)など。

装丁　鈴木千佳子

ドイツ人はなぜヒトラーを選んだのか
── 民主主義が死ぬ日

著 者
ベンジャミン・カーター・ヘット

訳 者
寺西のぶ子

2020年10月2日　第1版第1刷発行
2021年2月16日　第1版第3刷発行

発 行 所
株式会社亜紀書房
〒101-0051　東京都千代田区神田神保町1-32
TEL　03-5280-0261（代表）　03-5280-0269（編集）
http://www.akishobo.com/
振替　00100-9-144037

印刷・製本
株式会社トライ
http://www.try-sky.com/

978-4-7505-1667-7　C0022